Data Analysis Basics

데이터 분석 맛보기

이정아 · 정은미 · 손현숙 · 강원태

도서출판 청람

머리말

오늘날 빅데이터(BigData) 시대가 도래하면서 하루에도 엄청난 양의 데이터가 생성되고 있으며, 데이터 분석은 다양한 분야에서 필수적인 기술로 자리 잡고 있습니다. 데이터 분석은 수집된 데이터를 분석하여 의미 있는 정보를 도출하는 과정입니다. 기업의 의사결정, 공공정책 수립, 사회현상 분석 등 다양한 분야에서 데이터 분석을 통해 의미 있는 정보를 도출하고, 이를 바탕으로 보다 나은 의사결정을 내리고, 새로운 기회를 발견할 수 있습니다. 4차 산업혁명 시대의 핵심 역량으로 데이터를 분석에서부터 인공지능 관련 다양한 분야에 이르기까지 '데이터'가 가장 중요한 요소라고 해도 과언이 아닙니다.

이 책은 데이터 분석의 기초부터 다양한 패키지를 활용한 실습까지, 누구나 쉽게 데이터 분석을 배울 수 있도록 구성되었습니다. 구글 코랩(Colab)을 사용하여 웹 브라우저에서 바로 코드를 실행할 수 있어, 별도의 환경 설정 없이 데이터 분석을 시작할 수 있습니다. 책의 구성은 다음과 같습니다. 1장에서는 데이터 분석을 위한 개발환경을 소개합니다. 2장에서는 파이썬 프로그래밍의 기초 문법에 대해 학습합니다. 3장에서는 빅데이터 분석을 위한 라이브러리인 판다스(Pandas), 넘파이(NumPy)를 소개합니다. 4장에서는 빅데이터 분석을 시각화하기 위해 맷플롯립(Matplotlib), 시본(Seaborn), 폴리움(Folium)에 대해 알아봅니다. 5장에서는 탐색적 데이터 분석 프로젝트의 예제를 통해서 실제 분석기법에서 사용되는 방법에 대해 알아봅니다. 6장에서는 머신러닝에 대한 이해와 실제 적용방법에 대해 구성하였습니다. 사이킷런(Scikit-Learn) 라이브러리를 활용하여 데이터 전처리, 지도학습 및 비지도학습을 다루는 방법을 알아보게 됩니다. 예측모델을 만들고 훈련시키는 과정을 통해 데이터의 패턴을 발견하고 예측하는 기술을 습득할 것입니다.

이 책을 통해 독자들은 데이터 분석의 기본 개념과 원리를 이해하고, 파이썬을 사용하여 데이터 분석의 기본을 다질 수 있습니다. 다양한 분석 패키지를 활용하여 데이터 분석을 수행할 수 있고 데이터 시각화를 할 수 있는 능력을 기를 수 있을 것입니다. 또한 여러 가지의 탐색적 데이터 분석을 통해 데이터의 의미를 파악할 수 있습니다. 또한 머신러닝을 이해하여 데이터로부터 의미 있는 정보를 도출할 수 있습니다.

이 책은 프로그래밍 경험이 없는 초보자부터 데이터 분석에 관심이 있는 모든 분들을 대상으로 합니다. 특히, 데이터 분석을 처음 공부하는 학생과 데이터 분석에 관심이 있는 일반 독자, 데이터 분석을 업무에 활용하고자 하는 직장인 누구나 데이터 분석에 입문할 수 있도록 도와줍니다.

이 책을 통해 독자들이 데이터 분석의 세계에 입문하고, 데이터 분석을 통해 세상을 이해하고 변화시키는 데 도움이 되기를 바랍니다. 또한 여러분이 이 책을 통해 데이터의 매력적인 세계에 한 걸음 더 가까이 다가갈 수 있기를 바랍니다.

저자 일동

차례

1장 데이터 분석을 위한 개발환경

2장 파이썬의 기본 문법

3장 빅데이터 분석을 위한 라이브러리

4장 빅데이터 분석 시각화

5장 탐색적 데이터 분석

6장 머신러닝

1장

데이터 분석을 위한 개발환경

1장_ 데이터 분석을 위한 개발환경

파이썬을 활용한 데이터 분석 과정과 데이터 분석을 하기 위한 데이터 분석 개발환경에 대해 알아본다.

1.1 데이터 분석

데이터를 분석해서 문제를 해결하고 새로운 통찰력을 얻을 수 있는 가치를 얻고, 데이터의 가치를 도출하는 과정을 데이터 분석이라 한다.

데이터 분석을 하기 위한 일반적인 과정은 데이터를 수집하고 분석하고 결론을 도출하는 순서로 이루어질 수 있다. 이는 데이터 분석의 문제 정의, 데이터 품질, 분석방법, 결과 해석, 그리고 효과적인 커뮤니케이션에 크게 의존한다. 다음 단계는 데이터 분석의 일반적인 프로세스를 나타내며, 프로젝트의 성격과 목적에 따라 순서와 접근 방식이 다를 수 있다.

• 문제 정의 • 목표 설정	➡	데이터 수집	➡	데이터 전처리	➡	데이터 분석 및 시각화

1.1.1 문제 정의 및 목표 설정

데이터 분석 프로젝트를 시작할 때, 분석의 목적을 명확하게 정의하고 해결하려는 문제를 명시한다. 목표가 명확하지 않으면 나중에 분석 결과를 해석하기 어려울 수 있다. 이 단계는 업무의 목적, 이유, 비즈니스에 미치는 영향, 구체적인 설계와 지표, 일정과 예상 결과 등에 대해 협의하는 단계에 해당한다.

1.1.2 데이터 수집

데이터 분석을 하려면 데이터세트(dataset)가 있어야 하며, 데이터 분석에 필요한 데이터를 수집한다. 데이터는 다양한 소스에서 올 수 있으며, 외부 데이터 소스, 데이터베이스, 웹 스크래핑, API 호출, 공공데이터포털이나 크롤링이나 스크래핑 등을 사용하여 데이터를 가져올 수 있다.

공공데이터포털에서 정부가 공개하고 있는 데이터양이 빠른 시간 내에 증가하고 있을 뿐만 아니라 데이터의 질도 향상되고 있다. 우리나라 경우 「공공데이터의 제공 및 이용 활성화에 관한 법률(제19408호)」에 따라 국가에서 보유하고 있는 다양한 데이터를 국민이 보다 쉽고 용이하게 공유할 수 있도록 공공데이터포털이라는 사이트에서 제공한다. 이 법률은 공공기관이 보유·관리하는 데이터의 제공 및 그 이용 활성화에 관한 사항을 규정함으로써 국민의 공공데이터에 대한 이용권을 보장하고, 공공데이터의 민간 활용을 통한 삶의 질 향상과 국민경제 발전에 이바지함을 목적으로 한다.

국내기관	사이트주소
공공데이터포털	http://www.data.go.kr
통계청	http://www.kostat.go.kr
보건의료 빅데이터 개방시스템	https://opendata.hira.or.kr
지방행정 인허가 데이터개방: LOCALDATA	https://www.localdata.go.kr
문화체육관광부 문화공공데이터광장	https://www.culture.go.kr/data

국외기관	사이트주소
미국 정부 공개자료 공공데이터 포털	https://www.data.gov
일본 통계국 빅데이터 포털	http://www.stat.go.jp
영국 국립데이터센터	https://data.gov.uk
EU 정보플랫폼	https://www.europeandataportal.eu
중국 국립데이터센터	http://data.stats.gov.cn

데이터를 수집할 때 한국 정부뿐만 아니라 자주 사용하는 다른 국가의 데이터 플랫폼을 알아야 한다. 다음은 정보 공유 정책에 따라 정부에서 운영하고 있는 개방데이터 플랫폼의 주소목록과 다른 국가의 데이터 플랫폼의 주소목록을 나타낸다.

데이터 분석을 위해 데이터세트를 가져오는 작업에는 일반적으로 외부 소스의 데이터를 조작하고 분석할 수 있는 소프트웨어 환경이나 프로그래밍 언어로 가져오는 작업이 포함된다. 사용하는 구체적인 단계와 도구는 데이터세트의 형식과 선호하는 데이터 분석 도구에 따라 다르다.

샘플 데이터세트	데이터베이스	인터넷	크롤링, 스크래핑, 파싱
• Scikit learn • pydataset • 별도로 설치하는 외부 패키지에도 데이터세트 제공	• 다양한 출처에서 입수한 데이터세트를 PC에서 특정 하드디스크에 보관 • 데이터세트가 저장된 경로설정과 파일 형식에 맞는 로딩함수를 통해서 이용 가능함	• 공공데이터포털 (www.data.go.kr) • 캐글(www.kaggle.com)	• 인터넷 뉴스, 블로그, 소셜상의 텍스트를 찾고(크롤링), 원문 그대로 수집(스크래핑), 가공처리(파싱)해서 핵심 단어 데이터세트를 만듦 • 원문 저작권, 접속 보안, 개인정보 고려 필요

1.1.3 데이터 전처리

데이터를 분석 및 처리에 적합한 형태로 만드는 과정을 데이터 전처리라 한다. 데이터 전처리는 데이터 분석 및 처리과정에서 중요한 단계이다. 수집된 데이터의 양이 많을수록 이를 분석하기 위해서는 더욱 정교한 메커니즘이 필요하다. 일반적으로 데이터는 비어있는 부분이 있거나 정합성이 맞지 않는 경우가 많이 있어 누락된 데이터를 처리하고 중복된 항목을 제거하며 데이터 형식을 조정하거나 이상치를 확인하고 처리한다. 아무리 좋은 도구나 분석기법도 품질이 낮은 데이터로는 좋은 결과를 얻기가 힘들기 때문이다. 데이터 전처리는 각 데이터 마이닝 알고리즘의 요구사항에 맞게 데이터를 조정할 수 있으므로 다른 방법으로는 실행 불가능한 데이터를 처리할 수 있다.

데이터 분석 단계에서 데이터 전처리는 복잡한 데이터를 처리하는 데 가장 많은 시간과 노력이 소요된다. 데이터 과학자를 위한 데이터 강화 플랫폼 제공업체인 크라우드플라워(CrowdFlower)가 약 80명의 데이터 과학자를 대상으로 한 설문 조사한 결과이다. 전체 데이터 분석 과정 중의 약 60% 정도를 데이터 정리 및 데이터 구성에 소비하며, 데이터세트 수집은 19%의 시간으로 두 번째로 많은 시간이 소요된다. 이는 데이터 과학자가 데이터 분석을 위해 데이터를 준비하고 관리하는 데 시간의 약 80%를 소비한다는 것을 의미한다. 다음 그림은 데이터 과학자들이 데이터 분석에 소요되는 시간을 나타낸다.

▼ 데이터 분석의 소요시간

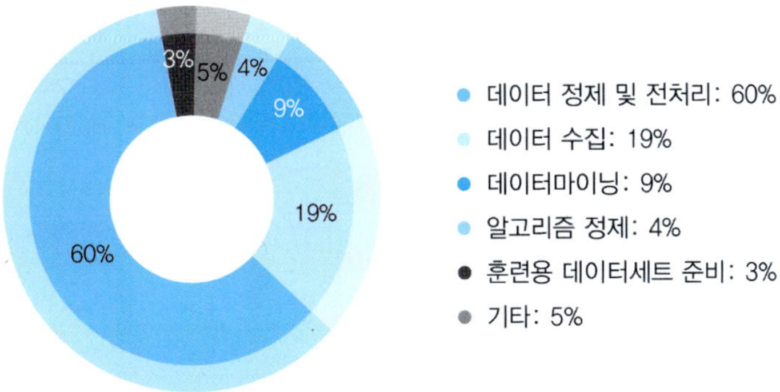

출처: https://www.forbes.com/sites/gilpress/2016/03/23/data-preparation-most-time-consuming-least-enjoyable-data-science-task-survey-says/?sh=123b5f906f63

데이터 전처리는 데이터 정제(Data Cleaning), 데이터 통합(Data Integration), 데이터 축소(Data Reduction), 데이터 변환(Data Transformation)의 과정을 말한다. 결측치(Missing Value), 잡음 데이터(Noisy Data), 이상치(Outlier)를 발견하여 제거하거나 불일치를 해결하는 등의 과정이다. 원시 데이터의 품질을 높이기 위해서 오류를 필터링하거나 수정하고 정제 · 통합하는 형태로 데이터를 변환한다. 다음 그림은 데이터 전처리 단계의 작업을 나타낸다.

▼ 데이터 전처리 단계의 작업

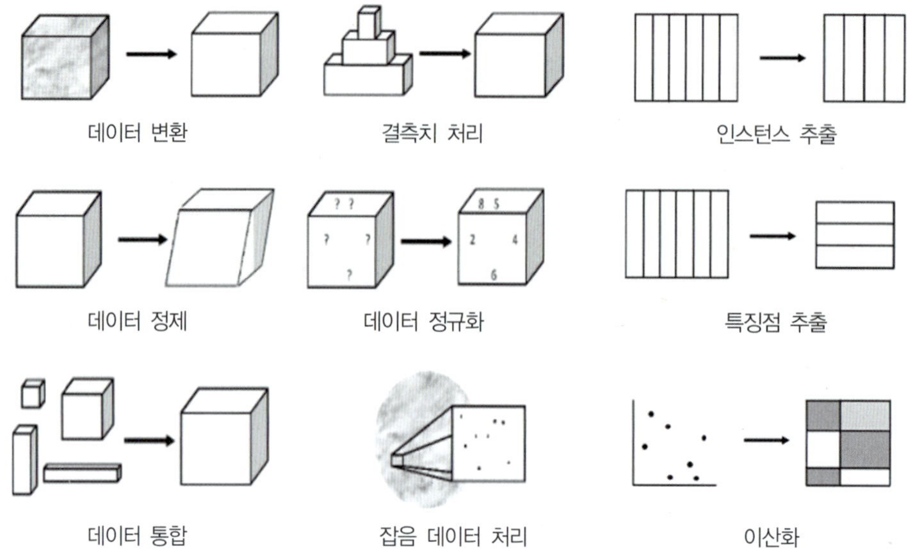

출처: https://bdataanalytics.biomedcentral.com/articles/10.1186/s41044-016-0014-0

데이터 분석을 수행하기 위한 다양한 방법론과 접근방식이 있다. 다양한 분석기법들은 프로젝트의 목적과 이론적 원리, 데이터의 특성과 실용적 문제해결력에 대한 이해를 토대로 주어진 문제에 적합한 기법을 선택해야 한다. 데이터 분석 방법론에는 다음과 같은 방법들이 있다.

■ 탐색적 데이터 분석(Exploratory Data Analysis: EDA)

데이터를 탐색하여 데이터의 특성, 분포, 상관관계 등을 이해하고 시각화를 사용하여 데이터를 시각적으로 탐색하고 인사이트를 도출할 수 있다. EDA는 데이터를 탐색하고 이해하기 위한 과정으로 데이터 분석의 초기 단계이다. EDA는 주로 데이터를 탐색하고 시각화하여 데이터의 특성을 이해하는 것이 목적이기 때문에 데이터를 단순히 통계적으로 요약하는 것보다 시각적 탐색을 중점으로 해야 하며, 다양한 방법과 시각화 도구를 사용하여 데이터를 분석해서 데이터의 숨겨진 패턴을 찾는 데 도움이 된다. 그리고 데이터에서 가설을 생성하거나 추가적인 분석을 위한 가설을 설정할 수 있다.

■ 통계분석기법(Descriptive Statistics)

기술통계학은 데이터의 중심 경향, 분산, 분포, 평균, 분산, 상관관계, 가설 검정 등의 통계기법 등을 사용하여 데이터들을 요약하고 설명하는 데 사용한다. 평균, 중앙값, 표준편차, 분위수, 빈도수 등의 통계적 지표를 계산한다. 통계적 분석을 수행하여 데이터의 특성을 더 자세히 이해하고 패턴을 발견할 수 있어 시각화 또는 통계 요약을 통해 데이터 탐색 및 기본 분석에 사용된다. 데이터에 들어있는 이상치와 결측치 등의 잡음 데이터를 제거하고 분석목적에 맞는 전처리기법과 시각화기법이 포함된다.

그리고 표본분석을 토대로 모집단의 특성을 추론하여 해석할 수 있다. 평균, 비율차이, 독립성, 적합도, 분산, 상관, 시계열 분석(time series analysis) 등이 있다. 시계열분석은 시간에 따라 변화하는 데이터를 분석하며, 추세, 계절성 및 불규칙성을 모델링하고 예측한다. 예를 들어, 주가 예측, 판매량 예측, 날씨 예측 등 시계열 데이터에 대한 분식에 사용한다.

■ 머신러닝(Machine Learning)

머신러닝은 알고리즘을 사용하여 데이터로부터 패턴을 학습하고 예측모델을 구축하는 데 사용하며, 지도학습 및 비지도학습, 강화학습 등이 있다. 이미지 분류, 자연어 처리, 고객 세분화 등 다양한 예측 및 분류작업에 사용한다.

■ 딥러닝(Deep Learning)

딥러닝은 심층신경망을 사용하여 복잡한 패턴을 학습하고 복잡한 작업을 수행하는 데 사용한다. 주로 컴퓨터 비전, 자연어처리 및 음성인식에 사용한다. 이미지 분석, 자연어처리모델, 음성인식시스템에 사용한다.

■ 베이지안 통계학(Bayesian Statistics)

베이지안 통계학은 확률론적인 접근방식을 통해 불확실성을 모델링하고 데이터를 업데이트하는 데 사용한다. 확률적 모델링, A/B 테스트 분석에 사용한다.

■ **패턴인식(Pattern Recognition)**

패턴인식은 데이터에서 특정 패턴을 찾고 인식하는 데 사용한다. 이미지, 음성, 텍스트 등 다양한 데이터 유형이 적용되며, 얼굴인식, 음성인식, 텍스트 분류에 사용한다.

각 데이터 분석의 방법론은 고유한 장점과 활용 사례가 있으며, 프로젝트의 목적과 데이터의 특성에 따라 선택해야 한다. 데이터 분석은 종종 다양한 방법론 및 기술을 혼합하여 사용하는 것이 가장 효과적일 수 있다.

1.1.4 데이터 분석 및 시각화

분석 결과를 해석하고 비즈니스 목표와 연결하여 인사이트를 도출한다. 이해관계자에게 결과를 전달하고 결론을 도출하는 단계이다. 분석 결과를 문서화하고 시각적으로 보여주는 보고서를 작성하며, 보고서는 비즈니스 의사결정을 지원하고 결과를 공유하는 데 사용한다.

다음 그림은 구글(Google)에서 'python visualization example' 단어로 검색한 이미지의 결과화면이다. 이처럼 데이터 시각화를 하게 되면 다양한 형태의 차트로 표현할 수 있어 데이터가 가지고 있는 인사이트를 파악하기 쉽다.

데이터를 시각화하면 많은 양의 데이터를 한눈에 볼 수 있다. 데이터를 하나의 표 형태로 정리할 수 있다면 시각화를 해야 할 이유가 없지만 빅데이터처럼 데이터양이 많거나 실시간으로 데이터가 쌓이게 되면 데이터를 빨리 파악할 수 없다. 따라서 데이터 분석의 시각화 요소를 활용하면 데이터를 빠르게 처리할 수 있게 되어 데이터의 패턴, 트렌드, 아웃라이어 등을 쉽게 파악할 수 있다. 또한 금융, 교통, 의료 등의 다양한 분야에서 시각화 없이는 데이터 현상을 파악하기 어렵다.

데이터 시각화 차트를 통해서 요소의 형태, 크기, 위치나 색을 근거로 시각적인 패턴을 찾을 수 있기 때문에 데이터 분석을 위한 수학적, 통계적인 전문기술 없이도 누구나 쉽게 시각적인 패턴을 발견할 수 있어 데이터의 인사이트를 찾을 수 있다.

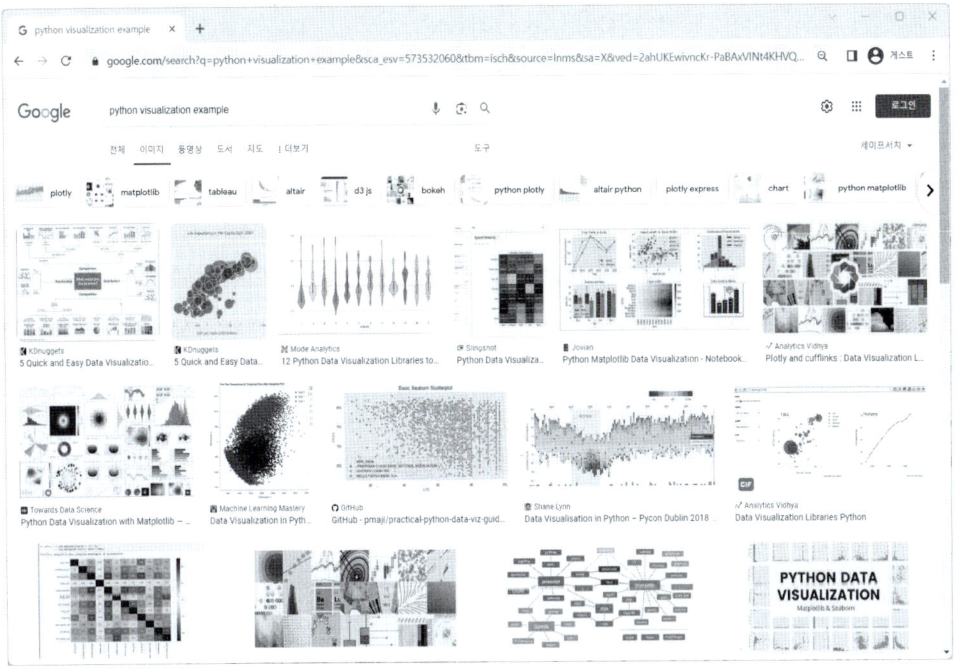

출처: www.google.com에서 'python visualization example' 검색 이미지 결과화면

데이터 분석에서 마지막 단계인 데이터 분석 결과와 시각화를 하는 과정이 끝난 후 분석모델이나 시스템을 유지하고 지속적으로 모니터링하여 필요한 경우 모델을 개선하고 변경하는 과정을 거친다.

1.2 코랩(Colab)이란?

이번 절에서는 파이썬을 활용해서 데이터 분석을 하기 위한 코랩(Colab: Google Colaboratory)의 환경구성 및 기본 사용방법에 대해 알아본다. 코랩을 사용하면 학생, 데이터 과학자, 머신러닝 연구자든 누구나 브라우저를 통해 파이썬(Python) 코드를 작성하고 실행할 수 있어 사용하기 편리하다.

파이썬 프로그램을 활용하여 데이터 분석을 하기 위한 개발환경은 온라인과 오프라인 환경으로 나눌 수 있다. 온라인 개발환경은 브라우저를 이용하여 특정 서버에 접속해서 편집기와 파이썬 실행기를 활용하는 환경이며, 오프라인 개발환경은 파이썬 편집기와 파이썬 실행기를 PC에 직접 설치해서 활용하는 환경이다. 본 교재에서는 온라인 개발환경인 코랩을 활용하여 파이썬 코드를 작성하고 실행한다.

구글(Google) 코랩(Colab)은 Colaboratory를 줄여서 'Colab'이라고 한다. 코랩은 별도의 파이썬 설치 없이 웹 브라우저 내에서 구글 코랩 사이트(https://colab.research.google.com)에 접속하여 무료로 파이썬 스크립트를 작성하고 실행할 수 있다. 코랩은 데이터 분석 및 머신러닝을 하기 위한 라이브러리와 GPU(Graphics Processing Unit)를 기본으로 제공해서 데이터 분석과 머신러닝을 하기에 적합하다. 호스팅된 주피터(Jupyter) 노트북 서비스로 설정하지 않아 데이터 분석을 하기 위한 환경구성을 할 필요가 없으며, 무료 GPU를 포함한 컴퓨팅 리소스를 무료로 사용할 수 있다.

코랩은 클라우드 기반의 무료 주피터 노트북 개발환경으로 '코랩(Colab)+구글 드라이브(Google Drive)+도커(Docker)+리눅스(Linux)+구글 클라우드(Google Cloud)'의 기술 스택으로 이루어져 있다. 구글 클라우드 기반으로 여러 명이 동시에 수정할 수 있으며 인터넷 브라우저만 있으면 언제 어디서든 접속 가능해 수정하기가 쉽고 모바일에서도 수정할 수 있다. 또한 개인 PC 환경보다 성능이 좋고 빠르게 실행할 수 있다. 또한 목차, 마크다운(Markdown), 파워레벨, 고양이 모드가 가능해서 일반 주피터와 비교해 더 나은 기능을 제공한다. 깃(Git)과의 연동이 쉬워 타인과 코드, 프로젝트, 지식 등을 공유하기 좋다. 오류발생 시 'SEARCH STACK OVERFLOW' 버튼을 클릭하면 자동으로 스택 오버플로 사이트 검색 결과가 나타난다.

하지만 최대 세션 유지시간이 12시간으로 가상머신에 연결해서 실행하므로 코랩에서 아무 일을 하지 않거나 12시간이 지나면 자동으로 세션이 끊길 수 있어 세션이 자동 만료되면 작업 중이던 데이터는 내 눈앞에서 순식간에 사라지게 된다. 하지만 소스코드는 '.ipynb' 확장자로 구글 드라이브에 보관되며, 분석에 사용될 데이터는 구글 드라이브에 저장하면 된다. 개인은 구글 계정으로 최대 15GB까지 사용할 수 있으며, 학생이라면 구글 GSuite 서비스로 구글 드라이브를 무제한으로 활용할 수 있다. 컴퓨터와 구글 계정만 있다면 코랩을 실행할 수 있다.

코랩을 사용하기 위한 환경설정을 해보도록 하자. 더 자세한 사항은 Google Colaboratory 공식 페이지를 참고하기 바란다. 코랩은 구글에서 제공하는 클라우드(Cloud) 기반 플랫폼으로 웹 브라우저에서 파이썬 코드를 작성하고 실행할 수 있다. 데이터 분석과 머신러닝 및 공동(협업) 코딩을 위한 편리한 도구이다. 코랩 사용을 위해 실습환경을 구축하는 방법을 단계별로 알아본다.

❶ 크롬(Chrome) 브라우저를 사용해서 검색창에서 '코랩' 또는 'Colab'을 입력한 후 검색해서 접속하거나 URL에 'https://colab.research.google.com'을 입력해서 접속한다.

코랩의 첫 페이지에서 구글 계정이 없다면 구글 계정에 가입을 하고, 이미 구글 계정이 존재한다면 본인의 구글 계정을 이용해서 [로그인] 버튼을 클릭한 후 로그인한다.

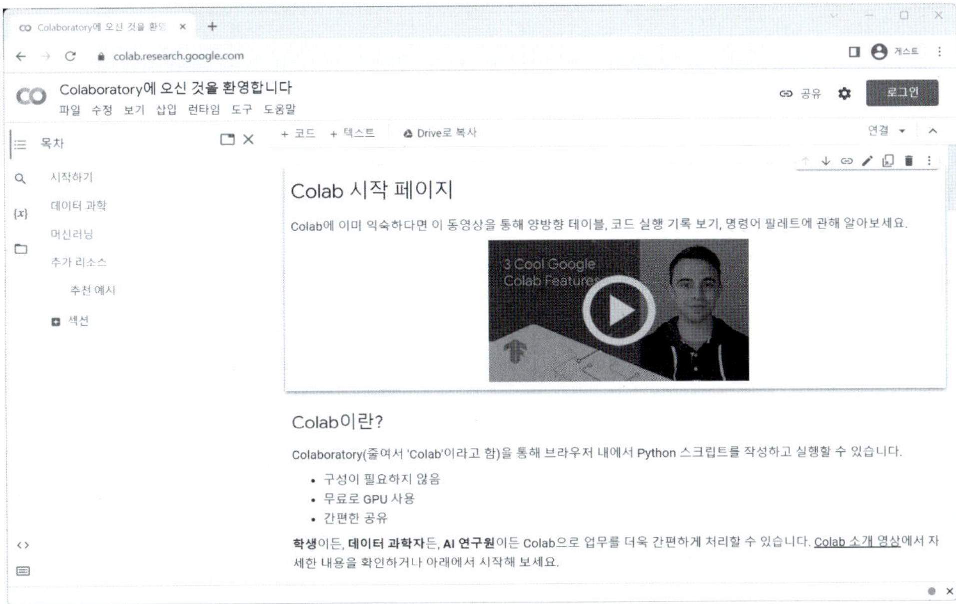

❷ 구글 드라이브(https://drive.google.com)에 접속 후, [새로 만들기] 또는 [내 드라이브]에서 우클릭 – [새 폴더]를 선택하여 다음과 같이 'work' 폴더를 만든다.

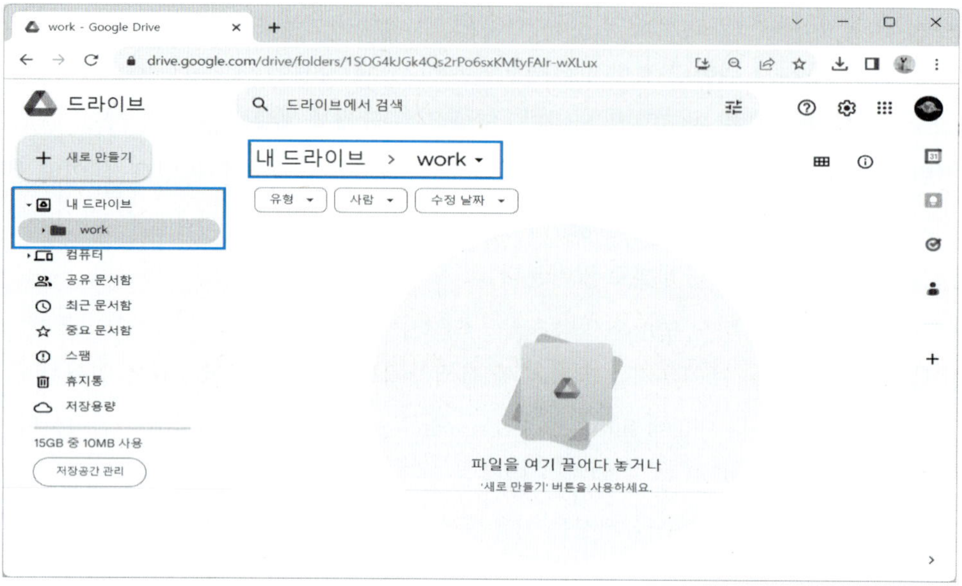

❸ 왼쪽 상단의 [+ 새로 만들기] 버튼을 선택하여 [더보기]–[연결할 앱 더보기] 메뉴를 선택한다.

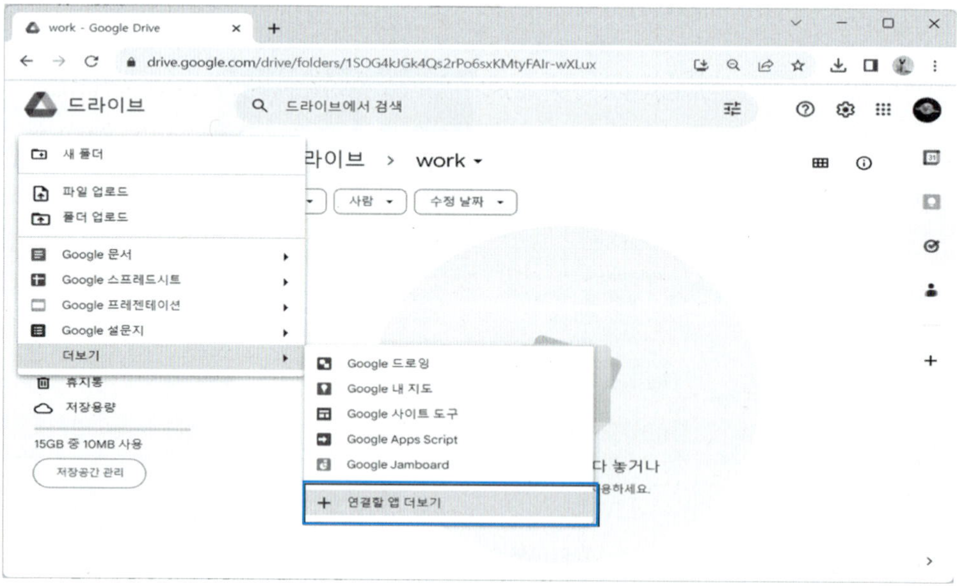

❹ 새로 뜬 팝업의 우측 상단에 'Colaboratory'라는 검색어를 입력하여 아래 그림과 같이 Google Colaboratory 앱이 나오면 연결한다. 저자는 이미 연결이 되어 '설치됨'으로 표시된다.

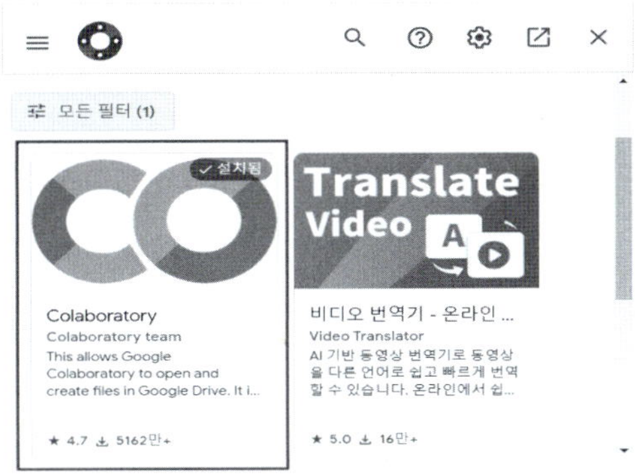

또는 브라우저에서 'colab' 키워드를 검색해서 Google Colaboratory로 바로 접속하여 아래 그림처럼 화면이 나오게 되면 'colab'을 바로 이용할 수 있다.

1.3 코랩 사용방법

코랩에서 작성한 프로그램 파일을 노트라 하며, 새 노트를 생성하려면 코랩의 첫 화면에서 [새노트]를 선택하거나 [파일]–[새노트]를 선택한다. 물론 이후 노트북의 이름을 원하는 대로 변경할 수 있다.

기존의 노트 파일을 열기 위해서는 [파일]–[노트 열기] 메뉴를 사용하면 된다. 사용자 컴퓨터에서 노트 파일을 업로드하기 위해서는 [파일]–[노트 업로드] 메뉴를 사용한다.

코랩으로 작성한 노트는 구글 드라이브의 [내 드라이브]–[Colab Notebooks] 폴더에 저장된다. 노트 파일명은 '파일명.ipynb' 형식으로 주피터 노트북과 같은 형식이다.

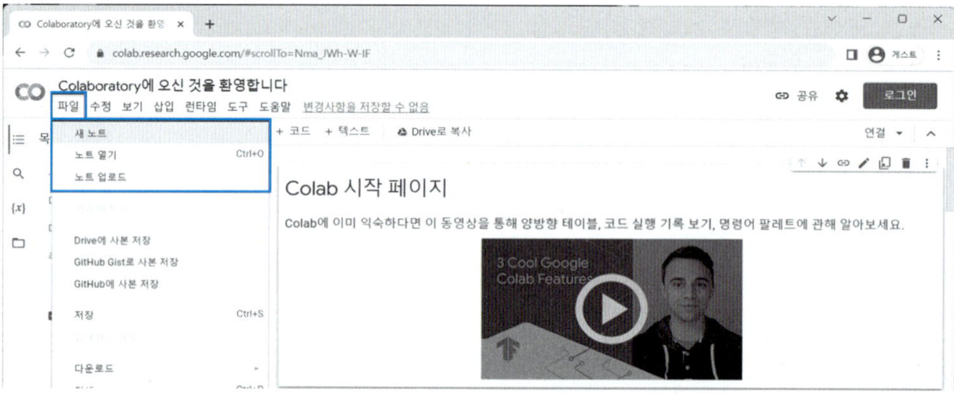

코랩은 기본적으로 주피터 노트북 파일인 '.ipynb'의 확장자명의 파일이 생성된다. 참고로 현재는 Python 2는 더 이상 지원을 하지 않고 Python 3만 지원 가능하다.

파일은 [Untitled0.ipynb]라는 파일명으로 기본적으로 생성되고 해당 폴더에 이미 Untitled 파일이 존재한다면 존재하는 수만큼 +n이 되어 Untitled1, Untitled2와 같은 형태로 생성된다. 노트를 사용자 컴퓨터에 저장하려면 [파일]–[다운로드] 메뉴를 사용한다.

코랩 화면 구성은 다음 그림과 같다. 우선 메뉴의 [파일]은 파일을 드라이브나 깃허브(GitHub)에 저장할 수 있고 다른 형태로 저장이 가능하다. [수정]은 큰 기능은 없지만 모든 셀(코드)을 선택하는 기능이다. [보기]는 화면에 띄울 창을 선택한다. [삽입]은 셀(코드)을 추가하거나 삽입할 수 있다. [런타임]은 코드를 실행하거나 런타임 유형을 변경할 수 있다. [도구]는 [설정] 기능이 있어 편집기의 글꼴이나 글꼴 크기, 글씨 테마 등을 설정할 수 있다. [도구]−[설정]−[Colab Pro]는 결제하면 더 빠르고 기본적으로 로그인이 12시간 지속되는 데 24시간까지 사용 가능하다. [도움말]에는 스택 오버플로우에 질문하거나 버그 신고 및 질문이 가능하다.

[댓글]은 공동작업을 할 때 사용하며 [공유]는 공동작업을 위해 남에게 공유하여 프로젝트를 작성할 수 있다.

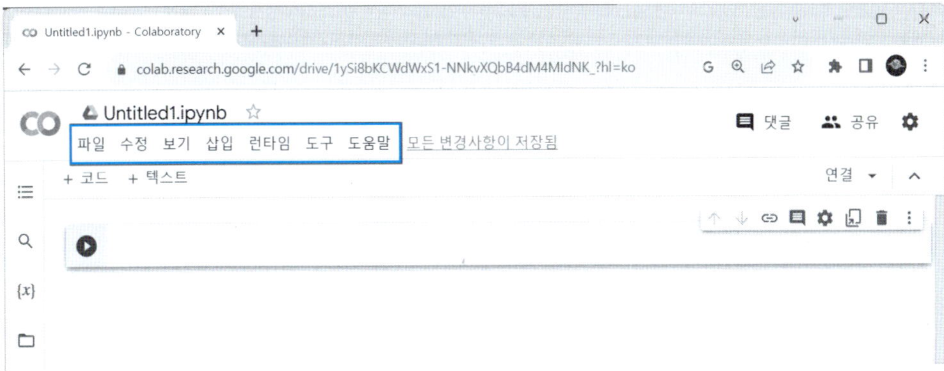

코랩의 코드 셀과 텍스트 셀은 주피터 노트북의 핵심 구성요소로서 각각 다른 목적과 기능을 가지고 있다.

- **코드 셀(Code Cell)**: 코드 셀은 프로그래밍 언어를 작성하고 실행할 수 있는 영역이다. 코랩에서는 주로 파이썬 코드를 작성하고 실행한다.
- **텍스트 셀(Text Cell)**: 텍스트 셀은 마크다운(Markdown)이나 HTML 등을 사용하여 문서를 작성할 수 있는 영역이다. 여기에는 코드에 대한 설명, 제목, 이미지 등의 정보를 포함하여 작성할 수 있다.

코드를 작성할 때는 파이썬 코드를 작성하듯이 하면 되고, 아래 그림은 코랩에서의 화면구성에서 주요 메뉴에 대해 설명한 그림이다.

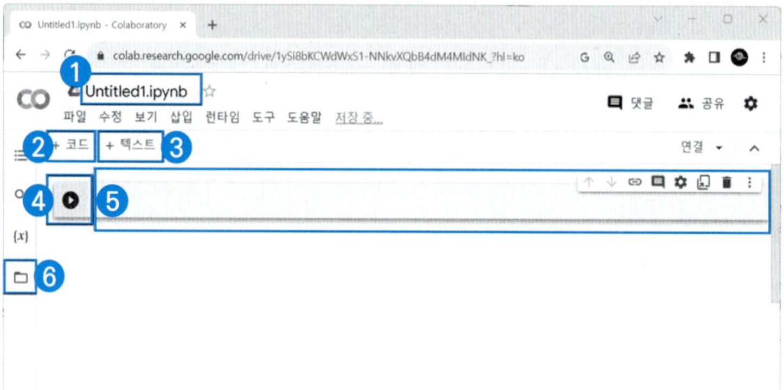

❶ 파일명과 파일의 확장자가 표시된다. 기본적으로 주피터 노트북 파일인 '.ipynb'의 확장자명의 파일이 생성된다.

❷ 코드 셀 추가방법은 노트북 상단의 [+ 코드] 메뉴를 선택하거나 [Ctrl + M B] 단축키를 사용한다.

❸ 텍스트 셀 추가방법은 노트북 상단의 [+ 텍스트] 메뉴를 선택한다.

❹ 코드를 작성 후 코드를 실행하려면 셀을 클릭하여 선택한 후 코드 실행 버튼을 누르거나 단축키 [Ctrl + Enter]를 사용한다.

❺ 코드를 작성한다.

❻ 파일로 깃허브에서 클론해 오거나, 학습모델의 결과 등을 볼 수 있고, 그냥 말 그대로 코랩의 파일을 확인하는 곳이다.

셀의 코드를 실행하려면 셀을 클릭하여 선택한 후 코드 왼쪽의 실행 버튼(▶)을 누르거나 단축키 [Ctrl + Enter]를 사용한다. 셀을 클릭하면 코드 수정을 바로 시작할 수 있다. 셀을 실행하고 포커스를 다음 셀로 이동하려면 [Shift + Enter]를 입력한다. [Alt + Enter]를 눌러 셀을 실행하고 바로 아래에 새 코드 셀을 삽입할 수 있다.

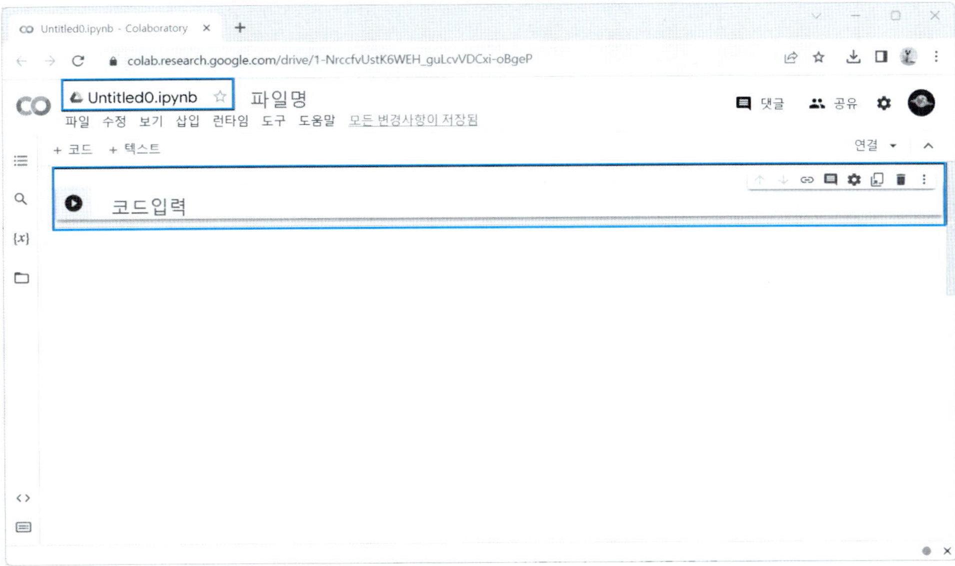

코랩 메모장을 사용하면 실행 코드와 서식 있는 텍스트를 이미지, HTML, LaTeX 등과 함께 하나의 문서로 통합할 수 있다. 코랩 메모장을 만들면 구글 드라이브 계정에 저장된다. 코랩 메모장을 동료나 친구들과 공유하여 댓글을 달거나 수정할 수 있다.

다양한 응용기능은 주피터 노트북 홈페이지(https://jupyter.org/) 또는 마크다운 가이드(https://www.markdownguide.org/)를 참고하면 된다.

텍스트 셀은 셀을 두 번 클릭하여 편집할 수 있다. 셀 사이에 마우스를 가져가면 표시되는 '+ CODE' 및 '+ TEXT' 버튼을 사용하여 새 셀을 추가할 수 있다. 셀을 선택하고 상단 도구 모음에서 '셀 위로' 또는 '셀 아래로'를 클릭하여 셀을 이동할 수 있다.

Tip 구글 코랩을 사용하는 이유

구글 코랩을 사용하는 가장 큰 이유는 GPU나 TPU를 사용할 수 있기 때문이다. 사용자에게 무료로 GPU나 TPU를 제공함으로써 딥러닝이나 머신러닝과 같은 복잡하고 계산량이 많은 작업을 수행할 수 있어 높은 성능의 하드웨어가 필요한 딥러닝 모델 학습, 데이터 전처리, 시각화 등의 작업에 큰 도움이 된다.

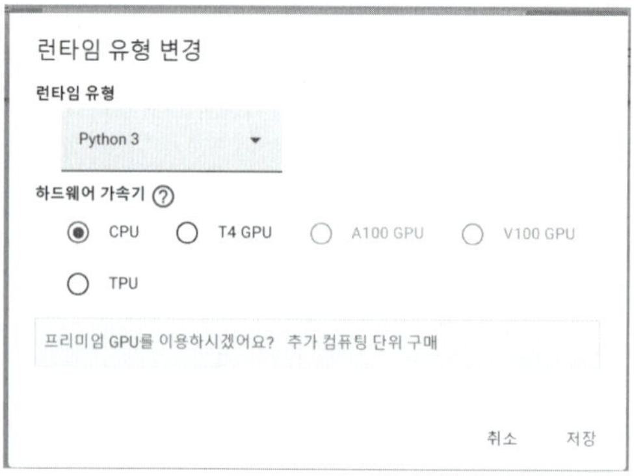

[런타임]-[런타임 유형 변경] 메뉴에서 런타임 유형 변경이 가능하다. [런타임]-[런타임 유형 변경] 메뉴에서 하드웨어 가속기를 None에서 GPU로 바꿔주면 AI 학습 속도가 체감상 2배는 더 빨라진다. 단순 저장을 하면 코드만 저장되고 학습한 데이터나 모델은 저장되지 않으므로 구글 드라이브에 마운트해두는 것을 추천한다.

구글 코랩의 런타임 유형은 사용자의 계산 요구사항에 따라 변경할 수 있다. 기본 설정은 CPU가 제공되지만 GPU 또는 TPU도 사용할 수 있다. 런타임 유형에 대해 알기 쉽게 정리하자면 아래와 같다.

- CPU(Central Processing Unit): CPU는 컴퓨터의 일반적인 연산을 처리하는 핵심 부품이다. CPU는 일상적인 작업에는 충분하지만 빠른 속도로 이동하거나 급경사를 오르는 것과 같이 높은 연산량이 필요한 작업에는 적합하지 않다. CPU는 빠른 연산이 필요하지 않은 간단한 데이터 처리에 적합하다.
- GPU(Graphics Processing Unit): GPU는 원래 그래픽 작업을 위해 개발되었지만 대규모 병렬 처리 기능으로 인해 딥러닝 등의 고성능 연산에 더 적합하다. GPU는 딥러닝 모델 학습과 이미지 처리 등 고성능 연산이 필요한 작업에 적합하다.
- TPU(Tensor Processing Unit): TPU는 구글이 설계한 특수한 프로세서로 텐서 연산에 특화되어 있다. 이는 딥러닝 모델의 학습과 추론을 더욱 빠르게 수행할 수 있도록 설계되었다. TPU는 매우 높은 연산량이 필요한 딥러닝 모델 학습이나 추론작업에 적합하다.

1.4 마크다운

마크다운(MarkDown)은 텍스트 기반의 마크업(Markup) 언어로 2004년 존 그루버(John Gruber)에 의해 만들어졌다. 산문을 읽고 쓰고 편집하기 쉬운 목적으로 만들어져 문서 작성을 위한 형식으로 사용되고 쉽게 쓰고 읽을 수 있으며 HTML로 변환할 수 있다. 특수기호와 문자를 이용한 매우 간단한 구조의 문법을 사용하여 웹에서도 더욱 빠르게 콘텐츠를 작성하고 더 직관적으로 인식할 수 있다. 마크다운을 작성한 문서의 표현방식은 CSS의 설정에 따라 달라진다. 마크다운을 사용하면 문법이 간결해지며 웹사이트, 문서, 메모, 기술문서 등에 사용할 수 있다. 또한 깃허브, 디스코드(Discord), R 스튜디오(R Studio) 등의 지원하는 플랫폼이 많다. 그리고 메모장과 같은 대부분의 환경에서 편집과 작성이 가능하며 텍스트로 저장되기 때문에 용량이 적어 보관이 편리하다. 하지만 마크다운의 단점은 HTML의 문법을 대신하지 못하며 표준이 없기 때문에 도구에 따라 변환방식 및 생성물이 다르게 나타난다.

마크다운은 #의 개수에 따라 리스트, 굵기, 기울임, 밑줄, 취소선, 이미지와 동영상 삽입 등 다양한 기능을 제공한다.

■ 헤더(Headers)

#으로 시작하는 텍스트이며 일반적으로 제목으로 사용한다. #의 개수는 1부터 6개까지 가능하며 #의 개수가 증가할 때마다 제목의 크기가 줄어든다.

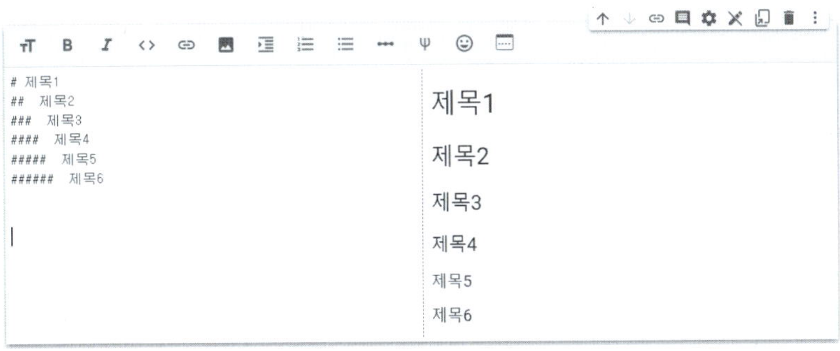

- 인용구는 '>'를 많이 사용할수록 안쪽에 표시된다.

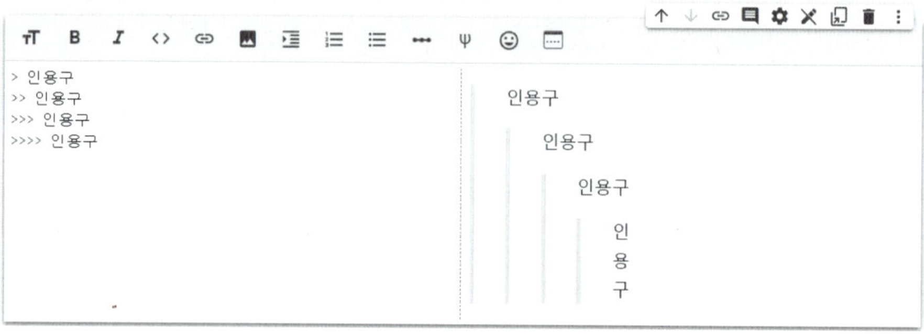

- 글자 모양은 아래와 같이 간편하게 기호로도 효과를 줄 수 있다.
    - 진하게: **진하게** , 별표(*) 두 개
    - 기울임: *기울임* 또는 _기울임_, 별표(*) 한 개 또는 언더라인(_) 한 개
    - 취소선: ~~취소선~~ : 물결(~) 두 개
    - 링크: [링크](링크 주소): 대괄호 안에 텍스트와 괄호에 링크주소
    - 이미지 설명: `![이미지 설명](이미지 링크 주소)`: 느낌표(!) –대괄호([ ])–괄호 안에 이미지 링크

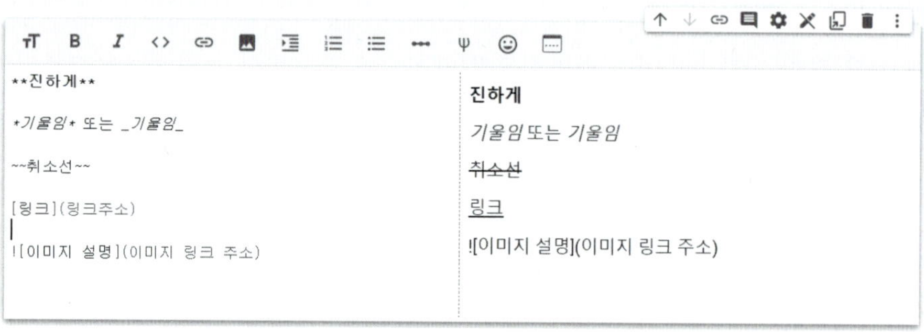

■ 구분선은 하이픈(–)을 세 개 연속으로 붙여준다.

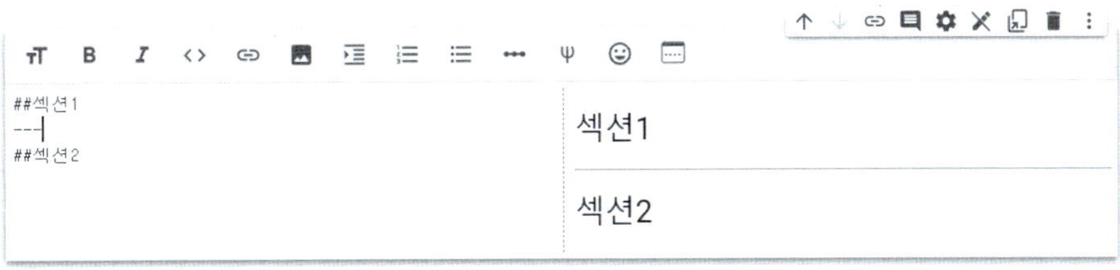

코랩에 특화된 마크다운 단축키는 매우 자주 사용되는 단축키이므로 단축키를 숙지하면 코랩을 좀 더 편리하게 이용할 수 있다.

단축키	설명
Ctrl + M M	현재 셀 마크다운 셀로 변환
Ctrl + M A	현재 셀을 코드 셀로 변환
Ctrl + Enter	선택된 셀을 실행
Shift + Enter	선택된 셀을 실행 후 다음 셀로 포커스 이동
Alt + Enter	실행 후 다음 줄로 이동
Ctrl + M Y	코드 셀로 전환
Ctrl + S	저장
Ctrl + M L	코드 셀에 행(줄)번호 부여
Ctrl + M A	바로 윗줄에 셀 삽입
Ctrl + M B	바로 아랫줄에 셀 삽입
Ctrl + M D	셀 삭제
Ctrl + M + I	코드가 오래 실행되어 멈추고 싶은 경우
Ctrl + M + .	위 코드로도 멈추지 않고 작업을 완전 종료하고 싶은 경우
Ctrl + F10	선택된 셀을 실행하고 그 이후 모든 셀 실행
Ctrl + M K	선택된 셀을 위로 이동
Ctrl + M J	선택된 셀을 아래로 이동

이제 코랩을 사용해서 데이터 분석을 학습하기 위한 환경 준비가 마련되었으니 파이썬 기본 문법을 살펴본 후 데이터 분석을 해보도록 한다.

1.5 왜 파이썬인가?

데이터 분석을 하기 위해서는 일반적으로 R 또는 파이썬이 가장 많이 사용된다. 그러면 R과 파이썬 중 데이터 분석을 하기 위해서 더 나은 프로그래밍 언어는 무엇이냐는 질문을 한다면 언어별로 장단점이 있으므로 어떤 프로그래밍 언어를 사용해야 한다는 정답은 없다. 하지만 데이터 분석을 이제 막 시작하는 것이라면 파이썬을 선택하는 것을 저자는 추천한다. 인터넷 검색량으로 프로그래밍 언어의 인기 순위를 구하는 티오베(TIOBE, https://www.tiobe.com)에서 2023년 9월 기준으로 파이썬이 1위를 차지하고 있으며 다른 프로그래밍 언어들에 비해 빠른 속도로 증가하고 있다.

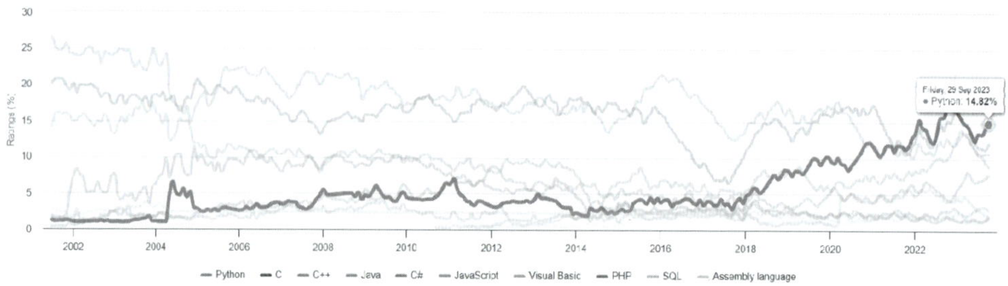

출처: https://www.tiobe.com

학계, 기업, 언론 등 다양한 분야에서 데이터 분석가들이 파이썬을 데이터 분석 언어로 사용하고 있고 챗GPT에서도 데이터 분석을 처음 접하는 학생들에게도 파이썬을 배우라고 말하고 있다. 이하에서는 파이썬이 데이터 분석 도구로 인기 있는 이유를 살펴보도록 하자.

■ 다양한 라이브러리

파이썬은 데이터 분석을 위해 특별히 설계된 라이브러리와 도구로 구성된 광범위한 범용 도구이다. 가장 인기 있는 것 중에는 넘파이(NumPy), 판다스(Pandas), 맷플롯립(Matplotlib), 시본(Seaborn) 등이 있다. 파이썬의 라이브러리는 데이터 조작, 시각화, 통계분석 및 머신러닝을 위한 광범위한 기능을 제공하기 때문에 파이썬이 인기를 끌고 있다. 다음 그림은 파이썬의 시각화를 위한 다양한 라이브러리들을 나타낸다.

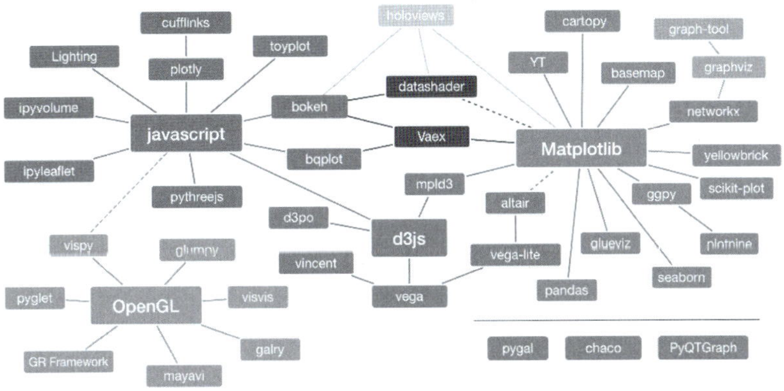

출처: https://pyviz.org/overviews/index.html

파이썬의 라이브러리는 일반적인 작업을 지원하기 위한 모듈들의 모음이고 다양한 라이브러리들이 많지만 파이썬의 라이브러리 중 상위 열 개는 다음 그림과 같다.

출처: https://datarundown.com/python-top10-libraries/

■ 학습의 용이성

파이썬은 단순성과 가독성이 좋다. 구문이 간단하고 이해하기 쉬워 초보자와 숙련된 프로그래머 모두가 접근하기 용이하므로 데이터 분석 작업에 대한 학습을 가속화할 수 있다.

■ 커뮤니티 지원

파이썬에는 대규모의 활동적인 사용자 커뮤니티가 있다. 이는 온라인에서 광범위한 문서, 튜토리얼 및 리소스를 찾을 수 있음을 의미한다. 또한 문제가 발생하면 다른 사람이 동일한 문제에 직면하여 온라인에 해결책을 게시한다.

■ 플랫폼 호환성

파이썬은 수정 없이 다양한 운영체제에서 데이터 분석 코드를 실행할 수 있다. 이러한 유연성은 협업 프로젝트와 다양한 하드웨어 구성으로 작업할 때 매우 중요하다.

■ 다른 도구와의 통합

파이썬은 다른 데이터 관련 도구 및 기술과 쉽게 통합할 수 있다. 예를 들어, 데이터베이스에 연결하고 하둡(Hadoop) 및 스파크(Spark)와 같은 빅데이터 프레임워크와 작업하며 웹 API와 통신할 수 있다. 이 통합기능을 통해 여러 데이터 소스와 관련된 데이터 분석 작업에 다양한 선택이 가능하다.

■ 시각화 기능

다양하고 강력한 데이터 시각화 라이브러리를 제공한다. 맷플롯립(Matplotlib), 시본(Seaborn)과 같은 라이브러리를 사용하면 유익하고 미적으로 보기 좋은 플롯과 차트를 만들어 결과를 효과적으로 전달할 수 있다. 다음 그림은 맷플롯립 및 시본을 사용한 데이터 시각화를 나타낸 것이다.

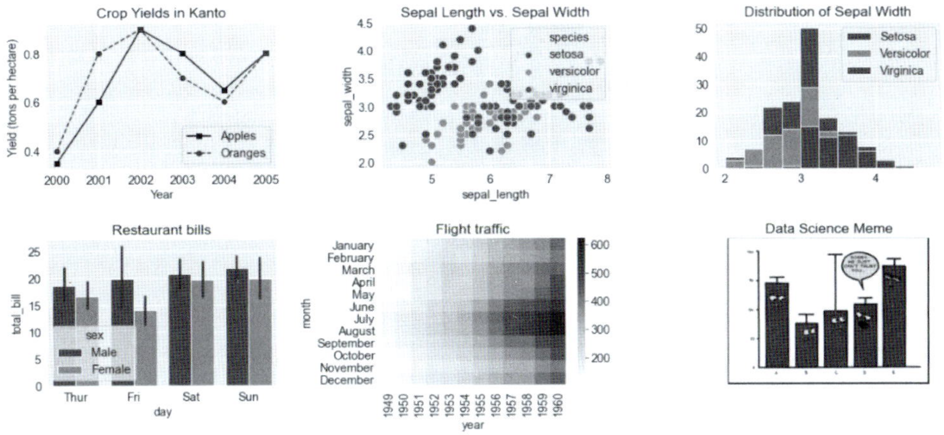

출처: https://jovian.com/aakashns/python-matplotlib-data-visualization

폴리움(Folium) 라이브러리를 이용한 지도 시각화도 가능하다.

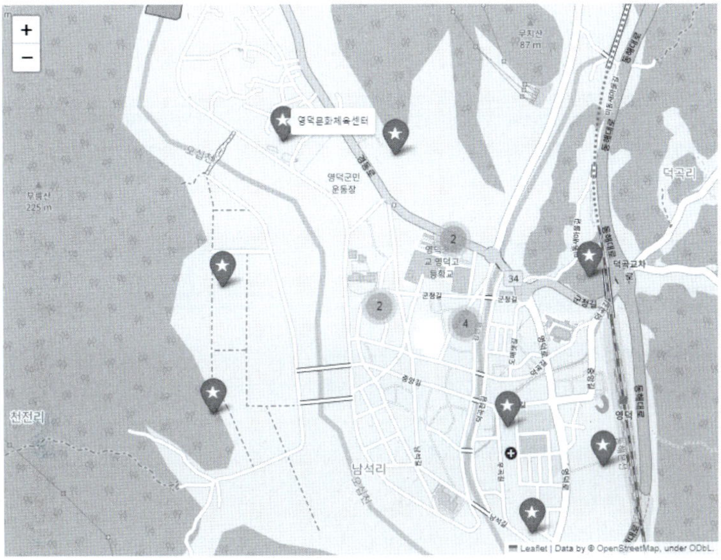

PIL(Python Imaging Library) 라이브러리를 이용해서 워드클라우드 시각화가 가능하다.

■ 머신러닝 및 데이터과학

파이썬은 머신러닝 및 데이터과학 분야에서 널리 사용한다. 사이킷런(Scikit-Learn) 및 텐서플로우(TensorFlow)와 같은 라이브러리를 사용하면 데이터 분석가는 예측분석 및 기타 고급 데이터 기반 작업을 위한 머신러닝 모델을 구축하고 배포할 수 있다. 다음 그림은 사이킷런을 이용해서 분류모델의 깊이를 변형한 것이다.

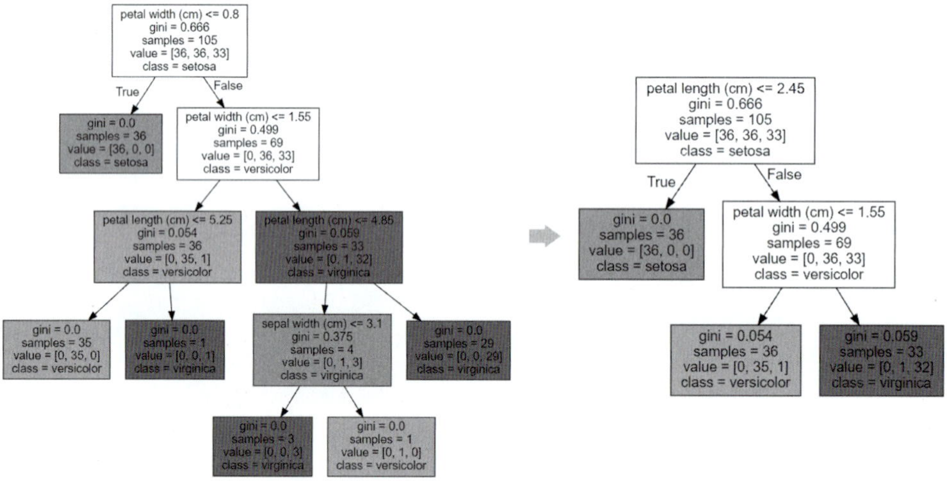

■ 오픈소스

파이썬은 오픈소스 언어이다. 즉 무료로 사용할 수 있고 활발한 기여자 커뮤니티가 있다. 이러한 개방형 특성은 혁신을 촉진하고 파이썬이 데이터 분석의 최신 발전을 통해 최신 상태를 유지한다.

■ **협업**

파이썬의 코드 가독성과 주피터 노트북과 같은 도구의 가용성을 통해 재현 가능한 데이터 분석 워크플로를 쉽게 만들 수 있으며, 데이터 분석 프로젝트를 공유하고 협업하는 데 매우 중요하다.

1.6 챗GPT에서의 질문

다음은 저자가 "파이썬을 이용한 데이터 분석을 처음 배우는 학생들에게 필요한 핵심 개념과 기술 세 가지는 무엇인가?"라는 질문으로 챗GPT(ChatGPT: https://chat.openai.com)에서 질문한 내용에 대한 챗GPT의 답변이다. 챗GPT는 데이터 분석을 처음 배우는 학생들에게 필요한 핵심 개념으로 파이썬 프로그래밍 기초, 데이터 분석 라이브러리의 이해, 데이터 탐색 및 시각화 능력을 키워야 한다고 답하고 있다.

(1) 파이썬 프로그래밍 기초

파이썬은 데이터 분석 및 과학 분야에서 매우 인기 있는 프로그래밍 언어이다. 학생들은 기본적인 파이썬 프로그래밍 구문을 이해하고 변수, 조건문, 반복문, 함수 등의 기초 개념을 숙지해야 한다. 이러한 기초를 통해 데이터 분석에 필요한 프로그래밍 능력을 기를 수 있다.

(2) 데이터 분석 라이브러리의 이해

파이썬을 사용한 데이터 분석에는 판다스(Pandas), 넘파이(NumPy), 맷플롯립(Matplotlib), 시본(Seaborn), 사이킷런(Scikit-Learn)과 같은 라이브러리가 필수이다. 학생들은 이러한 라이브러리를 사용하여 데이터를 불러오고 조작하며 시각화하고 모델링하는 방법을 배워야 한다. 판다스의 데이터프레임(DataFrame) 및 시리즈(Series) 개념과 넘파이의 다차원 배열은 특히 중요하다.

(3) 데이터 탐색 및 시각화 능력

데이터를 탐색하고 시각화하는 능력은 데이터 분석의 핵심이다. 학생들은 데이터를 이해하기 위해 다양한 시각화 도구와 기법을 사용하는 방법을 익혀야 한다. 히스토그램, 상자 그림, 산점도, 히트맵 등을 사용하여 데이터 분포, 이상치, 상관관계 등을 탐색하는 기술을 습득해야 한다.

이외에도 데이터 수집, 데이터 전처리, 통계 및 머신러닝의 기초 개념을 이해하는 것도 중요하다. 데이터 분석은 실무와 연계되는 작업이기 때문에 프로젝트 경험이나 실제 데이터세트를 사용한 연습도 도움이 된다. 또한 온라인 강의, 책, 튜토리얼 등을 활용하여 학습을 진행하고 데이터 분석 커뮤니티에서 다른 분석가들과 지식을 공유하는 것도 도움이 될 것이다.

챗GPT는 파이썬 프로그래밍 기초, 데이터 분석에 필요한 라이브러리의 이해, 데이터 탐색 및 시각화 능력이 데이터 분석을 처음 배우는 학생들이 익혀야 되는 세 가지 내용이라고 말하고 있다. 따라서 본 교재에서는 2장에서 파이썬 프로그래밍의 기초 문법에 대해 학습하며, 3장에서는 판다스(Pandas), 넘파이(NumPy)를, 4장에는 맷플롯립(Matplotlib), 시본(Seaborn), 폴리움(Folium)에 대해 학습하고, 5장에서는 탐색적 데이터 분석 프로젝트의 예제를 통해서 실제 분석기법에서 사용되는 방법에 대해 알아본다. 6장에서는 사이킷런(Scikit-Learn)과 머신러닝(Machine Learning), 지도학습(Supervised Learning)과 비지도학습(Uusupervised Learning)에 대한 내용들을 다룬다.

/ 단원정리 문제 /

01 다음 중 파이썬의 특징으로 올바르지 않은 것은 무엇인가?

① 파이썬은 머신러닝, 딥러닝을 위한 다양한 패키지를 제공한다.
② 파이썬은 데이터 시각화를 위한 라이브러리를 제공하지 않는다.
③ 파이썬은 넘파이, 판다스 등 복잡한 수치와 다양한 연산을 지원한다.
④ 파이썬은 간결하고 배우기 쉬운 인터프리터 방식의 프로그래밍 언어이다.

02 코랩에서 선택된 셀에서 코드를 실행하는 단축키는 무엇인가?

① Ctrl + Enter　② Alt + Enter
③ Enter　④ Ctrl + M M

03 코랩에서 마크다운으로 전환하는 단축키는 무엇인가?

① Ctrl + Enter　② Alt + Enter
③ Enter　④ Ctrl + M M

04 파이썬에서 데이터 시각화를 위한 라이브러리가 아닌 것은 무엇인가?

① Matplot　② NumPy
③ Pandas　④ Java

05 데이터 분석과정 중 분석의 목적을 명확하게 정의하고 해결하려는 문제를 명시하는 과정은 무엇인가?

① 문제 정의 및 목표 설정
② 데이터 수집
③ 데이터 전처리
④ 데이터 분석 및 시각화

2장

파이썬의 기본 문법

2장 파이썬의 기본 문법

파이썬은 네덜란드의 귀도 반 로섬(Guido van Rossum)이 1989년쯤 제작하여 1991년에 출시된 프로그래밍 언어이다. 파이썬은 간결한 코드로 이루어져 있으며 유지보수하기 쉬우며, 코드를 한 줄씩 읽어 내려가는 프로그램으로 인터프리터 방식을 사용하기 때문에 이해하기가 쉬운 언어이다. 파이썬은 복잡한 수치와 빅데이터를 다루는 넘파이(NumPy), 판다스(Pandas) 등의 연산을 지원한다. 파이썬은 다양한 기능을 제공하는 패키지를 제공하기 때문에 데이터베이스시스템에 연결해서 파일을 읽고 수정할 수 있으며 빅데이터를 처리하는 데 사용된다. 이번 장에서는 데이터 분석을 하기 위해 파이썬의 기본 문법에 대해 설명한다.

2.1 변수

변수(Variable)는 데이터를 저장할 수 있는 메모리 공간의 이름을 의미한다. 프로그래밍에서는 흔히 변수를 데이터를 담는 '그릇'에 비유한다. 그릇에는 짜장면도 담았다가 냉면도 담을 수 있고 짬뽕도 담을 수 있다. 그릇에 다른 음식을 담을 수 있는 것처럼 변수도 다른 데이터의 값으로 변경할 수 있어서, 컴퓨터에서 사용되는 데이터를 저장하는 그릇을 변수라 하는 것이다.

파이썬에서 변수의 데이터형(Data Type)은 미리 선언하지 않고 변수에서 사용하는 데이터 값의 데이터 형태로 변수의 데이터형이 결정된다. 따라서 변수의 데이터형은 처음에 입력되는 값의 데이터형에 따라 결정된다.

변수를 선언하고 초기화하는 방법은 대입(=) 연산자를 사용한다. 대입(=) 연산자를 기준으로 오른쪽에 있는 값을 왼쪽에 저장하라는 의미이다. 산술연산에서 사용되는 '='의 의미가 '같다'라는 의미가 아니라는 것에 유의한다.

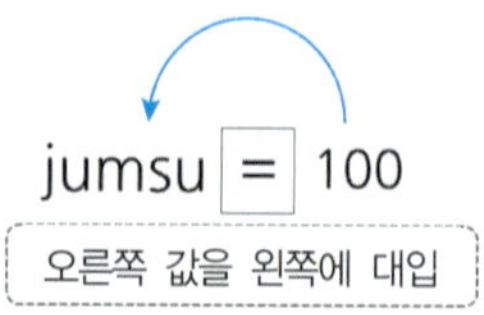

아래 코드는 'jumsu' 변수를 선언하고 정수형 데이터 '100'을 저장한다. 즉 변수명이 'jumsu'이고, 변수 'jumsu'에 정수 '100'으로 초기화한다. 정수 '100'을 'jumsu' 변수에 저장한다는 의미이다.

코드	`jumsu = 100                    #변수 jumsu에 정수 100 담기` `jumsu`
결과	`100`

아래 코드는 'jumsu' 변수를 선언하고 실수형 데이터 '20.3'을 저장한다. 즉 변수명이 'jumsu'이고, 변수 'jumsu'에 실수 '20.3'으로 초기화한다. 실수 '20.3'을 'jumsu' 변수에 저장한다는 의미이다.

코드	`jumsu = 20.3                   #변수 jumsu에 실수 20.3 담기` `jumsu`
결과	`20.3`

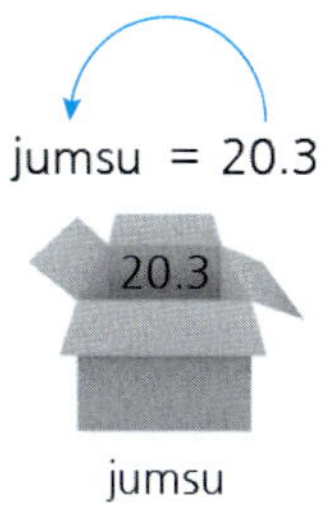

아래 코드는 'country' 변수를 선언하고 문자열형 데이터 'korea'를 저장한다. 즉 변수명이 'country'이고, 변수 'country'에 문자열 'korea'로 초기화한다. 문자열 'korea'를 country 변수에 저장한다는 의미이다. 물론 한글로 작성된 문자열도 변수의 값으로 사용할 수 있다.

코드	`country = 'korea'` #변수 country에 문자열 'korea' 담기 `country` `country = '한국'` #변수 country에 문자열 '한국' 담기 `country`
결과	`'korea'` `'한국'`

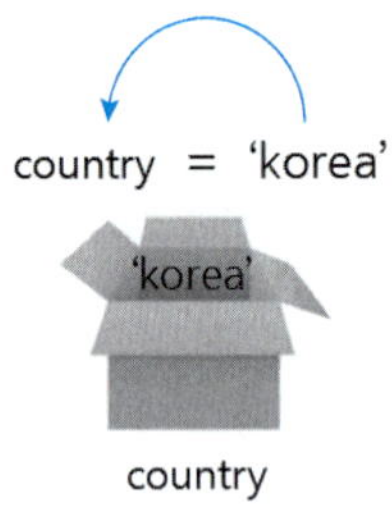

새로운 변수를 정의하는 변수의 이름을 작성할 때는 몇 가지 규칙이 있다.

- 변수명은 문자나 밑줄(underscore: _)문자로 시작한다.
- 변수명의 첫 문자는 숫자를 사용할 수 없다.
- 변수명에는 영문자와 숫자, 특수문자는 밑줄문자(_)만 가능하다(A~Z, a~z, 0~9, _).
- 변수명은 대소문자를 구분한다.
- 변수명은 키워드(예약어)를 사용할 수 없다.

다음 표는 변수명으로 사용 가능 변수명으로 사용 불가능한 예이다.

변수명 사용 가능	변수명 사용 불가능
score	for
score1	1score
Score	if
_score	^score

2.2 기본 데이터형

프로그래밍에서의 데이터 유형은 아주 중요한 개념이다. 변수는 다양한 데이터 유형의 데이터를 저장할 수 있고, 데이터 유형에 따라 수행할 수 있는 작업이 다르다. 컴퓨터에서 사용되는 다양한 데이터 유형을 데이터형(Data Type)이라 한다. 파이썬에서의 데이터형에는 정수형(Integer), 실수형(Float), 문자열(String), 논리형(Boolean)이 있다. 숫자형(Numeric)은 1, 2, 3, 4와 같은 숫자는 정수형과 1.0, 2.0, 3.0과 같은 소수가 있는 실수형이 있다. 그리고 텍스트를 문자열이라 하며 따옴표를 사용해서 문자열을 만든다. True, False와 같은 결과를 나타내는 자료형을 논리형이라 한다.

2.2.1 정수와 실수

일반적으로 프로그래밍 언어에서는 문자형과 숫자형으로 데이터형을 구분해서 사용한다. 문자형과 숫자형으로 구분하는 가장 큰 이유는 숫자형은 산술연산을 할 수 있고 문자형은 산술연산을 사용할 수 없기 때문이다. 파이썬은 사칙연산인 더하기(+), 빼기(−), 곱하기(*), 나누기(/)와 같은 기본 연산자와 괄호(( ))를 이용하여 연산처리를 한다. 파이썬에서 사용되는 산술연산자의 종류는 다음과 같다.

연산자	설명
+	더하기
−	빼기
*	곱하기
**	제곱
/	나누기(실수 형태)
//	나누기(정수 형태)
%	나머지

변수 num1은 정수형 10을, 변수 num2에는 실수 5.3을 입력해서 사칙연산 및 정수형 몫과 나머지를 구해보도록 하자. 정수형 데이터와 실수형 데이터를 사칙연산한 결과를 보면 실수형 데이터 값으로 결과가 나타난다.

코드

```
num1 = 10                    #num1: 정수형
num2 = 5.3                   #num2: 실수형

num1 + num2                  #정수 + 실수(더하기)

num1  -  num2                #정수 - 실수(빼기)

num1 * num2                  #정수 * 실수(곱하기)

num1 / num2                  #정수 / 실수(나누기, 몫이 실수 형태)

num1 // num2                 #정수 // 실수(나누기, 몫이 정수 형태)

num1 % num2                  #정수 % 실수(나머지 구하기)
```

결과

```
15.3
4.7
53.0
1.8867924528301887
1.0
4.7
```

데이터형이 정수형 두 개의 피연산자를 더하기(+), 빼기(−), 곱하기(*), 나누기(/) 연산자를 이용한 연산 결과는 정수 형태가 된다. 하지만 위의 코드를 살펴보면 'num1 / num2'의 결과가 '1.8867924528301887'로 나누기의 연산 결과가 실수형이 된다.

파이썬에서 정수 형태의 몫의 값을 나타내려면 나누기(//)를 사용한다. 나누기(//) 연산자는 나누기 연산을 한 후에 몫이 소수점이 되면 내림을 해서 몫의 결과가 정수 형태로 나타난다. 나머지 연산자(%)는 나누기 연산 후 나머지를 구할 때 사용하는 연산자이다. 거듭제곱을 이용할 때는 제곱 연산자(**)를 사용한다.

2.2.2 문자열

파이썬에서는 숫자뿐만 아니라 문자열(string)형도 사용할 수 있으며, 문자열은 한 개 이상의 문자로 구성된 문자 집합이다. 작은따옴표(' ... ') 또는 큰따옴표(" ... "), 작은따옴표 3개(''' ... '''), 큰따옴표 3개(""" ... """)를 사용해서 나타낸다. 큰따옴표로 열고 큰따옴표로 닫고, 작은따옴표로 열고 작은따옴표로 닫아야 한다. 큰따옴표로 열고 작은따옴표로 닫으면 오류가 발생한다. 하나의 문자를 저장하더라도 파이썬에서의 데이터 유형은 문자형으로 사용되는 게 아니라 문자열형으로 인식한다.

코드	"Hello" 'Hello' """Hello""" '''Hello''' "Hello'
결과	'Hello' 'Hello' 'Hello' 'Hello' SyntaxError: incomplete input

숫자 100은 정수형(int)형으로 사용되지만 '100' 또는 "100"은 사용자가 보기에 숫자형의 정수형이지만 파이썬이 인식하는 것은 문자형이다. 실수 3.14는 실수형인 숫자지만 '3.14' 또는 "3.14"는 따옴표로 감싸졌기 때문에 문자형으로 인식함에 주의해야 한다.

파이썬 코드를 작성할 때 설명글을 주석을 사용할 수 있다. 주석은 코드를 해석하기 쉽도록 사용할 수 있고, 코드를 테스트할 때 실행하는 것을 방지하기 위해 사용되기도 한다. 컴퓨터는 주석기호 다음의 글자를 무시하고, 사람은 코드를 이해하기 쉽도록 기호로 표시하는 것이다. 한 줄로 적는 주석은 '#'으로 시작하고, '#' 기호가 있으면 주석을 무시하고 프로그램을 실행한다. 여러 줄의 주석은 """(3중 따옴표)를 사용한다. 하지만 파이썬은 여러 줄을 지원하는 주석의 내장기능을 지원하지 않기 때문에 '#'을 사용해서 여러 줄의 주석을 사용하는 파이썬에서 규정한 주석방침을 사용하는 것이 좋다.

코드	```#print("안녕") """ 여러 줄 주석 print("파이썬") print("데이터 분석") print("인공지능") """ print("안녕 파이썬")```
결과	안녕 파이썬

2.2.3 논리형

논리(Boolean)형은 논리 자료형 또는 불리언이라고도 하며, 참(True)과 거짓(False)을 나타내는 데 사용한다. 주로 참(True)은 숫자 1, 거짓(False)은 숫자 0에 대응되지만 언어마다 다르게 사용한다. 불리언(Boolean)이라는 말은 영국의 수학자 겸 논리학자인 조지 불(George Boole)의 이름에서 따온 것이다.

문자열이 소문자, 대문자, 영문자, 숫자, 영문자와 숫자, 공백문자인지를 확인해주는 함수가 있다. islower()는 소문자, isupper()는 대문자, isalpha()는 영문자, isdigit()는 숫자, isalnum()는 영문자와 소문자, isspace()는 공백문자인지를 나타내는 함수이며 결과값은 True 또는 False와 같은 논리형을 반환한다.

코드

```
korea = 'korea'

print(korea.islower())                    #소문자인가?
print(korea.isupper())                    #대문자인가?
print(korea.isalpha())                    #영문자인가?
print(korea.isdigit())                    #숫자인가?
print(korea.isalnum())                    #영문자 또는 숫자인가?
print(korea.isspace())                    #공백문자인가?
```

결과

```
True
False
True
False
True
False
```

파이썬에서는 산술연산자 외에 비교연산자를 사용한다. 비교연산자 또는 관계연산자는 연산자를 사이에 두고 좌우 변수를 비교하는 연산자이다. 비교연산자의 반환값은 참(True) 또는 거짓(False)이다. 비교연산자는 다음과 같이 여섯 가지의 종류가 있다.

비교연산자	설명
>	왼쪽 값이 더 크다. (초과)
>=	왼쪽 값이 크거나 같다. (이상)
<	왼쪽 값이 더 작다. (미만)
<=	왼쪽 값이 작거나 같다. (이하)
==	같다.
!=	같지 않다.

비교연산자의 여섯 가지를 사용해서 num1 변수에는 정수 3을 num2 변수에는 7을 대입한 후 비교연산자의 코드를 살펴보면 다음과 같다. 관계연산자의 결과는 True 또는 False의 형태인 불(bool) 형태로 출력된다.

코드	`num1=3`
	`num2=7`
	
	`num1 > num2      #num1이 num2보다 크다.`
	`num1 < num2      #num1이 num2보다 작다.`
	`num1 >= num2     #num1이 num2보다 크거나 같다.`
	`num1 <= num2     #num1이 num2보다 작거나 같다.`
	`num1 == num2     #num1과 num2는 같다.`
	`num1 != num2     #num1과 num2는 같지 않다.`

결과	`False`
	`True`
	`False`
	`True`
	`False`
	`True`

파이썬에서는 산술연산자, 비교연산자 외에 논리연산자도 사용된다. 논리연산자는 조건문을 결합하는 데 사용되며 두 개의 값이나 변수 사이에 논리적인 연산을 수행한다. 논리연산자의 결과는 참(True) 또는 거짓(False)이다. 논리연산자는 다음과 같은 세 가지 종류가 있다.

논리연산자	설명	논리연산자의 사용 예
and	그리고, 둘 다 만족	x > y and x < 0 의미: x는 y보다 크고 x는 0보다 작다.
or	또는, 하나 이상 만족	x > y or x < 0 의미: x는 y보다 크거나 x는 0보다 작다.
not	부정	not(x) 의미: x의 부정

논리연산자는 다음의 표와 같은 논리표를 가진다. True는 숫자 1로, False는 숫자 0으로 대체할 수 있다. and(논리곱) 연산자는 두 개의 피연산자가 모두 참이면 참이 되고, or(논리합) 연산자는 두 개의 피연산자 중 하나 이상이 참이면 참인 값을 가진다. not 연산자는 피연산자의 값의 반대값으로 전환되어 참이면 거짓이 반환된다.

x	y	x and y	x or y	not x
False	False	False	False	True
False	True	False	True	True
True	False	False	True	False
True	True	True	True	False

일반적으로 조건문이 참(True)인지 거짓(False)인지를 판단할 때 주로 and, or, not 연산자를 사용한다. 논리연산의 참(True)인지 거짓(False)인지를 알려주기 위해 논리연산의 결과는 불(bool) 형태로 출력된다. 아래 코드는 논리연산자를 사용한 코드이다. 일반적으로 논리연산자는 비교연산자와 함께 사용이 된다.

코드

```
x = 7
y = 3

x > y and x > 0                    #x는 y보다 크고 x는 0보다 크다.

x < y or x < 0                     #x는 y보다 작고 x는 0보다 작다.

not(x > 0)
```

결과

```
True
False
False
```

2.2.4 데이터형 변환

type() 함수를 사용하면 특정 데이터나 변수의 데이터형이 무엇인지 확인할 수 있다. type() 함수는 데이터형을 확인하는 함수로 괄호 안에 값을 입력하면 어떤 데이터형을 가지는지 출력한다.

코드	type(id) type(number)
결과	<class 'str'> <class 'float'>

데이터 분석을 하기 위해서는 데이터형을 새로운 데이터형으로 변경해야 하는 경우가 발생한다. 다음은 데이터형을 강제로 변환하기 위한 함수이다.

함수명	의미
int()	정수형으로 변환
float()	실수형으로 변환
str()	문자열형으로 변환
bool()	불형으로 변환

2.3 컨테이너형

파이썬에서는 여러 개의 데이터 값을 저장하는 데 사용하기 위한 데이터 구조를 컨테이너라 한다. 우리가 일상생활에서 수납장을 사용하면 여러 개의 물건을 아주 간단하게 정리할 수 있는 것처럼 컨테이터형을 사용하면 여러 개의 데이터를 한꺼번에 보관 및 정리할 수 있다.

컨테이너형에는 리스트(List), 튜플(Tuple), 세트(Set), 딕셔너리(Dictionary)가 있다. 리스트는 여러 개의 데이터 값들을 저장하는 데 사용하며, 순서가 있고 변경이 가능하며 중복을 허용하는 데이터 구조이다. 튜플은 순서가 있고 변경할 수 없으며 중복된 값을 허용한다. 세트는 순서가 지정되지 않고 변경할 수 없으며 중복을 허용하지 않는다. 딕셔너리는 key(키)를 사용해서 value(값)를 선택하거나 데이터의 변경, 추가 및 삭제할 수 있으며, key로 항목을 구분하므로 key는 중복된 값을 가질 수 없다. 다음 표는 리스트, 튜플, 세트, 딕셔너리의 특징을 정리한 표이다.

컨테이너형	순서(인덱싱/슬라이싱)	중복값 허용	데이터 변경	사용 용도
리스트(List) [항목1, 항목2, 항목3, ...]	○	○	○	순서 있는 항목들을 표현할 때
튜플(Tuple) (항목1, 항목2, 항목3, ...)	○	○	×	순서는 있지만 수정되지 않을 데이터
세트(Set) {항목1, 항목2, 항목3, ...}	×	×	○	중복이 없는 데이터
딕셔너리(Dictionary) {key1: Value1, key2: Value2, ...}	×	×	○	key와 value의 맵핑이 필요한 데이터

2.3.1 리스트

리스트는 대괄호([ ])로 묶어서 사용하며, 리스트 내에 항목들은 쉼표(,)로 구분해서 여러 항목을 저장하는 데 사용한다. 리스트는 문자열형과 함께 가장 많이 사용되는 자료구조이며, 한 가지의 데이터 값만 저장할 수 있는 변수와는 다르게 쉼표(,)로 구분하여 다양한 데이터 형식과 여러 개의 데이터 값을 입력하고 저장할 수 있다. 리스트에서 쉼표(,)로 구분된 데이터 값들을 항목이라 부르며 각 항목들은 순서가 지정되고 항목의 변경이 가능하며 중복값을 허용한다.

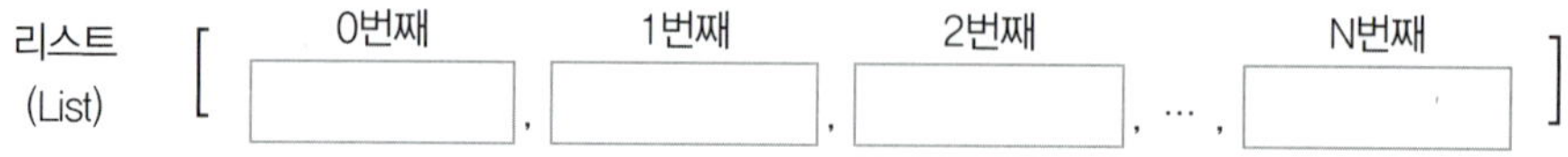

다음 코드에서 'age'는 정수 형태의 네 개 값을 가지는 리스트이며, 'id'는 네 개의 문자열 형태의 값을 가지는 리스트이다. 'age', 'id' 리스트와 같이 데이터 값들이 일렬로 저장된 리스트를 1차원 리스트라고도 한다.

코드

```
age = [20, 23, 25, 21]
id = ['lee', 'son', 'kang', 'jung']

print(age)
print(id)
```

결과

```
[20, 23, 25, 21]
['lee', 'son', 'kang', 'jung']
```

리스트는 다양한 함수를 사용하여 항목을 추가하거나 삭제, 정렬할 수 있다. 다음 표는 리스트에서 사용하는 다양한 함수이다.

구분	함수명	설명
추가	append()	• 리스트의 마지막 위치에 항목 추가
	insert()	• 지정된 인덱스에 항목 추가
	extend()	• 다른 리스트의 항목을 현재 리스트에 추가, 덧셈(+)과 같음
삭제	remove()	• 리스트에서 지정한 첫 번째 항목값 삭제
	pop()	• 리스트의 마지막 위치의 항목 삭제 • 인자를 입력하지 않으면 리스트의 마지막 항목이 삭제 • 인자를 입력하면 해당 인덱스의 값이 삭제
	del()	• 지정한 인덱스에 해당하는 항목 삭제
	clear()	• 리스트의 모든 요소를 삭제 • 리스트 형태 남아 있음
인덱스	index()	• 리스트에서 지정한 값을 찾아 인덱스 번호 반환

개수	count()	• 리스트 내의 같은 항목의 개수
정렬	sort()	• 리스트의 항목 정렬, 기본적으로 오름차순 정렬 • reverse=True를 입력하면 내림차순 정렬
	sorted()	
	reverse()	• 리스트의 순서를 역순으로 출력

(1) 인덱스

이러한 리스트에서 항목들은 순서가 있으며 데이터의 값들을 변경할 수 있고 중복된 값도 허용한다. 리스트의 항목의 값을 찾으려면 인덱스(index)를 이용하면 된다. 리스트에서 각 항목을 구분하는 것은 숫자를 이용해서 나타낼 수 있으며, 각 항목의 독립적인 변수 형태로 구분하는 숫자를 인덱스라 한다. 인덱스는 0에서 시작해서 마지막 항목의 인덱스는 '전체 리스트의 길이 - 1'이다. 인덱스 번호가 [-1]이면 리스트에서 맨 끝에서 첫 번째 항목을 나타낸다. 'age' 리스트의 인덱스 번호는 다음 그림과 같다. 모든 프로그래밍 언어의 첫 번째 인덱스는 0부터이다.

	age[0]	age[1]	age[2]	age[3]
age	20	23	25	21
	age[-4]	age[-3]	age[-2]	age[-1]

age 리스트에서 첫 번째 항목의 값을 찾으려면 age[0], 맨 끝 항목의 값을 찾으려면 age[-1]을 사용한다.

코드

```
age = [20, 23, 25, 21]

print(age[0])                         #age 리스트의 0번째 항목
print(age[-1])                        #age 리스트의 마지막 항목
```

결과

```
20
21
```

리스트의 항목의 수인 리스트의 전체길이를 확인하려면 len( )함수를 사용한다. id 리스트의 전체 항목의 수는 네 개이기 때문에 4가 출력된다.

코드	`id = ['lee', 'son', 'kang', 'jung']`
	
	`print(len(id))`

결과	4

리스트는 각 항목의 시작 인덱스와 끝 인덱스를 지정해서 콜론(:)으로 구분하여 인덱스 범위를 지정할 수 있으며, 리스트에 저장된 항목의 일부분만 추출하기 위해 슬라이싱(slicing) 기능을 사용할 수 있다. 슬라이싱은 콜론(:) 기호를 사용해서 리스트에서의 특정 범위의 자료를 가져오는 것을 말한다. 리스트에서 항목의 첫 번째 인덱스는 0이라는 것을 반드시 기억한다. 주의할 사항은 list[x:y]에서 나타낼 수 있는 값은 x<=인덱스 범위 <y로 나타낼 수 있다. 다음 코드는 리스트에서 슬라이싱 사용방법이다.

코드

```
fruit = ['바나나', '사과', '키위', '망고', '수박', '포도']

print(fruit[1:4])          #fruit 리스트의 항목 1번부터 3번까지
print(fruit[ :3])          #fruit 리스트의 처음(0번)부터 2번까지
print(fruit[2: ])          #fruit 리스트의 2번부터 끝까지
print(fruit[ : ])          #fruit 리스트의 처음(0번)부터 끝까지
print(fruit[-1])           #fruit 리스트의 맨 끝
print(fruit[-4:-1])
```

결과

```
['사과', '키위', '망고']
['바나나', '사과', '키위']
['키위', '망고', '수박', '포도']
['바나나', '사과', '키위', '망고', '수박', '포도']
포도
['키위', '망고', '수박']
```

다음 코드의 'fruit' 리스트는 여섯 개의 항목으로 이루어져 있으며, fruit[1:3]은 fruit[1]

~fruit[2]까지의 항목을 잘라서 newfruit에 저장되며 다른 변수에 리스트를 추가하고 싶으면 덧셈(+) 연산자를 사용한다.

코드	`fruit = ['바나나', '사과', '키위', '망고', '수박', '포도']`
	`newfruit = fruit[1:3]  #fruit[1]부터 fruit[2]까지의 항목`
	`print(newfruit)`
	`#fruit[4]부터 fruit[5]까지의 항목을 잘라서 newfruit 뒤에 붙임`
	`newfruit = newfruit + fruit[4:6]`
	`print(newfruit)`

결과	`['사과', '키위']` `['사과', '키위', '수박', '포도']`

덧셈(+) 연산자를 사용하면 리스트와 리스트를 병합할 수도 있다.

코드	`fruit1 = ['바나나', '사과', '키위']`
	`fruit2 = ['망고', '수박', '포도']`
	`newfruit = fruit1 + fruit2`
	`print(newfruit)`

결과	`['바나나', '사과', '키위', '망고', '수박', '포도']`

문자열형 데이터와 곱셈(*) 연산자를 사용하면 여러 개를 반복하라는 의미와 같이 리스트에서도 곱셈(*) 연산자를 사용하면 여러 번 반복하라는 의미이다.

코드	`fruit = ['바나나', '사과', '키위', '망고', '수박', '포도']`
	`newfruit = fruit[1:3] * 2  #fruit[1]부터 fruit[2]까지의 항목을 2번 반복`
	`print(newfruit)`

결과
```
['사과', '키위', '사과', '키위']
```

특정 범위 내의 항목의 값을 변경하고 싶다면 새로운 값으로 리스트를 정의한 다음 새로운 값을 변경하려는 인덱스를 참조한다. fruit 리스트의 인덱스를 참조해서 fruit[1]부터 fruit[2]의 원래의 값인 '사과', '키위'값을 '멜론', '자두'로 변경한다.

코드
```
fruit = ['바나나', '사과', '키위', '망고', '수박']

fruit[1:3] = ['멜론','자두']

print(fruit)
```

결과
```
['바나나', '멜론', '자두', '망고', '수박']
```

index()는 리스트에서 항목값이 몇 번 인덱스에 있는지를 알 수 있는 인덱스를 반환한다. count()는 리스트 내의 같은 항목의 개수를 알 수 있다.

코드
```
fruit= ['바나나', '사과', '사과', '바나나', '사과', '자두']

print(fruit.index('바나나'))          #'바나나' 항목의 위치인 인덱스

print(fruit.count('바나나'))          #'바나나' 항목의 개수
```

결과
```
0
2
```

리스트는 인덱스의 순서가 있으므로 항목의 값으로 정렬할 때는 sort()와 sorted()를 이용한다. sort()와 sorted()는 기본적인 영문자와 숫자를 사전순서인 오름차순으로 정렬한다. 먼저 sort()를 사용해서 기본적으로 오름차순 정렬 후 reverse=True를 입력해 내림차순으로 정렬한다.

코드

```
han = ['다', '마', '가', '라', '바', '나', '사']

han.sort()                                    #오름차순 정렬
print(han)

han.sort(reverse=True)                        #내림차순 정렬
print(han)
```

결과

```
['가', '나', '다', '라', '마', '바', '사']
['사', '바', '마', '라', '다', '나', '가']
```

코드

```
han = ['다', '마', '가', '라', '바', '나', '사']

han.sort()                                    #오름차순 정렬
print(han)

han.sort(reverse=True)                        #내림차순 정렬
print(han)
```

결과

```
['가', '나', '다', '라', '마', '바', '사']
['사', '바', '마', '라', '다', '나', '가']
```

sorted()는 기본적으로 오름차순 정렬이 되며, reverse=True를 입력하면 내림차순으로 정렬한다.

코드

```
han = ['다', '마', '가', '라', '바', '나', '사']

sortedhan = sorted(han)                       #오름차순 정렬
print(sortedhan)

resortedhan = sorted(han,reverse=True)        #내림차순 정렬
print(resortedhan)
```

결과

```
['가', '나', '다', '라', '마', '바', '사']
['사', '바', '마', '라', '다', '나', '가']
```

reverse()는 사전순서에 상관없이 리스트의 순서를 반대로 출력한다.

코드	han = ['가', '나', '다', '라', '마', '바', '사'] han.reverse() print(han)
결과	['사', '바', '마', '라', '다', '나', '가']

(2) 항목 추가

리스트에 기존에 있는 항목을 변경하지 않고 새로운 항목을 추가할 때는 append()와 insert()를 사용한다. 먼저 append()를 사용해 리스트의 마지막 위치에 추가하는 방법을 알아보자. append()를 이용하면 fruit 리스트의 마지막에 '자두'가 추가되어 출력된다.

코드	fruit = ['바나나', '사과', '키위'] fruit.append('자두') print(fruit)
결과	['바나나', '사과', '키위', '자두']

insert()는 지정된 인덱스에 항목을 추가한다. 세 번째 항목인 fruit[2]에 '자두'가 추가되어 항목 네 개가 출력된다.

코드	fruit = ['바나나', '사과', '키위'] fruit.insert(2, '자두') print(fruit)
결과	['바나나', '사과', '자두', '키위']

extend()는 다른 리스트의 항목을 현재 리스트에 추가할 수 있다.

코드	```fruit1 = ['바나나', '사과', '키위']```
	```fruit2 = ['망고', '수박', '포도']```
	
	```fruit1.extend(fruit2)```
	```print(fruit1)```

결과	['바나나', '사과', '키위', '망고', '수박', '포도']

(3) 항목 삭제

리스트의 항목을 부분 또는 전체를 삭제하기 위해서 remove(), pop(), del(), clear()를 사용한다. 먼저 remove() 메서드는 지정된 항목을 제거한다. fruit 리스트에서 '키위' 항목을 삭제한다.

코드

```
fruit= ['바나나', '사과', '키위', '망고', '수박']

fruit.remove('키위')                    #'키위' 항목 삭제
print(fruit)
```

결과

```
['바나나', '사과', '망고', '수박']
```

pop()은 인자를 입력하지 않으면 리스트의 마지막 항목이 삭제되며, 인자를 입력하면 해당 인덱스의 값이 삭제된다.

코드

```
fruit= ['바나나', '사과', '키위', '망고', '수박']

fruit.pop()                             #마지막 항목 삭제
print(fruit)

fruit.pop(2)                            #fruit[2] 항목이 삭제, '키위' 삭제
print(fruit)
```

결과
```
['바나나', '사과', '키위', '망고']
['바나나', '사과', '망고']
```

del() 내부함수를 사용하면 지정한 인덱스에 해당하는 항목을 삭제할 수 있으며, 인덱스의 범위인 슬라이스를 설정하여 여러 개의 항목을 삭제할 수 있다. 명령어인 del은 리스트를 완전히 삭제할 수도 있기 때문에 del을 사용할 때는 주의를 할 필요가 있다.

코드
```
fruit= ['바나나', '사과', '키위', '망고', '수박', '자두']

del fruit[1]                                  #fruit[1]인 '사과' 삭제
print(fruit)

del fruit[2:4]  #fruit[2]~fruit[3]인 '망고', '수박' 삭제
print(fruit)

del fruit                                     #리스트 전체 삭제
```

결과
```
['바나나', '키위', '망고', '수박', '자두']
['바나나', '키위', '자두']
```

clear()는 리스트의 모든 항목을 삭제한다. 리스트는 남아 있지만 항목의 값들은 모두 삭제된다.

코드
```
fruit= ['바나나', '사과', '키위', '망고', '수박', '자두']

fruit.clear()                     #리스트의 모든 항목 삭제, 리스트의 형태 남아 있음
print(fruit)
```

결과
```
[ ]
```

(4) 문자열

다양한 프로그래밍 언어 중 파이썬에서는 다른 프로그래밍 언어보다 좀 더 쉽게 문자열을 다룰 수 있다. 앞의 기본 데이터형에서 문자열에 대한 설명을 하였지만 이하에서는 문자열에 대해 좀 더 자세히 살펴보도록 하자. 문자열을 리스트처럼 사용할 수 있지만 문자열과 리스트는 같은 점도 다른 점도 있다.

문자열 데이터형은 덧셈(+) 연산자, 곱셈(*) 연산자를 사용할 수 있다. 파이썬에서의 문자열은 유니코드 문자를 나타내는 배열이기 때문이다. 그러나 파이썬에서 문자(하나의 문자) 데이터 유형이 존재하지 않으며 하나의 문자는 단순히 문자열의 길이가 1인 문자열이다. 문자열도 리스트처럼 대괄호([ ])를 사용하여 문자열의 요소에 접근할 수 있다. 리스트가 인덱스로 각 항목들을 구분하는 것과 유사하게 문자열은 리스트와 비슷하다. 하지만 문자열은 항목당 하나의 문자열만 저장할 수 있다.

	korea[0]	korea[1]	korea[2]	korea[3]
korea	대	한	민	국
	korea[−4]	korea[−3]	korea[−2]	korea[−1]

korea 변수에 문자열 "대한민국"이 저장되어 있으며 korea 변수의 첫 번째 항목은 인덱스를 사용하여 korea[0]으로 사용한다.

코드

```
korea = "대한민국"
str = "아름답다"

print(korea)
print(korea[0], korea[1], korea[2], korea[3])
print(korea + str)
print(korea * 2)
```

결과

```
대한민국
대 한 민 국
대한민국아름답다
대한민국대한민국
```

len( ) 함수를 사용하면 문자열의 길이를 알 수 있다. 문자열도 len( ) 함수를 사용해서 문자열의 길이를 반환할 수 있다.

코드	`korea = "대한민국"` `print(len(korea))`
결과	4

문자열에 특정 구문 또는 문자가 있으면 in 키워드를 사용하며, 특정 구문 또는 문자가 없으면 not in 키워드를 사용한다. 다음 코드는 korea 변수에 "대한민국"이라는 특정 단어가 있는지 알아보기 위해 in 키워드를 사용하며, 결과는 True 또는 False로 반환한다.

코드	`korea = "대한민국 아름다운 나라"` `print("대한민국" in korea)`
결과	True

korea 변수에 "한국"이라는 특정 단어가 없는지를 알아보기 위해 not in 키워드를 사용하며, 결과는 True 또는 False로 반환한다.

코드	`korea = "대한민국 아름다운 나라"`
	`print("한국" not in korea)`
	`print("대한민국" not in korea)`

결과	True False

문자열은 리스트처럼 인덱스를 사용하며 슬라이싱을 사용하여 문자의 범위를 지정한다. 문자열의 일부 범위의 값을 반환하려면 시작 인덱스와 끝 인덱스를 지정해서 콜론(:)으로 구분하여 인덱스 범위를 지정할 수 있다. 문자열의 일부분만 추출하기 위해 슬라이스 기능을 사용한다. korea 변수에서 여섯 번째 인덱스인 korea[5]에서 아홉 번

째 인덱스인 korea[8]까지의 문자인 "아름다운"을 출력하려면 korea[5:9]를 사용해서 "아름다운" 문자를 출력한다. 문자열의 첫 번째 인덱스는 0이다.

코드

```
korea = "대한민국 아름다운 나라"

print(korea[5:9])          #korea 문자열의 항목 5번부터 8번까지
print(korea[ :4])          #korea 문자열의 처음(0번)부터 3번까지
print(korea[5: ])          #korea 문자열의 5번부터 끝까지
print(korea[ : ])          #korea 문자열의 처음(0번)부터 끝까지
print(korea[-1])           #korea 문자열의 맨 끝
```

결과

```
아름다운
대한민국
아름다운 나라
대한민국 아름다운 나라
라
```

문자열에서는 리스트와 다르게 append(), del()과 같은 함수를 사용할 수 없으며, 리스트와 관련된 함수 중 문자열에서 사용 가능한 함수는 index()와 count()뿐이다. 문자열형의 데이터형은 다음과 같이 다양한 함수를 사용할 수 있다.

함수명	설명
count(a)	문자열 a의 같은 항목의 개수
index(a)	a에서 인덱스 번호(위치) 반환
rindex(a)	오른쪽에서 시작해서 a의 인덱스 찾음
find(a)	a의 문자가 있는지 여부 a가 있으면 1, a,가 없으면 -1
rfind(a)	오른쪽에서 시작해서 a의 문자가 있는지 여부 a가 있으면 1, a,가 없으면 -1
startswith(a)	처음이 a인지 결과를 True, False로 반환
endswith(a)	마지막이 a인지 결과를 True, False로 반환

다음 코드는 문자열에서 사용 가능한 각 문자의 개수, 문자의 인덱스를 나타내는 함수를 사용한 코드이다. 특히 find() 함수를 사용한 korea.find('태')는 '태' 문자가 문자열에 존재하지 않아 '-1'을 반환한다.

코드

```
korea = '대한민국'

print(korea.count('한'))                #'한' 문자의 수
print(korea.index('한'))                #'한' 문자의 인덱스
print(korea.rindex('민'))               #'민' 문자의 인덱스

print(korea.find('한'))                 #'한' 문자가 있어 '1'
print(korea.find('태'))                 #'태' 문자가 없어 '-1'
print(korea.rfind('한'))                #'한' 문자가 있어 '1'

print(korea.startswith('한'))           #처음 문자가 '한'이 아니어서 False
print(korea.endswith('국'))             #마지막 문자가 '국'이면 True
```

결과

```
1
1
2
1
-1
1
False
True
```

문자열이 공백 또는 하이픈(-), 콤마(,)와 같은 구분자가 있을 때 구분자를 기준으로 문자열을 분리할수 있다. 일반적인 날짜 형식의 문자열은 하이픈(-)으로 연결되어 있어 하이픈(-) 구분자를 기준으로 문자열을 분리할 수 있다. split() 함수는 문자열을 어떠한 구분자를 기준으로 분리해서 리스트 형태로 만든다.

코드

```
date = '2025-06-01'
print(date.split('-'))                  #하이픈(-)으로 분리

korea = '대한 민국 아름다운 나라'
print(korea.split())                    #공백으로 분리
```

결과

```
['2025', '06', '01']
['대한', '민국', '아름다운', '나라']
```

문자열에서 공백이 있는 경우에는 strip() 함수로 공백을 제거한다. strip() 함수로 공백이 기존의 문자열에서 제거되는 것이 아니라 공백이 제거된 새로운 문자열이 생성된다. strip() 함수는 문자열을 문자열을 기준으로 왼쪽, 오른쪽의 공백을 제거하고, rstrip() 함수는 문자열의 오른쪽 공백을 제거하고, lstrip() 함수는 문자열의 왼쪽 공백을 제거한다.

코드

```
korea = ' 대한민국 아름다운나라 '
print(korea.strip())                    #문자열 왼쪽,오른쪽 공백 제거
print(korea.rstrip())                   #문자열 오른쪽 공백 제거
print(korea.lstrip())                   #문자열 왼쪽 공백 제거
```

결과

```
대한민국 아름다운나라
 대한민국 아름다운나라
대한민국 아름다운나라
```

replace() 함수는 문자열을 다른 문자열로 변경한다. join() 함수는 구분자 문자로 문자열의 각 문자와 구분자를 연결한다.

코드

```
number = '12345'

print(number.replace('1','A'))          #'1' 문자를 'A' 문자로 변경

print(','.join(number))                 #문자와 구분자(',')로 결합
print('-'.join(number))                 #문자와 구분자('-')로 결합
```

결과

```
A2345
1,2,3,4,5
1-2-3-4-5
```

문자열은 정해진 크기에 맞추어 문자열을 생성 후 가운데 정렬, 오른쪽 정렬, 왼쪽 정렬을 한다. center() 함수는 가운데 정렬, rjust() 함수는 오른쪽 정렬, ljust() 함수는 왼쪽 정렬을 정해진 크기에 맞추어 정렬한다.

코드

```
korea = '대한민국 아름다운나라'

print(korea.center(30))                    #30칸 만든 후 가운데 정렬
print(korea.rjust(30))                     #30칸 만든 후 오른쪽 정렬
print(korea.ljust(30))                     #30칸 만든 후 왼쪽 정렬
```

결과

```
          대한민국 아름다운나라
                    대한민국 아름다운나라
 대한민국 아름다운나라
```

upper() 함수는 모든 소문자를 대문자로 변경하며, lower() 함수는 모든 대문자를 소문자로 변경한다. swapcase() 함수는 대문자는 소문자로, 소문자는 대문자로 변경한다. title() 함수는 첫 문자는 대문자로 첫 글자를 제외한 나머지 문자는 소문자로 변경한다.

코드

```
korea = 'koreA'

print(korea.upper())
print(korea.lower())
print(korea.swapcase())
print(korea.title())
```

결과

```
KOREA
korea
KOREa
Korea
```

2.3.2 튜플

튜플(Tuple)은 순서가 있으며 항목의 변경은 불가능하며 중복값을 허용하는 데이터 구조다. 데이터 분석 중 중간에 데이터들을 변경해야 하는 경우라면 리스트를 사용하고, 중간에 데이터들을 변경하지 않는 경우라면 튜플을 사용한다. 또한 튜플은 데이터를 중간에 변경할 수 없으므로 항목을 삽입, 삭제할 수 없다. 튜플은 한번 선언하면 항목을 변경할 수 없다.

튜플을 선언할 때는 괄호(( ))를 사용하며 각 항목은 쉼표(,)로 구분한다. 튜플의 항목은 정수, 실수, 문자열, 불형의 모든 데이터형이 사용할 수 있다. 또한 튜플은 다양한 데이터 유형을 함께 사용하는 것도 가능하다.

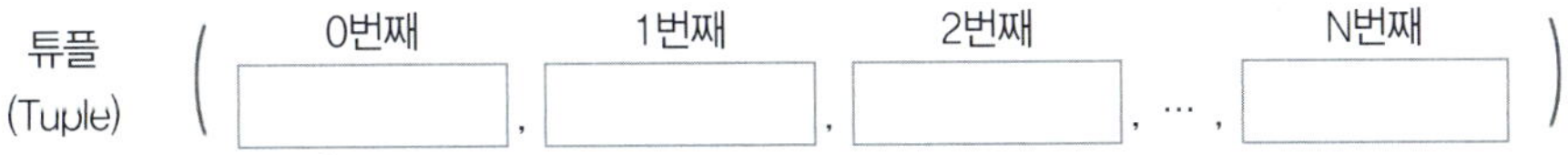

코드

```
str = ('바나나', '사과', '키위')
number = (1, 2, 3, 4, 5)
bool = (True, False, True)
mix = ('korea', 50, True, '나무')

print(str)
print(number)
print(bool)
print(mix)
```

결과

```
('바나나', '사과', '키위')
(1, 2, 3, 4, 5)
(True, False, True)
('korea', 50, True, '나무')
```

(1) 인덱스

튜플의 항목은 인덱스가 있으며 리스트처럼 첫 번째 항목은 tuple[0], 두 번째 항목은 tuple[1]을 가진다. 튜플은 순서가 있고 변경은 되지 않기 때문에 정해진 순서는 변경할 수 없다. 즉 튜플이 선언된 후에 항목을 삽입, 변경, 삭제를 할 수 없다. 또한 인덱스를 사용할 수 있어 동일한 값을 가지는 항목의 중복을 허용한다.

코드	fruit = ('바나나', '사과', '키위', '바나나', '사과') print(fruit)
결과	('바나나', '사과', '키위', '바나나', '사과')

튜플의 항목 개수를 확인하려면 len() 함수를 사용한다.

코드	fruit = ('바나나', '사과', '키위') print(len(fruit))
결과	3

튜플을 사용할 때 주의할 점은 항목이 하나만 존재하는 튜플을 선언하려면 항목 뒤에 쉼표(,)를 반드시 추가해야 하며, 쉼표(,)를 추가하지 않으면 튜플로 인식하지 못한다.

코드	fruit = ('바나나',) print(fruit) fruit = ('바나나') print(fruit)
결과	('바나나',) 바나나

튜플에 튜플을 추가할 수 있기 때문에 하나의 항목을 튜플에 추가하려면 새로운 튜플을 선언 후 기존의 튜플에 추가한다. 항목이 하나만 있는 튜플을 만들 때는 반드시 쉼표(,)를 추가해야 하며 그렇지 않으면 오류가 발생할 수 있다.

코드

```
fruit = ('바나나', '사과', '키위')
newfruit = ('자두',)                      #새로운 튜플 생성
fruit = fruit + newfruit                  #튜플 추가
print(fruit)
```

결과

```
('바나나',)
바나나
```

파이썬에서 튜플의 데이터 유형은 '튜플'인 개체로 정의한다.

코드

```
fruit = ('바나나','사과','키위')

print(type(tuple))
```

결과

```
<class 'type'>
```

tuple() 함수를 사용하면 튜플을 생성할 수 있다.

코드

```
fruit = tuple(('바나나', '사과', '키위'))

print(fruit)
```

결과

```
('바나나', '사과', '키위')
```

튜플은 대괄호([ ]) 내에 인덱스 번호를 참조해서 튜플 내의 항목을 참조할 수 있다. 튜플 내의 첫 번째 항목의 인덱스는 0이다.

코드

```
fruit = tuple(('바나나', '사과', '키위'))

print(fruit[1])
```

결과

```
사과
```

리스트에서 각 항목의 시작 인덱스와 끝인 덱스를 지정해서 콜론(:)으로 구분하여 인덱스 범위를 지정할 수 있다. 따라서 튜플의 범위는 리스트에서의 인덱스 범위 사용 방법과 같다.

코드

```
fruit = ('바나나', '사과', '키위', '망고', '수박', '포도')

print(fruit[1:4])          #fruit 튜플의 항목 1번부터 3번까지
print(fruit[ :3])          #fruit 튜플의 처음(0번)부터 2번까지
print(fruit[2: ])          #fruit 튜플의 2번부터 끝까지
print(fruit[ : ])          #fruit 튜플의 처음(0번)부터 끝까지
print(fruit[-1])           #fruit 튜플의 맨 끝
print(fruit[-4:-1])        #fruit 튜플의 -4부터 -1(제외)까지
```

결과

```
('사과', '키위', '망고')
('바나나', '사과', '키위')
('키위', '망고', '수박', '포도')
('바나나', '사과', '키위', '망고', '수박', '포도')
포도
('키위', '망고', '수박')
```

튜플 내에 지정된 항목이 존재하는지 확인하려면 in 키워드를 사용한다.

코드

```
fruit = ('바나나', '사과', '키위', '망고', '수박', '포도')

if '키위' in fruit:
  print('키위는 튜플 내에 존재한다.')
```

결과

```
키위는 튜플 내에 존재한다.
```

(2) 항목 변경

튜플은 한번 선언해서 튜플이 생성되면 항목을 변경, 추가, 제거를 할 수 없다. 하지만 튜플을 리스트로 변환하고, 리스트에서 항목을 변경한 후 다시 리스트를 튜플로 변경하면 튜플의 항목은 변경할 수 있다.

코드	fruit = ('바나나', '사과', '키위', '망고', '수박', '포도') newfruit = list(fruit)　　　　#1. 튜플을 리스트로 변경 newfruit[2] = '자두'　　　　#2. fruit[2]='키위'인 값을 '자두'로 변경 fruit = tuple(newfruit)　　　　#3. 리스트를 튜플로 변경 print(fruit)
결과	('바나나', '사과', '자두', '망고', '수박', '포도')

(3) 항목 추가

튜플은 변경할 수 없으므로 항목을 추가하는 함수가 없다. 하지만 앞서 튜플을 리스트 데이터형으로 변경 후 항목을 변경했던 것처럼 리스트에서 항목을 추가하는 append() 함수를 사용해서 항목을 추가할 수 있다.

코드	fruit = ('바나나', '사과', '키위', '망고', '수박', '포도') newfruit = list(fruit)　　　　#1. 튜플을 리스트로 변경 newfruit.append('자두')　　　　#2. newfruit 리스트의 마지막 항목 '자두' 추가 fruit = tuple(newfruit)　　　　#3. 리스트를 튜플로 변경 print(fruit)
결과	('바나나', '사과', '키위', '망고', '수박', '포도', '자두')

(4) 항목 삭제

튜플은 변경할 수 없으므로 항목을 삭제하는 함수가 없다. 하지만 앞서 튜플을 리스트 데이터형으로 변경 후 항목을 변경했던 것처럼 리스트에서 항목을 삭제하는 remove() 함수를 사용해서 항목을 삭제할 수 있다.

코드

```
fruit = ('바나나', '사과', '키위', '망고', '수박', '포도')
newfruit = list(fruit)                      #1. 튜플을 리스트로 변경
newfruit.remove('키위')                     #2. newfruit 리스트의 '키위' 삭제
fruit =  tuple(newfruit)                    #3. 리스트를 튜플로 변경
print(fruit)
```

결과

```
('바나나', '사과', '망고', '수박', '포도')
```

튜플에서 del() 함수를 사용해서 튜플과 튜플 내의 항목 모두를 삭제할 수 있다.

코드

```
fruit = ('바나나', '사과', '키위', '망고', '수박', '포도')
del fruit                                   #fruit 튜플 전체가 삭제됨
print(fruit)                                #출력할 수 있는 fruit가 없음
```

결과

```
fruit 튜플 전체가 삭제되어 출력할 수 있는 fruit가 없어 오류가 발생함.

Traceback (most recent call last):
  File "D:tupledel.py", line 5, in <module>
    print(fruit)
NameError: name 'fruit' is not defined. Did you mean: 'quit'?
```

튜플에서 사용할 수 있는 기본 함수는 count(), index()이다. 리스트와 사용방법이 같으므로 앞의 리스트 절을 참조하기 바란다.

2.3.3 세트

세트(set)는 수학의 세트 개념을 적용한 리스트이다. 집합, 교집합, 합집합과 같은 개념은 수학시간에 한 번쯤은 들어봤을 것이다. 이러한 집합, 교집합, 합집합과 같은 개념을 적용한 리스트가 세트이다. 세트는 단일 변수에 여러 항목을 저장하는 데 사용되며, 중괄호({ }) 내에 여러 개의 값을 콤마(,)로 구분하여 선언할 수 있고, set() 함수를 사용해 세트를 선언할 수도 있다.

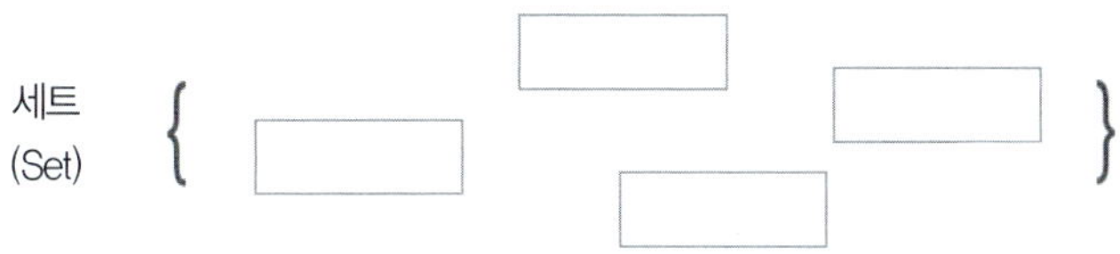

코드

```
str= {'바나나', '사과', '키위'}
fruit = set(('망고', '수박', '포도'))
number = {1, 2, 3, 4, 5}
bool = {True, False, True}
mix = {'korea', 50, True, '나무'}

print(str)
print(fruit)
print(number)
print(bool)
print(mix)
```

결과

```
{'바나나', '키위', '사과'}
{'망고', '수박', '포도'}
{1, 2, 3, 4, 5}
{False, True}
{'나무', True, 50, 'korea'}
```

(1) 인덱스

세트는 순서가 없으며 중복은 허용하지 않는다. 세트는 항목을 삭제하고 새로운 항목의 추가가 가능하다. 세트는 항목의 인덱스를 사용할 수 없기 때문에 항목에 정의된 순서가 없음을 의미한다. 세트에서의 항목은 사용할 때마다 다른 순서로 나타나기 때문에 항목의 값은 인덱스로 참조할 수 없다. 세트의 항목은 동일한 값을 가질 수 없어 중복된 값을 허용하지 않고 중복된 값이 세트 내에 항목으로 존재하면 중복된 값을 제외하고 출력한다.

코드	fruit = {'바나나', '사과', '키위', '포도', '바나나', '키위'} print(fruit)　　　　#'바나나', '키위' 중복되어 '바나나', '키위' 제외
결과	{'키위', '포도', '바나나', '사과'}

세트에서 항목의 개수를 확인하기 위해서는 len() 함수를 사용한다. 주의할 사항은 세트에서의 항목은 중복된 값을 허용하지 않기 때문에 중복된 항목은 항목의 개수에도 포함되지 않는다.

코드	fruit = {'바나나', '사과', '키위', '포도'} print(len(fruit)) fruit = {'바나나', '사과', '키위', '포도', '바나나', '키위'} print(len(fruit))　　　　#'바나나', '키위' 항목 중복 제외
결과	4 4

세트는 인덱스를 참조해서 항목을 검색할 수 없다. 하지만 반복문을 사용해서 세트의 항목을 반복할 수 있어 어떤 항목이 세트 내에 존재하는지 확인은 가능하다.

코드	fruit = {'바나나', '사과', '키위', '포도'} for i in fruit: print(i)
결과	바나나 키위 사과 포도

(2) 항목 추가

세트가 선언되면 항목의 변경은 불가능하지만 새로운 항목을 추가할 수 있다. 세트에 항목을 추가하려면 add()를 사용한다. 다음 코드를 보면 알 수 있듯이 add()를 이용해서 항목의 추가는 가능하지만, 세트에서는 인덱스를 사용하지 않기 때문에 순서가 정해지지 않아 일반적인 항목의 추가처럼 맨 마지막에 항목이 추가되지는 않는다.

코드	fruit = {'바나나', '사과', '키위', '포도'} fruit.add('망고') #'망고' 항목 추가 print(fruit)
결과	1회 실행 결과 {'키위', '바나나', '사과', '망고', '포도'} 2회 실행 결과 {'망고', '바나나', '포도', '사과', '키위'}

기존의 세트에 다른 세트를 추가하려면 update() 함수를 사용한다. update() 함수에서 항목은 반드시 세트일 필요가 없고 반복 가능한 개체인 튜플, 리스트, 딕셔너리가 가능하다.

코드	`fruit1 = {'바나나', '사과', '키위'}`
	`fruit2 = {'망고', '수박', '포도'}`
	
	`fruit1.update(fruit2)                  #fruit1에 fruit2 항목 추가`
	`print(fruit1)`
	
	`fruit3 = ['자두', '복숭아']              #fruit1에 fruit3 리스트 항목 추가`
	`fruit1.update(fruit3)`
	`print(fruit1)`

결과	`{'포도', '키위', '망고', '사과', '수박', '바나나'}` `{'포도', '키위', '망고', '자두', '사과', '복숭아', '수박', '바나나'}`

(3) 항목 삭제

세트에서 항목을 삭제하려면 remove(), discard() 함수를 사용한다. remove()는 제거할 항목이 없으면 오류가 발생하지만 discard()는 제거할 항목이 없어도 오류가 발생하지 않는다.

코드	`fruit = {'바나나', '사과', '키위'}`
	
	`fruit.remove('사과')`
	`print(fruit)`
	
	`fruit.discard('사과')`
	`print(fruit)`

결과	`{'바나나', '키위'}` `{'바나나', '키위'}`

pop() 함수를 사용해서 항목을 제거해도 되지만 세트에서는 순서가 정해지지 않아 임의의 항목이 제거되므로 어떤 항목이 제거될지 알 수 없어 항목을 제거하기에는 적당하지 않다. clear() 함수를 사용하면 세트 내의 모든 항목을 삭제한다.

코드

```
fruit = {'바나나', '사과', '키위', '망고', '수박', '포도'}
fruit.clear()                                #fruit 세트 내의 항목이 삭제됨
print(fruit)
```

결과

```
set()
```

del() 함수를 사용하면 세트와 세트 내에 모든 항목을 삭제하며 세트를 완전히 삭제한다.

코드

```
fruit = {'바나나', '사과', '키위', '망고', '수박', '포도'}
del fruit                                #fruit 세트의 세트와 모든 항목이 삭제됨
print(fruit)                             #에러 발생
```

결과

```
Traceback (most recent call last):
  File "D:setdel.py", line 5, in <module>
    print(fruit)
NameError: name 'fruit' is not defined. Did you mean: 'quit'?
```

다음 코드는 세트에 들어가 있는 항목들을 반복문을 이용해서 출력하는 코드이다. 하지만 세트에서는 순서가 정해지지 않았기 때문에 집합 내에 정의된 순서대로 결과가 출력되지 않는다.

코드

```
fruit = {'바나나', '사과', '키위', '망고', '수박', '포도'}
for i in fruit:                                #i 값을 fruit에서 반복
  print(i)
```

결과

```
망고
바나나
사과
키위
수박
포도
```

union() 함수는 수학의 합집합처럼 집합과 집합의 모든 항목을 포함한다. union()과 update()는 중복된 항목을 모두 제외한다.

코드	결과

코드
```
fruit1 = {'바나나', '사과', '키위'}
fruit2 ={'망고', '수박', '포도'}

newfruit = fruit1.union(fruit2)
print(newfruit)
```
결과
```
{'바나나', '망고', '수박', '포도', '사과', '키위'}
```

intersection()은 수학에서 교집합처럼 두 집합에 모두 속해있는 항목만 포함한다.

코드
```
fruit1 = {'바나나', '사과', '키위'}
fruit2 ={'망고', '수박', '바나나'}

newfruit = fruit1.intersection(fruit2)
print(newfruit)
```
결과
```
{'바나나'}
```

difference()는 수학에서 차집합처럼 두 집합에 모두 속해있는 세트를 반환한다.

코드
```
fruit1 = {'바나나', '사과', '키위'}
fruit2 ={'망고', '수박', '바나나'}

newfruit = fruit1.difference(fruit2)
print(newfruit)
```
결과
```
{'사과', '키위'}
```

2.3.4 딕셔너리

일반적으로 표(Table) 형태는 데이터의 값들을 행과 열의 형태로 나타내는 구조로 나타낸다. 이름과 나이로 구성된 표와 상품명과 상품가격으로 구성된 표는 다음과 같다.

이름과 나이 표

이름	나이
최부자	20
김부자	23
이부자	25

상품명과 상품가격표

상품명	상품가격
과자	1600
젤리	2000
음료수	2500

위의 표 형태로 저장된 데이터를 리스트나 튜플로 표현하면 이름, 나이, 상품명, 상품가격을 별도의 리스트나 튜플로 저장한다.

```
이름 = ['최부자', '김부자', '이부자']
나이 = [20, 23, 25]
상품명 = ['과자', '젤리', '음료수']
상품가격 = [1600, 2000, 2500]
```

위와 같이 표 형태의 데이터를 리스트나 튜플로 표현할 때 '최부자'의 나이가 20세인지를 한번에 알아보기가 쉽지 않다. 이름 리스트의 첫 번째 데이터와 나이 리스트의 첫 번째 데이터인지 유추는 할 수 있지만 같은 행끼리의 데이터인지 한꺼번에 구분하기는 쉽지 않으며 데이터가 더 많이 들어있을 때는 같은 행끼리의 데이터인지 더 알아보기가 쉽지 않다. 이러한 문제점을 해결하기 위해 딕셔너리 데이터 구조를 사용한다.

딕셔너리(Dictionary)는 특별한 형태의 리스트인데 key(키)와 value(값)의 쌍으로 구성된 데이터 구조이다. 딕셔너리는 중괄호({ })로 묶으며, key와 value는 콜론(:)으로 구분한다. 딕셔너리는 중괄호({ }) 안에 "key : value" 형태로 선언한다.

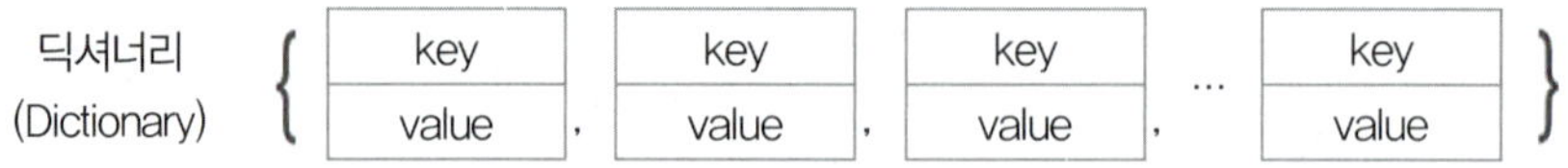

예를 들어, 이름과 나이를 딕셔너리에 저장하면 '최부자': 20, '김부자': 23, '이부자': 25으로 나타내며, key는 '최부자', '김부자', '이부자'이며, value는 20, 23, 25이다. 이름과 나이를 쌍으로 포함하는 딕셔너리, 상품명과 상품가격을 쌍으로 포함하는 딕셔너리는 다음과 같이 나타낼 수 있다.

```
dic1 = {'최부자': 20 , '김부자': 23, '이부자': 25}
```

dic1	20	23	25
	dic1['최부자']	dic1['김부자']	dic1['이부자']

```
dic2 = {'과자': 1600, '젤리': 2000, '음료수': 2500}
```

dic2	1600	2000	2500
	dic2['과자']	dic2['젤리']	dic2['음료수']

딕셔너리 데이터 구조는 쉼표(,)로 각 항목을 구분하고 항목에서 key와 value를 콜론(:)으로 구분하기 때문에 데이터의 의미를 쉽게 파악할 수 있다. 딕셔너리를 생성할 때 주의사항으로는 key는 중복된 값을 가질 수 없다는 점이며, 우리가 일반적으로 회원 가입할 때 아이디를 중복으로 생성할 수 없는 것처럼 딕셔너리의 key는 유일한 값을 가지게 되므로 중복된 값을 가질 수 없다.

리스트에서 인덱스는 숫자를 사용하지만, 딕셔너리는 정수, 실수, 문자열과 같이 다양한 형태의 인덱스를 사용해서 데이터에 접근할 수 있다. 딕셔너리에서 key는 데이터에 접근하기 위한 인덱스이며, 딕셔너리는 key로 구분할 수 있다. 딕셔너리를 선언하고 딕셔너리의 value를 얻고 싶다면 "dictionary명[key]" 형태로 작성하면 key에 해당하는 value를 찾을 수 있다.

코드

```
dic = {'최부자': 20, '김부자': 23, '이부자': 25}
print(dic)                                   #딕셔너리 전체 출력
print(dic['김부자'])                          #'김부자'(key)에 맞는 value 출력
```

결과

```
{'최부자': 20, '김부자': 23, '이부자': 25}
23
```

딕셔너리는 인덱스로 사용되는 값이 정수, 실수, 문자열로 사용되기 때문에 각 항목 간에 순서가 정해지지 않는다. 하지만 앞에서 설명한 바와 같이 딕셔너리의 key 값을 통해서 value를 찾을 수 있다.

딕셔너리에 새로운 key와 value를 삽입하고자 할 때는 "dictionary명[key]=value" 형식대로 작성한다. 새로운 key와 value는 딕셔너리의 맨 마지막에 추가된다. value 값을 수정할 때는 "dictionary명[key]=value" 형식으로 작성한다. 삭제하고자 할 때는 del() 함수를 사용하며, "del(dictionary명[key])"로 작성하면 key에 해당되는 데이터가 삭제된다.

코드

```
dic = {'최부자': 20, '김부자': 23, '이부자': 25}
dic['최부자'] = 27                   #'최부자'(key)의 value를 27로 수정
print(dic)

dic['박부자'] = 27                   #'박부자': 27 추가, 딕셔너리의 마지막에 추가됨
print(dic)

del(dic['김부자'])                   #'최부자'(key) 삭제
print(dic)
```

결과

```
{'최부자': 27, '김부자': 23, '이부자': 25}
{'최부자': 27, '김부자': 23, '이부자': 25, '박부자': 27}
{'최부자': 27, '이부자': 25, '박부자': 27}
```

딕셔너리는 key와 value로 구성되기 때문에 key와 value가 쌍으로 필요한 때도 있지만 각 key 값들과 각 value의 값만 필요한 경우가 있다. 딕셔너리에서 key만 가져올 때

는 keys() 함수를 사용하며, value 값만 가져올 때는 values() 함수를 사용한다.

코드

```
dic = {'최부자': 20,
       '김부자': 23,
       '이부자': 25}              #딕셔너리의 key와 value의 가독성을 위해 줄바꿈

print(dic.keys())
print(dic.values())
```

결과

```
dict_keys(['최부자', '김부자', '이부자'])
dict_values([20, 23, 25])
```

딕셔너리의 key와 value의 목록을 반환하고자 하면 items() 함수를 사용하며 다음 코드를 사용하면 딕셔너리의 key와 value의 목록을 나타낸다.

코드

```
dic = {'최부자': 20,
       '김부자': 23,
       '이부자': 25}              #딕셔너리의 key와 value의 가독성을 위해 줄바꿈

print(dic.items())
```

결과

```
dict_items([('최부자', 20), ('김부자', 23), ('이부자', 25)])
```

딕셔너리에서 key는 중복을 허용하지 않기 때문에 리스트 데이터 구조를 사용할 수 없으며, value는 리스트 데이터 구조로 사용할 수 있다. 딕셔너리에서 key 값은 중복이 허용되지 않기 때문에 key가 중복되는지 확인하기 위해 in 키워드를 사용한다. 다음 코드는 value는 리스트형의 데이터 구조를 사용 가능하다는 것을 나타내며, 아이스크림(key)이 dic에 존재하는지를 in 키워드를 사용하여 조건이 만족하면 새로운 key와 value를 삽입한다.

코드	

```
dic = {'과자': 1600,
       '젤리': [2000, 2300],
       '음료수': 2500}

print(dic['젤리'])                       #value는 리스트 가능

if not '아이스크림' in dic :             #아이스크림(key)이 dic에 없으면
  dic['아이스크림'] = 3000               #'아이스크림' : 3000 삽입
print(dic)
```

결과

```
[2000, 2300]
{'과자': 1600, '젤리': [2000, 2300], '음료수': 2500, '아이스크림': 3000}
```

딕셔너리에 존재하는 항목의 수를 확인하려면 len() 함수를 사용하면 된다.

코드

```
dic = {'과자': 1600,
       '젤리': [2000, 2300],
       '음료수': 2500}

print(len(dic))
```

결과

```
3
```

파이썬에서 딕셔너리의 데이터 유형은 'dict'인 개체로 정의한다. 딕셔너리는 'dict'인 개체로 정의한다.

코드

```
dic = {'과자': 1600,
       '젤리': [2000, 2300],
       '음료수': 2500}

print(type(dic))                         #데이터형을 나타내는 type() 함수 사용
```

결과

```
<class 'dict'>
```

dict() 함수를 사용하면 딕셔너리를 만드는 것이 가능하다. dict() 함수를 사용해서 딕셔너리를 만들면 다음과 같다.

코드
```
dic = dict(과자 = 1600, 젤리 = 2000, 음료수 = 2300)
print(dic)
```

결과
```
{'과자': 1600, '젤리': 2000, '음료수': 2300}
```

딕셔너리는 데이터를 저장하고 검색하는 데 매우 유용한 데이터 구조이며, 특히 key와 value의 쌍으로 저장할 때 유용한 데이터 구조이다.

2.4 조건문과 반복문

이번 절에서는 제어문인 조건문과 반복문에 대해 알려보려고 한다. 조건문은 if문, if~elif문, if~elif~else문이 있으며, 반복문은 for문과 while문이 있고, 여기서는 for문만 다루기로 한다. 파이썬에서는 제어문, 반복문 등에서 들여쓰기에 유의해야 할 때가 있어, 4칸 들여쓰기 또는 탭(Tab) 키를 사용하면 들여쓰기 에러를 방지할 수 있다.

2.4.1 조건문

파이썬에서의 조건문은 프로그램이 특정 조건을 만족하는 경우에는 명령문을 실행할 수 있는 프로그래밍 구조이다. 조건문의 기본 형식은 다음과 같이 세 가지 형식을 가진다. 조건이 참(True)이면 명령문을 실행하고, 거짓(False)이면 실행되지 않는다.

파이썬의 조건문에서 주의할 사항은 들여쓰기이다. 파이썬은 들여쓰기(4칸 또는 Tab)를 사용하여 코드의 범위를 정의한다. C 또는 Java와 같은 프로그래밍 언어에서는 중괄호({ })를 사용하기도 하지만 파이썬에서는 중괄호 대신 들여쓰기를 사용한다.

형식1	형식2

if 조건식1:
˘˘˘˘실행문장1
	if 조건식1:
	˘˘˘˘실행문장1
	elif 조건식2:
	˘˘˘˘실행문장2

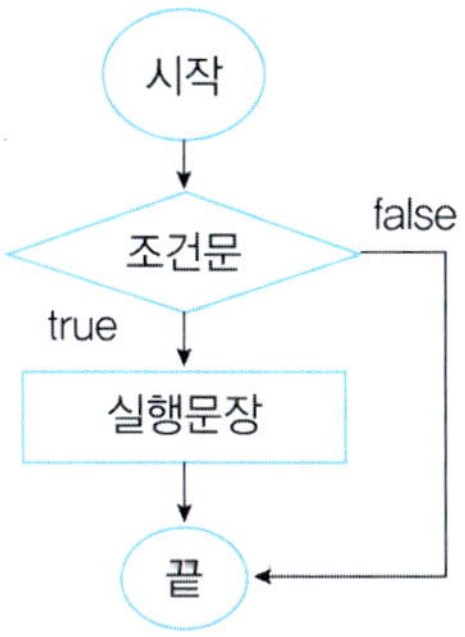	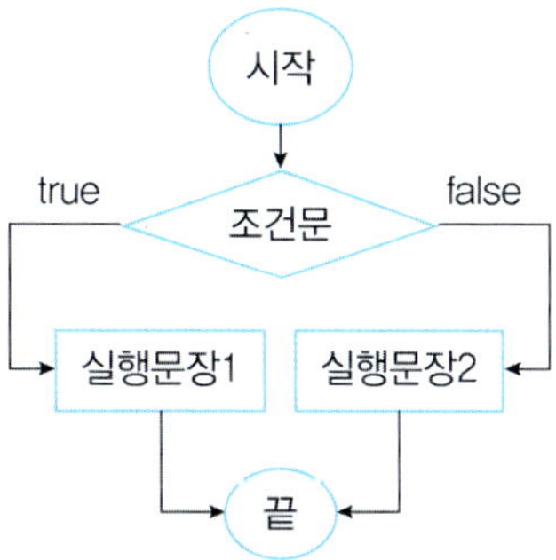

예를 들어, 점수가 90점 이상이면 “A학점”이다라는 메시지를 출력하려면 다음 코드를 사용할 수 있다. 다음 코드의 결과는 jumsu 변수에 95가 저장되어 있고, jumsu가 90 이상이라는 조건이 참이기 때문에 “A학점”을 화면에 출력한다.

코드

```
jumsu = 95

if jumsu >= 90:
  print("A학점")
```

결과

```
A학점
```

조건문에서 여러 가지의 조건이 있을 때는 elif를 사용하여 조건문을 완성한다. elif 문은 if문 다음에 사용되고, 여러 개의 조건을 사용할 때 사용된다. 예를 들어, 점수가 90점 이상이면 “A학점”, 80점 이상이면 “B학점”, 70점 이상이면 “C학점”을 출력하고 70점 미만이면 “탈락”을 출력하는 코드는 다음과 같다.

코드	```jumsu = 80
	
	if jumsu >= 90:
	  print("A학점")
	elif jumsu >= 80:
	  print("B학점")
	elif jumsu >= 70:
	  print("C학점")
	else:
	  print("탈락")```

결과	B학점

코드:

```
jumsu = 80

if jumsu >= 90:
  print("A학점")
elif jumsu >= 80:
  print("B학점")
elif jumsu >= 70:
  print("C학점")
else:
  print("탈락")
```

결과:

```
B학점
```

조건문 if문은 and 연산자 및 or 연산자를 사용할 수 있다. and 연산자는 두 조건이 모두 참이어야 조건이 참이 되며, or 연산자는 두 조건 중 하나 이상이 참이면 참이 되는 조건이다. 예를 들어, 점수가 80점 이상이고 100점 이하이면 "합격"이고 그렇지 않으면 "불합격"을 출력하는 코드는 다음과 같다.

코드:

```
jumsu = 80

if jumsu >= 80 and jumsu <=100:
  print("합격")
else:
  print("불합격")
```

결과:

```
합격
```

리스트에서 어떤 항목이 들어가 있는지 확인하려면 in 키워드를 이용한 if문을 사용한다.

코드:

```
fruit = ['바나나', '사과', '키위', '망고', '수박', '포도']

if '수박' in fruit:                    #fruit에서 '수박'이 있는지 조건 비교
```

	``
	  print('수박이 있다')
	else:
	  print('수박은 없다')
	``

결과	수박이 있다

2.4.2 반복문

프로그램에서는 다음과 같이 반복해서 출력해야 하는 경우가 자주 발생한다.

코드

```
print("반복0")
print("반복1")
print("반복2")
print("반복3")
print("반복4")
print("반복5")
print("반복6")
print("반복7")
print("반복8")
print("반복9")
```

결과

```
반복 0
반복 1
반복 2
반복 3
반복 4
반복 5
반복 6
반복 7
반복 8
반복 9
```

반복 횟수가 위의 코드처럼 10번만 반복한다면 이 정도쯤이야 생각할 수 있겠지만

100,000개가 된다면 100,000개의 print()문을 작성해야 한다. 파이썬에서는 반복문의 for 문에서 range() 함수를 이용해 반복 횟수를 지정하여 원하는 양의 정수만큼 반복문을 사용할 수 있다. 파이썬에서 반복문은 프로그램에서 특정 코드를 반복적으로 실행할 수 있는 프로그래밍 구조이다. 반복문의 기본 형식은 다음과 같다. 현재 몇 번째 반복인지를 알려주는 변수를 카운터 변수(counter variable)라 하며, 카운터 변수는 프로그래머가 지정해서 사용하면 된다. range() 함수는 최대 세 개의 인자로 구성할 수 있으며, 두 개의 인자, 한 개의 인자로 표현할 수 있다. start는 반복의 시작을 의미하며 기본값은 0이고, stop은 반복의 종료를 나타내며 카운터 변수가 0부터 시작해서 stop −1까지 반복한다는 의미이다. step은 증감 폭으로 기본값으로 1을 가지며 양수로 나타내면 증가를, 음수는 감소를 나타낸다.

0부터 stop−1까지 1씩 증가하면서 반복한다.

```
for 카운터 변수 in range(stop):
    반복할 명령문
for 카운터 변수 in range(stop):
    반복할 명령문
```

start 값부터 stop−1까지 1씩 증가하면서 반복한다.

```
for 카운터 변수 in range(start, stop):
    반복할 명령문
```

step 값이 양수인 경우는 start부터 stop−1까지 step씩 증가를 의미하며, step 값이 음수인 경우는 start부터 stop+1까지 step씩 감소하면서 반복한다.

```
for 카운터 변수 in range(start, stop, step):
    반복할 명령문
```

카운터 변수는 0부터 시작하며 range() 내에 있는 '반복 횟수 - 1'까지 반복문을 수행한다. 카운터 변수 0은 아직 한 번도 반복문을 수행하지 않았기 때문에 0부터 시작한다고 생각하면 쉽게 이해할 수 있다. 다음 코드는 반복문의 for문에서 range() 함수를 사용하여 반복할 수 있다. range(10)에서 카운터 변수 i가 0부터 시작해서 10회 반복한다는 의미이다.

코드	`for i in range(10):` `  print("반복", i)`
결과	반복 0 반복 1 반복 2 반복 3 반복 4 반복 5 반복 6 반복 7 반복 8 반복 9

위 코드를 다음과 같이 range() 함수의 시작 숫자와 끝 숫자를 사용하여 나타낼 수도 있다. range(0, 10)에서 카운터 변수 i가 0부터 시작해서, 반복 횟수는 10회 반복한다는 의미이다. 즉 0부터 9까지 10회 반복한다.

코드	`for i in range(0,10):` `  print("반복", i)`
결과	반복 0 반복 1 반복 2 반복 3 반복 4 반복 5 반복 6 반복 7 반복 8 반복 9

그리고 range() 함수는 시작 숫자와 끝 숫자, 증감 수를 사용하여 나타낼 수도 있다. range(0, 10, 2)에서 카운터 변수 i가 0부터 시작해서 2씩 증가하면서 카운터 변수가 10이 되기 전까지 반복한다는 의미이다. 즉 0부터 9까지 2씩 증가하면서 반복한다.

코드	for i in range(0,10,2): print("반복", i)
결과	반복 0 반복 2 반복 4 반복 6 반복 8

반복문 for 구문에서 시퀀스는 리스트(list), 튜플(turple), 딕셔너리(dictionary), 세트(set), 문자열(string)을 반복하는 데도 사용된다. 리스트, 튜플, 딕셔너리, 세트는 다음 섹션에서 다루도록 하고 여기서는 문자열만 우선 살펴보도록 한다. 아래 코드는 "BANANA" 문자열을 시퀀스로 사용해서 각 항목을 반복해서 'B', 'A', 'N', 'A', 'N', 'A'를 출력한다.

코드	for i in "BANANA": print(i)
결과	B A N A N A

또한 문자열은 반복문인 for 구문을 사용하여 문자열의 문자를 반복해서 출력할 수 있다. 문자열에서 문자를 하나씩 카운터 변수 i에 대입해서 문자열의 문자를 하나씩 출력할 수도 있다.

코드	```korea = '대한민국'```
	
	```for i in '대한민국':```
	``` print(i)```
	
	```for i in korea:```
	``` print(i)```

결과	대 한 민 국 대 한 민 국

위의 코드를 문자열의 길이를 구하는 len() 함수를 이용해 변경할 수 있다. korea 변수에 저장된 문자열의 길이를 len(korea)을 이용하면 되고 카운터 변수 i는 len(korea) -1까지 1씩 증가하면서 문자열의 문자를 하나씩 반복하면서 출력한다.

코드

```
korea = '대한민국'

for i in range(len(korea)):                    #i값을 0부터 len(korea)-1까지 반복
  print(korea[i])
```

결과

```
대
한
민
국
```

문자열을 거꾸로 출력하는 코드는 다음과 같이 작성한다.

코드	korea = '대한민국' #i값을 0부터 len(korea)-1부터 0까지 for i in range(len(korea)-1, -1, -1): print(korea[i])
결과	국 민 한 대

리스트에서는 반복문을 사용하면 리스트에 저장된 값을 좀 더 빠르게 찾을 수 있다. 다음 코드는 리스트에 들어가 있는 값들을 반복문을 이용해서 출력하는 코드이다.

코드	fruit = ['바나나', '사과', '키위', '망고', '수박', '포도']
	
	for i in range(6): #i값을 0부터 5까지 1씩 증가하면서 반복
	  print(fruit[i])

결과	바나나 사과 키위 망고 수박 포도

위의 코드를 리스트의 길이를 구하는 len() 함수를 이용해 변경할 수 있다. fruit 리스트의 길이를 구하는 len(fruit)을 이용하면 되고 카운터 변수 i는 len(fruit)-1까지 1씩 증가하면서 반복한다.

코드	fruit = ['바나나', '사과', '키위', '망고', '수박', '포도']
	
	for i in range(len(fruit)): #i값을 0부터 len(fruit)-1까지 반복
	  print(fruit[i])

결과	바나나 사과 키위 망고 수박 포도

또는 fruit 리스트를 하나씩 카운터 변수 i에 대입해서 리스트의 항목을 출력할 수도 있다.

코드

```
fruit = ['바나나', '사과', '키위', '망고', '수박', '포도']

for i in fruit:                              #리스트 fruit의 모든 값을 i에 대입해서 반복
  print(i)
```

결과

```
바나나
사과
키위
망고
수박
포도
```

만약에 리스트에서 항목의 일부분만 출력하고 싶다면 인덱스를 슬라이싱한다.

코드

```
fruit = ['바나나', '사과', '키위', '망고', '수박', '포도']

for i in fruit[1:3]:  #fruit의 인덱스 1부터 2까지 반복
  print(i)
```

결과

```
사과
키위
```

2.5 함수

우리는 어떤 문제가 발생하면 문제를 해결하기 위한 가장 정확하고 빠른 방법으로 만들어진 일련의 절차과정을 만들어 간다. 코드를 한 줄 한 줄 작성하여 문제를 해결하기 위한 일련의 처리순서를 결정하면 특정 작업을 나타내는 묶음 단위가 생기게 되는데 이러한 특정 작업을 나타내는 코드블록 단위를 함수라 한다. 함수는 호출될 때만 코드를 실행하는 코드블록이고, 매개변수는 데이터를 함수에 전달하고, 함수의 결과로 데이터를 반환한다.

우리가 어떤 목적지에 도착하기 위해서 택시를 호출하는 것처럼, 택시는 목적지에 이동을 할 수 있는 이동수단의 기능을 내포하고 있으며, 우리는 어떤 목적지에 가려면 택시를 호출하게 된다. 함수는 어떤 기능이나 역할을 코드 단위로 묶은 것을 말하며, 함수를 호출하면 우리는 함수가 내포하고 있는 기능을 사용할 수 있다. 함수를 사용하면 같은 코드를 여러 번 작성할 필요가 없으며, 재사용이 가능하며 유지보수하기도 편리하다.

함수에는 사용자가 만드는 사용자 정의함수와 input(), print()와 같은 입출력함수처럼 파이썬에 내장되어 있는 내장함수가 있다. 이번 절에서는 내장함수, 사용자 정의함수, 모듈과 패키지에 대해 알아본다.

2.5.1 입출력함수

파이썬은 사용자에게 어떠한 값을 입력받을 수 있도록 input() 함수를 사용하고, 화면에 출력할 수 있도록 print() 함수를 사용한다.

다음 코드는 input() 함수를 이용하여 사용자의 학교를 묻고, 입력한 값을 화면에 출력한 것이다.

코드	input() #사용자에게 입력받을 수 있도록 커서 생성되면 사용자가 입력 글 작성 한국대학교
결과	'한국대학교' #사용자에게 입력된 값이 문자열로 출력됨

다음 코드는 input() 함수를 이용하여 사용자의 학교를 묻고, 입력한 값을 화면에 출력한 것이다. input() 함수 괄호() 안에 작은따옴표(' '), 큰따옴표(" ")를 이용해서 사용자에게 입력받을 수 있도록 안내멘트를 입력할 수 있다.

코드	input("학생의 소속학교는 어디입니까?") #따옴표 내에 안내글 사용
결과	학생의 소속학교는 어디입니까? 한국대학교 '한국대학교'

다음 코드는 'school' 변수에 input() 함수를 사용하여 사용자에게 입력값을 받아서 변수를 이용하여 결과를 화면에 출력한 것이다.

코드	school = input("학생의 소속학교는 어디입니까?") school
결과	학생의 소속학교는 어디입니까? 한국대학교 '한국대학교'

input() 함수로 사용자에게 입력받은 값은 숫자를 입력하더라도 모두 문자열로 취급한다.

다음 코드에서 input() 함수로 나이를 묻고 나이에 숫자 20이라는 값을 입력하였지만, 출력의 형태는 작은따옴표로 묶인 문자열 형태를 나타낸다. 따라서 사용자에게 입력받은 값을 정수형으로 저장하고 싶다면 정수형 변환함수인 int() 함수를 사용하고, 실수형으로 저장하고 싶다면 실수형 변환함수인 float() 함수를 사용한다.

코드	age = input("당신의 나이는?") age age = int(input("당신의 나이는?")) #int( ) 함수 사용 age number = float(input("점수를 입력하세요.")) #float( ) 함수 사용 number
결과	당신의 나이는? 20 '20' #숫자로 입력되지만 출력값은 문자열 당신의 나이는? 20 20 #정수로 출력 점수를 입력하세요.98.5 98.5 #실수로 출력

print() 함수를 사용하면 화면에 출력을 할 수 있다.

코드	print("Hello, World!")
결과	Hello, World!

2.5.2 파일 입출력함수

파이썬에서 표준 입출력함수인 input()과 print() 함수를 사용하여 작성한 내용을 화면에 출력하여 프로그램과 사용자 사이에 입출력 작업을 할 수 있다. 프로그램과 사용자 사이의 입출력인 파일에 저장된 내용을 읽고 쓸 수 있도록 지원해주는 파일 객체를 이용할 수 있다. 프로그램에서의 연산 결과를 파일로 저장하거나, 파일에 있는 내용을 불러 프로그램에서 연산을 하는 방법에 대해 알아보자.

(1) 파일 열기

파일의 내용을 읽고 쓰기 위해서는 우선 파일을 열어야 한다. 파일을 열기 위해 open() 함수를 사용한다. open() 함수는 파일경로와 함께 사용되며, 파일을 열 때 사용할 수 있는 여러 가지 모드를 지정할 수 있다.

```
파일 객체 = open(파일명, 파일 모드)
```

일반적으로 사용되는 파일 모드는 다음과 같다.

모드	설명
'r'	읽기 모드
'w'	쓰기 모드
'a'	추가 모드
'b'	이진 모드
't'	텍스트 모드(기본값)

텍스트 파일을 읽기 모드로 열기 위해서는 다음과 같이 사용할 수 있다.

코드

```
file = open('파일명.txt', 'r')
...
fp.close()
```

read() 메서드를 사용하면 열린 파일 객체를 사용하여 파일에서 데이터를 읽을 수 있다.

코드

```
content = file.read()
```

또는 한 줄씩 읽으려면 readline() 메서드, 파일의 모든 줄을 리스트로 읽으려면 readlines() 메서드를 사용할 수 있다.

(2) 파일 쓰기

파일에 데이터를 쓰기 위해서는 파일을 쓰기 모드('w')나 추가 모드('a')로 열고, write() 메서드를 사용하여 데이터를 파일에 쓸 수 있다. 파일을 모두 사용했으면 close() 메서드를 사용하여 파일을 닫아준다.

코드

```
file = open('파일명.txt', 'w')
file.write("파일에 쓰인 내용 작성")
file.close()
```

(3) 파일에 내용 추가하기

쓰기 전용 모드인 'w'는 같은 이름의 파일이 이미 존재하면, 해당 파일에 저장되어 있는 모든 내용을 제거한 후 파일을 열기 때문에 파일에 기존에 존재하는 내용을 추가하려면 'a' 모드로 파일을 열어야 한다.

코드

```
file = open('파일명.txt', 'a')
file.write("파일에 추가될 내용 작성")
file.close()
```

2.5.3 사용자 정의함수

사용자 정의함수는 def 키워드를 사용해서 함수정의(function definition) 후에 해당되는 함수의 기능을 필요할 때마다 함수호출(function call)하여 사용한다. 파이썬의 함수에서는 return은 있을 수도 없을 수도 있다. 다음은 함수의 형식을 나타낸다.

```
def 함수명(인수):
˘˘˘˘함수본문(명령문)
˘˘˘˘return
```

함수를 호출하려면 함수명 뒤에 괄호(( ))를 사용한다. 함수에서 인수를 통해서 데이터를 전달한다. 인수의 개수는 쉼표로 구분해서 원하는 만큼 추가가 가능하다.

함수의 관점에서 보면 매개변수(parameter)는 함수정의에서 괄호 안에 나열된 변수이며, 인수(argument)는 함수가 호출될 때 함수에 전송되는 값이다. 매개변수와 인수라는 단어는 함수에 전달되는 정보로 동일한 의미로 사용한다. 함수의 인수를 통해서 함수를 호출할 때 인수의 개수를 정확하게 사용해야 한다. 만약 함수에서 두 개의 인수가 선언되어 있으면 함수호출 시에도 두 개의 인수를 사용해서 함수를 호풀하는 점에 유의하자.

우리는 조건문절에서 점수가 80점 이상이고 점수가 100점 이하이면 "합격"을, 그렇지 않으면 "불합격"을 출력하는 코드를 살펴보았다. 이 코드를 이용해서 hakjum() 함수로 정의한 후 hakjum() 함수를 호출해서 사용해보자.

코드

```
jumsu = 80

if jumsu >= 80 and jumsu <=100:
  print("합격")
else:
  print("불합격")
```

⬇

함수 정의

```
def hakjum(jumsu):                          #hakjum( ) 함수선언
   if jumsu >= 80 and jumsu <=100:
       print("합격")
   else:
       print("불합격")
```

함수 호출

```
hakjum(80)                    #hakjum( ) 함수호출, jumsu 매개변수값은 80 전달
hakjum(70)                    #hakjum( ) 함수호출, jumsu 매개변수값은 80 전달
```

2.6 모듈과 패키지

변수는 데이터를 담는 그릇, 함수는 일련의 처리절차를 담는 그릇이라고 하면 모듈과 패키지는 변수와 함수를 담는 그릇으로 생각하면 된다. 늘 자주 사용하는 프로그램에는 다양한 기능이 존재하며, 각 기능에는 더 작은 기능이 있기 마련이다. 패스워드 형식에 올바른 형태로 입력을 했는지 확인하는 기능, 아이디가 다른 회원과 중복되는 것을 막기 위한 기능 등 여러 가지 기능이 존재한다.

모듈(module)은 변수나 함수, 클래스를 모아놓은 '.py' 확장자를 가진 파이썬 파일이다. 즉 함수를 여러 개 모아놓은 함수의 집합이라 생각하면 된다. 패키지(package)는 모듈을 모아놓은 폴더이다. 패키지는 종종 라이브러리(library)라고 부르기도 한다. 엄밀히 말하자면 라이브러리는 패키지의 집합으로 패키지보다 포괄적인 개념이지만, 혼용해서 사용하기도 한다. 예를 들어, 본 교재의 뒤에서 나올 넘파이 라이브러리(NumPy library) 또는 넘파이 패키지(NumPy package)라고도 한다. 다음 그림은 라이브러리와 패키지, 모듈과의 관계를 나타낸 그림이다.

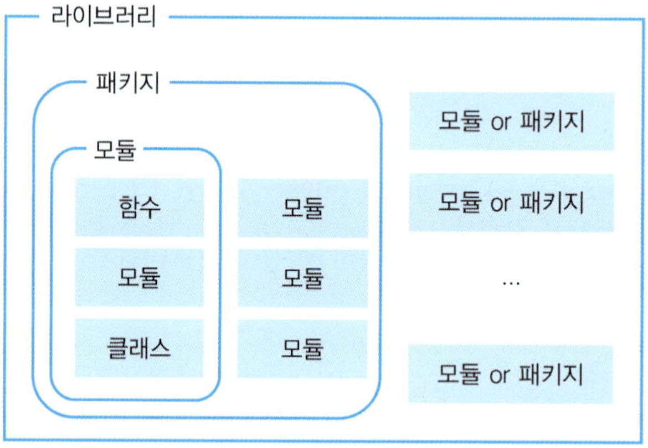

모듈을 만들 때는 함수를 포함해도 되며 리스트, 딕셔너리 등도 포함할 수 있다. 모듈은 .py 확장자를 사용해서 저장하면 된다.

```
코드 작성해서 "모듈명.py"로 저장
```

다음 코드를 작성해서 .py 확장자를 사용해 mymodule.py로 저장해본다.

mymodule.py로 저장

```
def hakjum(jumsu):                          #hakjum( ) 함수선언
    if jumsu >= 80 and jumsu <=100:
        print("합격")
    else:
        print("불합격")
```

모듈이 설치가 되었다고 바로 사용하는 것이 아니라 패키지를 파이썬에서 사용할 수 있도록 설정하는 것이 패키지 임포트(import)라 한다. 따라서 모듈을 불러올 때는 import 키워드를 사용해서 명령을 실행하도록 모듈을 불러온다. 패키지 이름이 너무 길 때는 as 키워드를 사용해서 패키지명을 짧게 변경해도 된다. 다음의 세 가지 형식은 패키지를 임포트할 때의 사용방법이다.

```
import 모듈명
import 모듈명 as 별명
from 패키지명 import 모듈명
```

모듈 내에 함수를 사용할 때는 import를 먼저 불러오고, 모듈 내에 함수를 사용할 때는 모듈명.함수명(인수)의 형태로 함수를 호출할 수 있다.

모듈 사용

```
import mymodule                             #mymodule을 가져옴

mymodule.hakjum(80)                         #모듈명.함수명(인수) 사용
mymodule.hakjum(70)
```

데이터 분석을 하기 위해서는 다양한 외부 패키지를 사용하는 경우가 많으며 외부 패키지를 설치할 때는 pip 키워드를 사용한다.

pip install 패키지명	
`pip install pandas`	#pandas 라이브러리 설치

다음은 본 교재에서 데이터 분석을 위해서 사용할 라이브러리의 종류와 설치방법 및 라이브러리를 사용하기 위해 라이브러리를 불러오는 코드이다.

라이브러리	설치	불러오기
NumPy	pip install numpy	import numpy as np
pandas	pip install pandas	import pandas as pd
matplotlib	pip install matplotlib	import matplotlib.pylab as plt
seaborn	pip install seaborn	import seaborn as sns
Folium	pip install folium	import folium
scikit learn	pip install sklearn	import sklearn as sk

초보자에게는 패키지를 설계하고 작성하는 방법보다는 패키지를 잘 사용하는 방법을 익히는 것이 더 효율적이다. 지금까지 파이썬의 기본 문법의 사용방법을 익혔으니 이제부터 본격적으로 파이썬 라이브러리를 활용해서 데이터 분석을 해보도록 하자.

/ 단원정리 문제 /

01 젤리가 3,500원이고 음료수가 4,200원, 과자가 2,600원일 때 젤리는 3개, 음료수는 2병, 과자는 1봉지를 구매했을 때 총구매금액이 아래와 같은 출력 형태를 가지는 코드를 작성하시오.

출력 결과

```
총금액= 21,500 원
```

02 사용자로부터 환전금액을 원화로 입력받아 달러로 환전하는 코드를 작성하시오. 여기서 1달러는 1,320원이라 가정한다.

출력 결과

```
환전할 원화금액을 입력하시오.: 200000
200000원을 달러로 환전하면 약 151달러입니다.
```

03 대한은행에서 홍길동 님의 회원DB의 주민등록번호에서 생년월일만 출력한 후 주민등록번호 뒷자리의 첫 번째 자리의 수가 1 또는 3이면 남성, 2 또는 4이면 여성이라는 성별정보를 추출하는 코드를 작성하시오.

홍길동 주민등록번호: 020715-1234567

※ Hint: 주민등록번호의 앞자리와 뒷자리 구분이 '-'로 되어 있기 때문에 문자열(str)로 저장해야 한다.

출력 결과

```
주민등록번호: 020715 - 1234567
생년월일(YYMMDD): 020715
남성
```

04 사용자로부터 날짜정보인 '   2023-12-25   '(앞뒤 세 칸씩 공백)를 입력받아서 공백을 제거한 후 '-'문자를 '/'문자로 변경하여 '2023/12/25'로 변경하는 코드를 작성하시오.

출력 결과

```
   2023-12-25    -> 2023/12/25
```

05 1~100까지의 숫자를 사용자에게 리스트로 입력받아 입력된 리스트에서 짝수만 포함하는 새로운 리스트를 반환하는 프로그램을 작성하시오.

출력 결과

```
[2, 4, 6, 8, 10, 12, 14, 16, 18, 20, 22, 24, 26, 28, 30, 32, 34, 36, 38, 40, 42,
44, 46, 48, 50, 52, 54, 56, 58, 60, 62, 64, 66, 68, 70, 72, 74, 76, 78, 80, 82,
84, 86, 88, 90, 92, 94, 96, 98, 100]
```

06 학생이름과 성적을 딕셔너리로 입력받아 성적이 가장 낮은 학생의 이름을 반환하는 프로그램을 작성하시오.

출력 결과

```
성적이 높은 학생은: 황부자
```

07 본인의 이름, 전공, 취미 등을 나타내는 정보를 딕셔너리로 표현해보시오.

08 학생 10명의 컴퓨터 활용 시험점수를 담고 있는 리스트를 생성한 후, 학생들의 시험점수의 합계와 평균을 구하는 프로그램을 작성하시오.

출력 결과

```
전체 학생 성적의 합계는: 831
전체 학생 성적의 평균은: 83.1
```

09 다음 차량번호를 끝의 네 자리만 추출하시오.

```
129 파 1318
```

출력 결과

```
차량의 끝 네자리는 1318
```

10 다음 표는 한국석유공사에서 주유소 평균 판매가격에 대한 2022년 7월부터 2022년 12월까지의 '석유제품가격통계' 자료이다. 아래 표를 딕셔너리로 표현한 후, 자동차용 경유의 최대가격과 최소가격을 출력하는 프로그램을 작성하시오.

제품별	2022.07	2022.07	2022.07	2022.07	2022.07	2022.07
보통휘발유	2,029.99	1,792.19	1,730.00	1,666.65	1,650.32	1,563.68
실내등유	1,686.55	1,639.49	1,620.15	1,598.07	1,601.69	1,552.55
자동차용 경유	2,084.91	1,889.31	1,850.20	1,838.34	1,879.15	1,783.21

출력 결과

```
*** 2022년 7월~2022년 12월의 자동차용 경유의 최대가격과 최소가격 ***
자동차용 경유의 최대가격: 2084.91
자동차용 경유의 최소가격: 1783.21
```

11 사용자로부터 초 단위의 경과시간을 정수로 입력받고, "D일 H시간 M분 S초" 형식으로 출력하는 프로그램을 작성하시오. 예를 들어, 80000를 입력하면, "9 일 10 시간 43 분 20 초"가 출력된다.

※ Hint: 1분은 60초이고, 1시간은 60분 * 60초로서 3600초, 1일은 24시간 * 60분 * 60초로서 86400초이다.

출력 결과

```
시간을 입력하시오: 800000
입력한 시간: 800000 초
9 일 10 시간 43 분 20 초
```

12 다음 리스트에는 날짜와 기온에 대한 정보가 저장되어 있다. 날짜정보를 제외하고 기온에 대한 정보만 출력하시오. (슬라이싱 사용)

```
degrees = ['20230705', 25, 28, 30, 33, 35]
```

출력 결과

```
[25, 28, 30, 33, 35]
```

13 국어, 영어, 수학의 시험점수를 사용자에게 입력받아서 튜플에 저장 후 과목별로 등급을 출력해보자. 등급은 시험점수가 90점 이상이면 A등급, 80점 이상이면 B등급, 70점 이상이면 C등급, 70점 미만은 탈락이다.

출력 결과

```
국어 점수: 70
영어 점수: 80
수학 점수: 90
scores: ({'kor': 'C'}, {'eng': 'B'}, {'math': 'A'})
```

14 회원 5명의 아이디와 비밀번호가 저장되어 있는 딕셔너리 members가 있다. 아래의 5명의 아이디와 비밀번호를 딕셔너리 members에 저장하고, 아이디와 비밀번호가 맞으면 '아이디 확인완료', '비밀번호 확인완료'를 출력하고, 비밀번호가 맞지 않다면 '비밀번호를 다시 입력하세요'를 출력하는 프로그램을 작성하시오.

아이디	비밀번호
sky1004	01234!sky
happy77	!77happy
kims	4%100ch!
cholo3153	89ch3153
ljatkfkd	~(*lja8933

출력 결과

```
ID: sky1004
PW: 01234!sky
아이디 확인완료
비밀번호 확인완료
...
```

15 친구의 이름과 전화번호로 구성된 딕셔너리 phone이 있다. 딕셔너리 phone은 사용자로부터 항목을 추가할 수 있도록 사용자 정의함수로 정의한다. 사용자로부터 입력된 데이터는 인덱스 번호가 출력되도록 하고 입력된 친구의 이름과 전화번호는 모두 출력한다.

출력 결과

```
1친구
이름: 유재석
전화번호: 01088991234
2친구
이름: 하하
전화번호: 01044558899
3친구
이름: 박명수
전화번호: 01023562580
4친구
이름: 이상민
전화번호: 01089567845
5친구
이름: 김종국
전화번호: 01045688934
dict_keys(['유재석', '하하', '박명수', '이상민', '김종국'])
dict_values([1088991234, 1044558899, 1023562580, 1089567845, 1045688934])
```

3장

빅데이터 분석을 위한 라이브러리

3.1 넘파이(NumPy)

3.2 판다스(Pandas)

3장_ 빅데이터 분석을 위한 라이브러리

빅데이터 분석을 위한 라이브러리 선택은 프로젝트의 목적, 데이터의 특성, 사용자의 선호도, 개발환경에 따라 다르게 사용한다.

3.1 넘파이(NumPy)

넘파이(NumPy)는 파이썬 프로그래밍 언어를 위한 수치 계산과 데이터 분석을 위한 라이브러리다. 다차원 배열과 행렬을 다루는 데 필요한 다양한 함수와 도구를 제공하며, 과학적 계산, 데이터 분석, 머신러닝 및 인공지능과 같은 다양한 분야에서 널리 사용한다.

넘파이를 사용하려면 import문으로 불러와야 한다. 넘파이는 np라는 별칭으로 임포트한다.

코드

```
import numpy as np
```

넘파이의 주요 특징과 기능은 다음과 같다.

■ 다차원 배열

넘파이는 다차원 배열(또는 행렬)을 다루는 데 효율적인 데이터 구조인 ndarray를 제공한다. 이를 사용하여 숫자 데이터를 저장하고 다룰 수 있다.

■ 브로드캐스팅(Broadcasting)

넘파이는 차원의 크기가 다른 배열 간에 연산을 수행할 때 브로드캐스팅이라는 기능을 제공하여 배열의 형상을 자동으로 조정하고 연산을 수행한다.

■ **수학 함수**

넘파이는 다양한 수학 함수와 통계 함수를 제공하여 배열 데이터의 연산과 분석을 지원한다.

■ **파일 입출력**

넘파이는 배열 데이터를 파일로 저장하고 로드하는 기능을 제공한다. 이를 통해 데이터를 효율적으로 저장하고 공유할 수 있다.

■ **선형 대수학**

넘파이는 선형 대수학 연산을 지원하며, 행렬 곱셈, 행렬 분해, 역행렬 계산 등과 같은 연산을 쉽게 수행할 수 있다.

3.1.1 다차원 배열 생성

넘파이의 array 함수에 리스트를 넣으면 ndarray 클래스 객체, 즉 배열로 변환해준다. 따라서 1차원 배열을 만드는 방법은 다음과 같다.

코드

```
a = np.array([1, 2, 3, 4, 5])
a
```

결과

```
array([1, 2, 3, 4, 5])
```

ndarray는 이름 그대로 1차원 배열 이외에도 2차원 배열, 3차원 배열 등의 다차원 배열 자료 구조를 지원한다. 2차원 배열은 행렬(matrix)이라고 하는데 행렬에서는 가로를 행(row)이라고 하고 세로를 열(column)이라고 한다.

코드	a = np.array([1, 2, 3], [4, 5, 6]]) a
결과	array([[1, 2, 3], [4, 5, 6]])

3차원 배열도 다음과 같이 생성할 수 있다.

코드
```
a = np.array([[[1, 2, 3, 4],
               [5, 6, 7, 8],
               [9, 10, 11, 12]],
              [[11, 12, 13, 14],
               [15, 16, 17, 18],
               [19, 20, 21, 22]]])
```

결과
```
array([[[1, 2, 3, 4],
        [5, 6, 7, 8],
        [9, 10, 11, 12]],

       [[11, 12, 13, 14],
        [15, 16, 17, 18],
        [19, 20, 21, 22]]])
```

넘파이의 배열 ndarray 클래스는 원소가 모두 같은 자료형이어야 한다. array 명령으로 배열을 만들 때 자료형을 명시적으로 적용하려면 dtype 인수를 사용한다. 만들어진 배열의 자료형을 알아내려면 dtype 속성을 사용한다.

코드	a = np.array([1, 2, 3]) a.dtype
결과	dtype('int32')

코드	a = np.array([1.0, 2.0, 3.0]) a.dtype
결과	dtype('float64')

그리고 1차원 배열의 인덱싱은 리스트의 인덱싱과 같다.

코드	a = np.array([0, 1, 2, 3, 4, 5]) a[2]
결과	2

다차원 배열인 경우는 다음과 같이 쉼표(,)를 사용하여 접근할 수 있다. 쉼표로 구분된 차원을 축(axis)이라고도 한다.

코드	a = np.array([[0, 1, 2], [3, 4, 5]]) a[0, 1]
결과	1

배열 객체로 구현한 다차원 배열의 원소 중 복수 개에 접근하려면 일반적인 파이썬 슬라이싱(slicing)과 쉼표(,)를 함께 사용하고 [:]로 슬라이스하면 배열의 모든 값을 할당한다.

코드	a = np.array([[0, 1, 2], [3, 4, 5]]) a[0, :]
결과	array([0, 1, 2])

코드	a = np.array([[0, 1, 2], [3, 4, 5]]) a[:, 1]
결과	array([1, 4])

코드	a = np.array([[0, 1, 2], [3, 4, 5]]) a[1, 1:]
결과	array([4, 5])

3.1.2 연산

배열의 중요한 특징은 for문을 작성하지 않고 데이터를 일괄 처리할 수 있다는 것이다. 이를 벡터화라고 한다. 같은 크기의 배열 간의 산술연산은 배열의 각 원소 단위로 적용한다.

코드	a = np.array([[1, 2, 3], [4, 5, 6]]) a*a a-a

결과	array([[1, 4, 9],
	       [16, 25, 36]])
	array([[0, 0, 0],
	       [0, 0, 0]])

사칙연산뿐 아니라 비교연산과 같은 논리연산도 벡터화 연산이 가능하고 지수함수, 로그함수 등의 수학함수도 벡터화 연산을 지원한다.

코드	a = np.array([1, 2, 3]) b = np.array([4, 2, 5]) a == b
결과	array([False, True, False])

코드	a = np.array([1, 2, 3]) np.exp(a)
결과	array([2.71828183, 7.3890561, 20.08553692])

넘파이에서는 서로 다른 크기를 가진 두 배열의 사칙연산도 지원한다. 이 기능을 브로드캐스팅(broadcasting)이라고 하는데 크기가 작은 배열을 자동으로 반복 확장하여 크기가 큰 배열에 맞추는 방법이다.

코드	`a = np.array([[1, 2, 3], [4, 5, 6]])`
	`b = np.arange(3)`
	`a+b`

결과	`array([[1, 3, 5],` `       [4, 6, 8]])`

행렬의 하나의 행에 있는 원소들을 하나의 데이터 집합으로 보고 그 집합의 평균을 구하면 각 행에 대해 하나의 숫자가 나오게 된다. 예를 들어, 5×5 크기의 2차원 배열에 대해 행-평균을 구하면 다섯 개의 숫자를 가진 1차원 벡터가 나오게 된다. 이러한 연산을 차원 축소(dimension reduction) 연산이라고 한다. 연산의 대상이 2차원 이상인 경우에는 어느 차원으로 계산을 할지를 axis 인수를 사용하여 지시한다. axis=0으로 지정하는 것은 행을 축소한다는 의미이므로 열 연산이고 axis=1로 지정하는 것은 열을 축소한다는 의미이므로 행연산이다. 디폴드 값은 axis=0이다.

코드	`a = np.array([1, 2, 3, 4, 5])` `a.sum()`
결과	`15`

코드	`a = np.array([[1, 2, 3, 4, 5],`
	`              [6, 7, 8, 9, 10],`
	`              [1, 2, 3, 4, 5],`
	`              [6, 7, 8, 9, 10],`
	`              [1, 2, 3, 4, 5]])`
	`a.sum(axis=0)`

결과	`array([15, 20, 25, 30, 35])`

코드	`a = np.array([[1, 2, 3, 4, 5],`
	`              [6, 7, 8, 9, 10],`
	`              [1, 2, 3, 4, 5],`
	`              [6, 7, 8, 9, 10],`

	`[1, 2, 3, 4, 5]])` `a.sum(axis=1)`
결과	`array([15, 40, 15, 40, 15])`

sort() 함수나 메서드를 사용하여 배열 안의 원소를 크기에 따라 정렬하여 새로운 배열을 만들 수도 있다. 2차원 이상인 경우에는 행이나 열을 각각 따로 정렬하는데 axis 인수를 사용하여 행을 정렬할 것인지 열을 정렬한 것인지 결정한다.

코드

```
a = np.array([[4,  3,  5,  7],
              [1, 12, 11,  9],
              [2, 15,  1, 14]])
np.sort(a, axis=0)
```

결과

```
array([[1,  3,  1,  7],
       [2, 12,  5,  9],
       [4, 15, 11, 14]])
```

코드

```
a = np.array([[4,  3,  5,  7],
              [1, 12, 11,  9],
              [2, 15,  1, 14]])
np.sort(a, axis=1)
```

결과

```
array([[3, 4, 5, 7],
       [1, 9, 11, 12],
       [1, 2, 14, 15]])
```

3.1.3 통계

넘파이는 데이터 집합에 대해 간단한 통계를 계산하는 함수를 제공한다.

데이터의 개수는 len 명령으로 구할 수 있다.

코드	`a = np.array([18, 5, 10, 23, 19, -8, 10, 0])` `a`
결과	`array([18,  5, 10, 23, 19, -8, 10,  0])`

코드	`len(a)`
결과	`8`

평균을 통계용어로는 표본 평균(sample mean)이라고 한다. 표본 평균은 mean 명령으로 구할 수 있다.

코드	`np.mean(a)`
결과	`9.625`

표본 분산(sample variance)은 데이터와 표본 평균 간의 거리의 제곱의 평균이다. 표본 분산이 작으면 데이터가 모여있는 것이고 크면 흩어져 있는 것이다.

코드	`np.var(a)`
결과	`95.234375`

표본 표준편차(sample standard variance)는 표본 분산의 양의 제곱근값이다.

코드	`np.std(a)`
결과	`9.758810122140916`

최댓값(maximum)은 데이터 중에서 가장 큰 값을, 최솟값(minimum)은 가장 작은 값을 의미한다.

코드	`np.median(a)`
결과	23 -8

중앙값(median)은 데이터를 크기대로 정렬하였을 때 가장 가운데에 있는 수를 말한다. 만약 데이터의 수가 짝수이면 가장 가운데에 있는 두 수의 평균을 사용한다.

코드	`np.median(a)`
결과	10

사분위수(quartile)는 데이터를 가장 작은 수부터 가장 큰 수로 정렬하였을 때 1/4, 2/4, 3/4 위치에 있는 수를 말한다. 각각 1사분위수, 2사분위수, 3사분위수라고 한다.

코드	`np.percentile(a, 25)`
	`np.percentile(a, 50)`
	`np.percentile(a, 75)`
	`np.percentile(a, 100)`

결과	3.75 10.0 18.25 23.0

3.1.4 선형대수

행렬의 곱셈, 분할, 행렬식 그리고 정사각행렬 수학 같은 선형대수는 배열을 다루는 라이브러리에서 중요한 부분이다. 매트랩 같은 언어와 다르게 두 개의 2차원 배열을 곱셈(*) 연산자로 곱하면 행렬 곱셈이 아니라 대응하는 각각의 원소의 곱을 계산한다. 행렬 곱셈은 배열 메서드인 dot() 함수를 이용해서 계산한다.

| 코드 |
```
a=np.array([[1, 2, 3],[4, 5, 6]])
b=np.array([[3, 12],[2, 5], [3, 4]])
a.dot(b)
np.dot(a,b)
```
|
|---|---|

결과:

```
array([[16, 34],
       [40, 97]])
array([[16, 34],
       [40, 97]])
```

2차원 배열과 곱셈이 가능한 크기의 1차원 배열 간의 행렬 곱셈의 결과는 1차원 배열이다.

코드:

```
a=np.array([[1, 2, 3],[4, 5, 6]])
np.dot(a, np.ones(3))
```

결과:

```
array([6., 15.])
```

numpy.linalg는 행렬의 분할과 역행렬, 행렬식과 같은 것들을 포함하고 있다.

코드:

```
from numpy.linalg import inv,qr
a=np.random.randn(5,5)                    #난수 matrix array 생성
b=a.T.dot(a)                              #a.T의 전치행렬과 a의 곱을 계산
inv(b)                                    #역행렬
```

결과:

```
array([[-0.63972264, -0.4794198 ,  0.3113635 , -0.77602047, -0.30736481],
       [-0.36652394,  1.11971196, -0.45792242,  0.4253934 , -0.02797118],
       [ 1.47598983,  0.6467801 , -0.36433431, -0.67877739, -0.35362786],
       [-0.74074747, -0.67502183, -0.13278426,  0.61980106,  1.79116846],
       [ 0.17100044, -1.72567135,  0.16065854, -0.85898532, -0.20642094]])
array([[ 3.3000788 ,  1.05586546, -0.44326821, -1.26735047, -1.67717236],
       [ 1.05586546,  5.3355188 , -1.08527079,  1.47328506, -0.96554546],
       [-0.44326821, -1.08527079,  0.48282249, -0.40942288, -0.22505705],
       [-1.26735047,  1.47328506, -0.40942288,  2.36591519,  1.7541379 ],
       [-1.67717236, -0.96554546, -0.22505705,  1.7541379 ,  3.47120224]])
```

```
array([[ 0.72389307,  0.01963699,  1.16142241,  0.4115014 ,  0.22257705],
       [ 0.01963699,  0.93461893,  1.75728938, -0.88215292,  0.82918243],
       [ 1.16142241,  1.75728938,  7.49608753, -0.50173691,  1.78952737],
       [ 0.4115014 , -0.88215292, -0.50173691,  1.86179227, -1.01992323],
       [ 0.22257705,  0.82918243,  1.78952737, -1.01992323,  1.25770406]])
```

3.1.5 난수 생성

파이썬을 이용하여 데이터를 무작위로 섞거나 임의의 수, 난수(random number)를 발생시키는 방법은 다음과 같고, 기능은 주로 넘파이의 random 서브패키지에서 제공한다. 어떤 특정한 시작 숫자를 정해주면 컴퓨터가 정해진 알고리즘에 의해 난수처럼 보이는 수열을 생성한다. 이런 시작 숫자를 시드(seed)라고 한다. 시드는 보통 현재 시각 등을 이용하여 자동으로 정해지지만 사람이 수동으로 설정할 수도 있다. 파이썬에서 시드를 설정하는 함수는 seed이다. 인수는 0과 같거나 큰 정수를 넣어준다. 넘파이의 random 서브패키지는 난수를 생성하는 다양한 함수를 제공한다.

rand() 함수는 0부터 1 사이에서 균일한 확률분포로 실수 난수를 생성한다. 숫자 인수는 생성할 난수의 크기이다. 여러 개의 인수를 넣으면 해당 크기를 가진 행렬을 생성한다. rand 함수로 다섯 개의 난수를 생성한다.

코드

```
np.random.seed(0)
np.random.rand(5)
```

결과

```
array([0.64589411, 0.43758721, 0.891773, 0.96366276, 0.38344152])
```

randn() 함수는 기댓값이 0이고 표준편차가 1인 표준정규분포(standard normal distribution)를 따르는 난수를 생성한다. 인수 사용법은 rand 명령과 같다.

코드	np.random.randn(5)
결과	array([0.33367433, 1.49407907, -0.20515826, 0.3130677, -0.85409574])

randint() 함수는 numpy.random.randint(low, high=None, size=None) 인수를 가진다.

코드	np.random.randint(20, 50, size=10)
결과	array([29, 45, 20, 30, 40, 43, 23, 31, 38, 43])

데이터의 순서를 바꾸려면 shuffle() 함수를 사용한다.

코드	a = np.arange(7) np.random.shuffle(a) a
결과	array([5, 1, 3, 6, 0, 2, 4])

기존 데이터 집합에서 일부를 무작위로 선택하는 것을 샘플링(sampling)이라고 한다. 샘플링에는 choice() 함수를 사용한다.

코드	np.random.choice(10, 5, replace=False) np.random.choice(5, 10)
결과	array([7, 8, 9, 1, 4]) array([3, 4, 4, 4, 3, 4, 4, 4, 0, 4])

3.2 판다스(Pandas)

판다스(Pandas)는 데이터 분석 및 조작을 위한 파이썬 라이브러리로, 데이터프레임(DataFrame)과 시리즈(Series)라는 두 가지 주요 데이터 구조를 제공한다. 판다스는 데이터를 구조화하고 다양한 방법으로 조작, 필터링, 집계, 변환할 수 있도록 도구를 제공하여 데이터 분석 작업을 효율적으로 수행할 수 있게 한다. 판다스의 import 컨벤션을 다음과 같이 사용한다.

```
import pandas as pd
```

판다스의 주요 특징과 기능은 다음과 같다.

■ 데이터 구조

- 데이터프레임(DataFrame): 테이블 형식의 데이터 구조로 행과 열로 이루어져 있다. 이를 사용하여 데이터를 편리하게 저장하고 조작할 수 있다.
- 시리즈(Series): 1차원 배열 형태의 데이터 구조로 주로 컬럼 데이터를 나타내는 데 사용한다.

■ 데이터 로딩 및 저장

다양한 데이터 포맷에서 데이터를 읽고 저장할 수 있으며, CSV, Excel, SQL 데이터베이스, JSON 등과 같은 다양한 데이터 소스를 지원한다.

■ 데이터 조작

데이터 필터링, 정렬, 그룹화, 집계, 병합, 피벗, 슬라이싱 등 다양한 데이터 조작 및 변환기능을 제공한다.

■ **시계열 데이터 지원**

시계열 데이터를 다루는 데 유용한 기능을 제공하며, 시계열 데이터 분석에도 활용한다.

■ **데이터 시각화**

판다스 데이터를 맷플롯립, 시본 등과 같은 시각화 라이브러리와 통합하여 데이터를 시각적으로 탐색하고 시각화할 수 있다.

3.2.1 판다스 자료구조

판다스에 대하여 알아보려면 시리즈와 데이터프레임의 두 가지 자료구조에 익숙해질 필요가 있다.

시리즈 클래스는 넘파이에서 제공하는 1차원 배열과 비슷하지만 각 데이터의 의미를 표시하는 인덱스(index)를 붙일 수 있다. 데이터 자체는 값(value)이라고 한다. 가장 간단한 시리즈 객체는 리스트 데이터로부터 생성할 수 있다.

코드

```
a=pd.Series([4, 7, -5, 3])
a
```

결과

```
0    4
1    7
2   -5
3    3
dtype: int64
```

시리즈의 인덱스는 index 속성으로 접근할 수 있다. 시리즈의 값은 1차원 배열이며 values 속성으로 접근할 수 있다.

코드	a.index
결과	RangeIndex(start=0, stop=4, step=1)

코드	a.values
결과	array([4, 7, -5, 3], dtype=int64)

각각의 데이터를 지칭하는 색인을 지정하여 시리즈 객체를 생성해야 할 때는 다음과 같이 사용한다.

코드

```
x=pd.Series([100, 85, 92, 75],index=['국어', '영어', '수학', '탐구'])
x
```

결과

```
국어    100
영어     85
수학     92
탐구     75
dtype: int64
```

넘파이 배열처럼 시리즈도 벡터화 연산을 할 수 있다. 다만 연산은 시리즈의 값에만 적용되며 인덱스 값은 변하지 않는다. 예를 들어, 과목점수를 100으로 나누어도 인덱스 라벨에는 영향을 미치지 않는 것을 볼 수 있다.

코드

```
x/100
```

결과

```
국어    1.00
영어    0.85
수학    0.92
탐구    0.75
dtype: float64
```

시리즈는 넘파이 배열에서 가능한 인덱스 방법 이외에도 인덱스 라벨을 이용한 인덱싱도 할 수 있다. 배열 인덱싱이나 인덱스 라벨을 이용한 슬라이싱(slicing)도 가능하다.

코드	x[0] 또는 x['국어']
결과	100

배열 인덱싱을 하면 부분적인 값을 가지는 시리즈 자료형을 반환한다. 자료의 순서를 바꾸거나 특정한 자료만 선택할 수 있다.

코드	x[[0, 2, 3]]
결과	국어 100 수학 92 탐구 75 dtype: int64

코드	x[0:2]
결과	국어 100 영어 85 dtype: int64

문자열 라벨을 이용한 슬라이싱을 하는 경우에는 숫자 인덱싱과 달리 콜론(:) 기호 뒤에 오는 값도 결과에 포함되므로 주의해야 한다.

코드	x["국어":"수학"]
결과	국어 100 영어 85 수학 92 dtype: int64

시리즈 객체는 라벨 값에 의해 인덱싱이 가능하므로 실질적으로 인덱스 라벨 값을 키(key)로 가지는 딕셔너리 자료형과 같다고 볼 수 있다. 따라서 딕셔너리 자료형에서 제공하는 in 연산도 가능하고 items 메서드를 사용하면 for 루프를 통해 각 원소의 키

(key)와 값(value)에 접근할 수도 있다.

코드
```
for k, v in x.items():
    print("%s = %d" % (k, v))
```

결과
```
국어 = 100
영어 = 85
수학 = 92
탐구 = 75
```

또 딕셔너리 객체에서 시리즈를 만들 수도 있다. 이번에는 다른 분반의 성적 자료를 x2라는 이름의 시리즈로 만들어 보자. 이 데이터에는 탐구의 성적 자료는 없지만 대신 코딩의 성적 자료가 포함되어 있다.

코드
```
x2 = pd.Series({"국어": 95, "영어": 90, "수학": 87, "코딩": 80})
```

결과
```
국어    95
영어    90
수학    87
코딩    80
dtype: int64
```

이번에는 두 시리즈의 차이를 구하여 보자. 두 시리즈에 대해 연산을 하는 경우 인덱스가 같은 데이터에 대해서만 차이를 구한다.

코드
```
ds = x - x2
```

결과
```
국어    5.0
수학    5.0
영어   -5.0
코딩    NaN
탐구    NaN
dtype: float64
```

탐구와 코딩의 경우에는 x에서 자료와 x2에서 자료가 모두 존재하지 않기 때문에 계산이 불가능하므로 NaN(Not a Number)이라는 값을 가지게 된다. 또한 NaN 값이 float 자료형에서만 가능하므로 다른 계산 결과도 모두 float 자료형이 되었다는 점에 주의한다. NaN이 아닌 값을 구하려면 notnull 메서드를 사용한다.

코드

```
ds.notnull()
```

결과

```
국어      True
수학      True
영어      True
코딩     False
탐구     False
dtype: bool
```

인덱싱을 이용하면 딕셔너리처럼 데이터를 갱신(update)하거나 추가(add)할 수 있다.

코드

```
x["체육"] = 87
x
```

결과

```
국어    100
영어     85
수학     92
탐구     75
체육     87
dtype: int64
```

데이터를 삭제할 때도 딕셔너리처럼 del 명령을 사용한다.

코드

```
del x["체육"]
x
```

결과

```
국어     100
영어      85
수학      92
탐구      75
dtype: int64
```

데이터프레임 객체는 다양한 방법으로 생성할 수 있지만 가장 간단한 방법은 다음과 같다. 첫 번째는 우선 하나의 열이 되는 데이터를 리스트나 일차원 배열을 준비하고 두 번째는 이 각각의 열에 대한 이름을 key로 가지는 딕셔너리를 만든다. 마지막으로 세 번째는 이 데이터를 데이터프레임 클래스 생성자에 넣는다. 열방향 인덱스는 columns 인수로, 행방향 인덱스는 index 인수로 지정한다.

코드

```
data = {
... "2023": [9762546, 3512547, 2517680, 2456016],
... "2020": [9853972, 3655437, 2466338, 2473990],
... "2017": [9904312, 3448737, 2890451, 2466052],
... "2014": [9631482, 3393191, 2632035, 2431774],
... "지역": ["수도권", "경상권", "수도권", "경상권"],
... "증가율": [0.0383, 0.0263, 0.0782, 0.0241]

}
columns = ["지역", "2023", "2020", "2017", "2014", "증가율"]
index = ["서울", "대구", "대전", "부산"]
a = pd.DataFrame(data, index=index, columns=columns)
a
```

결과

	지역	2023	2020	2017	2014	증가율
서울	수도권	9762546	9853972	9904312	9631482	0.0383
대구	경상권	3512547	3655437	3448737	3393191	0.0263
대전	수도권	2517680	2466338	2890451	2632035	0.0782
부산	경상권	2456016	2473990	2466052	2431774	0.0241

데이터프레임은 2차원 배열 데이터를 기반으로 하지만, 실제로는 공통 인덱스를 가

지는 열 시리즈(column series)를 딕셔너리로 묶어놓은 것이다. 2차원 배열 데이터는 모든 원소가 같은 자료형을 가져야 하지만 데이터프레임은 각 열(column)마다 자료형이 다를 수 있다. 따라서 위 예제에서도 지역과 인구와 증가율은 각각 문자열, 정수, 부동소수점 실수이다. 시리즈와 마찬가지로 데이터만 접근하려면 values 속성을 사용한다. 열방향 인덱스와 행방향 인덱스는 각각 columns, index 속성으로 접근한다.

코드
```
a.values
```
결과
```
array([['수도권', 9762546, 9853972, 9904312, 9631482, 0.0383],
       ['경상권', 3512547, 3655437, 3448737, 3393191, 0.0263],
       ['수도권', 2517680, 2466338, 2890451, 2632035, 0.0782],
       ['경상권', 2456016, 2473990, 2466052, 2431774, 0.0241]], dtype=object)
```

코드
```
a.columns
```
결과
```
Index(['지역', '2023', '2020', '2017', '2014', '증가율'], dtype='object')
```

코드
```
a.index
```
결과
```
Index(['서울', '대구', '대전', '부산'], dtype='object')
```

데이터프레임은 전치를 포함하여 넘파이 2차원 배열이 가지는 대부분의 속성이나 메서드를 지원한다.

코드
```
a.T
```
결과
```
          서울      대구      대전      부산
지역      수도권    경상권    수도권    경상권
2023    9762546  3512547  2517680  2456016
2020    9853972  3655437  2466338  2473990
2017    9904312  3448737  2890451  2466052
2014    9631482  3393191  2632035  2431774
증가율   0.0383   0.0263   0.0782   0.0241
```

데이터프레임은 열 시리즈의 딕셔너리로 볼 수 있으므로 열 단위로 데이터를 갱신, 추가, 삭제할 수 있다. 다음과 같이 증가율 항목을 갱신할 수 있다.

코드

```
a["증가율"]=a["증가율"]*100
a
```

결과

	지역	2023	2020	2017	2014	증가율
서울	수도권	9762546	9853972	9904312	9631482	3.83
대구	경상권	3512547	3655437	3448737	3393191	2.63
대전	수도권	2517680	2466338	2890451	2632035	7.82
부산	경상권	2456016	2473990	2466052	2431774	2.41

코드

```
a["23~20 증가율"]=((a["2023"]-a["2020"])/a["2020"]*100)
a
```

결과

	지역	2023	2020	2017	2014	증가율	23~20 증가율
서울	수도권	9762546	9853972	9904312	9631482	3.83	-0.927809
대구	경상권	3512547	3655437	3448737	3393191	2.63	-3.908972
대전	수도권	2517680	2466338	2890451	2632035	7.82	2.081710
부산	경상권	2456016	2473990	2466052	2431774	2.41	-0.726519

코드

```
del a["23~20 증가율"]
a
```

결과

	지역	2023	2020	2017	2014	증가율
서울	수도권	9762546	9853972	9904312	9631482	3.83
대구	경상권	3512547	3655437	3448737	3393191	2.63
대전	수도권	2517680	2466338	2890451	2632035	7.82
부산	경상권	2456016	2473990	2466052	2431774	2.41

데이터프레임을 인덱싱을 할 때 열 라벨을 키 값으로 생각하여 인덱싱을 할 수 있다. 인덱스로 라벨 값을 하나만 넣으면 시리즈 객체가 반환되고 라벨의 배열 또는 리스트를 넣으면 부분적인 데이터프레임이 반환된다.

코드	a["지역"]
결과	서울　　수도권 대구　　경상권 대전　　수도권 부산　　경상권 Name: 지역, dtype: object

코드	a[["2023", "2020"]]
결과	2023　　2020 서울 9762546 9853972 대구 3512547 3655437 대전 2517680 2466338 부산 2456016 2473990

또한 행 단위로 인덱싱을 하고자 하면 항상 슬라이싱을 해야 한다. 인덱스의 값이 문자 라벨이면 라벨 슬라이싱도 가능하다.

코드	a[:1]
결과	지역　　2023　　2020　　2017　　2014　증가율 서울 수도권 9762546 9853972 9904312 9631482 3.83

코드	a[1:2]
결과	지역　　2023　　2020　　2017　　2014　증가율 대구 경상권 3512547 3655437 3448737 3393191 2.63

코드	a["서울":"대전"]
결과	지역　　2023　　2020　　2017　　2014　증가율 서울 수도권 9762546 9853972 9904312 9631482 3.83 대구 경상권 3512547 3655437 3448737 3393191 2.63 대전 수도권 2517680 2466338 2890451 2632035 7.82

데이터프레임에서 열 라벨로 인덱싱하면 시리즈가 된다. 이 시리즈를 다시 행 라벨로 인덱싱하면 개별 데이터가 생성된다.

코드	a["2023"]["서울"]
결과	9762546

3.2.2 데이터프레임 고급 인덱싱

판다스는 넘파이 행렬과 같이 쉼표를 사용한 (행 인덱스, 열 인덱스) 형식의 2차원 인덱싱을 지원하기 위해 다음과 같은 특별한 인덱서 속성도 제공한다.

loc 인덱서는 다음과 같이 사용한다.

```
a.loc[행 인덱싱 값]
 또는
a.loc[행 인덱싱 값,열 인덱싱 값]
```

다음과 같은 데이터프레임을 만든다.

코드

```
import numpy as np
a=pd.DataFrame(np.arange(1, 13).reshape(3, 4),
... index=["a", "b", "c"],
... columns=["A", "B", "C", "D"])
a
```

결과

	A	B	C	D
a	1	2	3	4
b	5	6	7	8
c	9	10	11	12

loc 인덱서를 사용하면서 인덱스를 하나만 넣으면 행(row)을 선택한다. 인덱스 데이

터가 "a"인 행을 고르면 해당하는 행이 시리즈로 출력된다. 시리즈라서 상하로 길게 출력되기는 했지만 행을 가져오고 있다.

코드
```
a.loc["a"]
```

결과
```
A    1
B    2
C    3
D    4
Name: a, dtype: int32
```

인덱스 데이터의 슬라이스도 가능하다.

코드
```
a.loc["b":"c"]
```

결과
```
   A   B   C   D
b  5   6   7   8
c  9  10  11  12
```

인덱스 데이터의 리스트도 가능하다.

코드
```
a.loc[["b", "c"]]
```

결과
```
   A   B   C   D
b  5   6   7   8
c  9  10  11  12
```

인덱스 대신 인덱스 값을 반환하는 함수를 사용할 수도 있다. 다음 함수는 A열의 값이 8보다 큰 행만 선택한다.

코드
```
a.loc[a.A > 8]
```

결과
```
   A   B   C   D
c  9  10  11  12
```

인덱싱 값을 행과 열 모두 받으려면 a.loc[행 인덱스, 열 인덱스]와 같은 형태로 사용한다. 행 인덱스 라벨 값이 a, 열 인덱스 라벨 값이 A인 위치의 값을 구하는 것은 다음과 같다.

코드	`a.loc["a", "A"]`
결과	1

인덱싱 값으로 라벨 데이터의 슬라이싱 또는 리스트를 사용할 수도 있다.

코드
```
a.loc["b":, "A"]
```
결과
```
b    5
c    9
Name: A, dtype: int32
```

코드
```
a.loc[["a", "b"], ["B", "D"]]
```
결과
```
   B  D
a  2  4
b  6  8
```

행 인덱스가 같은 불리언 시리즈나 이러한 불리언 시리즈를 반환하는 함수도 행의 인덱싱 값이 될 수 있다.

코드
```
a.loc[a.A > 8, ["C", "D"]]
```
결과
```
    C   D
c  11  12
```

iloc 인덱서는 loc 인덱서와 반대로 라벨이 아니라 순서를 나타내는 정수 인덱스만 받는다. 다른 사항은 loc 인덱서와 같다.

코드
```
a.iloc[0, 1]
```
결과
```
2
```

코드
```
a.iloc[:2, 2]
```
결과
```
a    3
b    7
Name: C, dtype: int32
```

코드
```
a.iloc[0, -2:]
```
결과
```
C    3
D    4
Name: a, dtype: int32
```

코드
```
a.iloc[2:3, 1:3]
```
결과
```
    B   C
c  10  11
```

3.2.3 데이터프레임 데이터 조작

판다스는 넘파이 2차원 배열에서 가능한 대부분의 데이터 처리가 가능하며 추가로 데이터 처리 및 변환을 위한 다양한 함수와 메서드를 제공한다.

첫 번째 데이터 분석은 데이터의 개수를 카운터하는 것이며, count 메서드를 사용한다. NaN 값은 세지 않는다.

코드
```
a = pd.Series(range(10))
a[5] = np.nan
a
```

결과

```
0    0.0
1    1.0
2    2.0
3    3.0
4    4.0
5    NaN
6    6.0
7    7.0
8    8.0
9    9.0
dtype: float64
```

코드

```
a.count()
```

결과

```
9
```

데이터프레임에서는 각 열마다 별도로 데이터 개수를 카운터한다. 데이터에서 값이 누락된 부분을 찾을 때 유용하게 사용한다.

코드

```
np.random.seed(0)
a = pd.DataFrame(np.random.randint(5, size=(4, 4)), dtype=float)
a.iloc[3, 3] = np.nan
a
```

결과

```
     0    1    2    3
0  4.0  0.0  3.0  3.0
1  3.0  1.0  3.0  2.0
2  4.0  0.0  0.0  4.0
3  2.0  1.0  0.0  NaN
```

코드

```
a.count()
```

결과

```
0    4
1    4
2    4
3    3
dtype: int64
```

시리즈의 값이 정수, 문자열, 카테고리 값인 경우에는 value_counts 메서드로 각각의 값이 나온 횟수를 셀 수 있다.

코드
```
np.random.seed(1)
a = pd.Series(np.random.randint(6, size=100))
a.head()
```

결과
```
0    5
1    3
2    4
3    0
4    1
dtype: int32
```

코드
```
a.value_counts()
```

결과
```
1    22
0    18
4    17
5    16
3    14
2    13
Name: count, dtype: int64
```

데이터를 정렬할 때 sort_index 메서드, sort_values 메서드를 사용한다. sort_index 메서드는 인덱스 값을 기준으로 하고, sort_values 메서드는 데이터 값을 기준으로 정렬한다. 앞선 예제에서 a 시리즈의 각 데이터 값에 따른 데이터 개수를 인덱스에 따라 정렬하려면 다음처럼 sort_index를 적용한다. NaN 값이 있는 경우 정렬하면 NaN 값이 가장 마지막에 출력된다.

코드
```
a.value_counts().sort_index()
```

결과

```
0    18
1    22
2    13
3    14
4    17
5    16
Name: count, dtype: int64
```

큰 수에서 작은 수로 반대 방향 정렬하려면 ascending=False 인수를 지정한다.

코드

```
a = pd.Series(range(10))
a[3] = np.nan
a.sort_values(ascending=False )
```

결과

```
9    9.0
8    8.0
7    7.0
6    6.0
5    5.0
4    4.0
2    2.0
1    1.0
0    0.0
3    NaN
dtype: float64
```

데이터프레임에서 sort_values 메서드를 사용하려면 by 인수로 정렬기준이 되는 열을 지정해주어야 한다.

코드

```
np.random.seed(0)
a = pd.DataFrame(np.random.randint(5, size=(4, 4)), dtype=float)
a.iloc[2, 3] = np.nan
a.sort_values(by=1)
```

결과
```
     0    1    2    3
0  4.0  0.0  3.0  3.0
2  4.0  0.0  0.0  NaN
1  3.0  1.0  3.0  2.0
3  2.0  1.0  0.0  1.0
```

행과 열의 합계를 구할 때는 sum(axis) 메서드를 사용한다. axis 인수에는 합계로 인해 없어지는 방향축(0=행, 1=열)을 지정한다.

코드
```
np.random.seed(1)
a = pd.DataFrame(np.random.randint(10, size=(4, 8)))
a
```

결과
```
   0  1  2  3  4  5  6  7
0  5  8  9  5  0  0  1  7
1  6  9  2  4  5  2  4  2
2  4  7  7  9  1  7  0  6
3  9  9  7  6  9  1  0  1
```

행방향 합계를 구할 때는 sum(axis=1) 메서드를 사용한다.

코드
```
a.sum(axis=1)
```

결과
```
0    35
1    34
2    41
3    42
dtype: int64
```

열 합계를 구할 때는 sum(axis=0) 메서드를 사용하는데 axis 인수의 디폴트 값이 0이므로 axis 인수를 생략할 수 있다.

코드
```
a.sum()
```

결과

```
0    24
1    33
2    25
3    24
4    15
5    10
6     5
7    16
dtype: int64
```

인수로 행 또는 열을 받는 함수를 apply 메서드의 인수로 넣으면 각 열(또는 행)을 반복하여 그 함수에 적용시킨다.

코드

```
a2 = pd.DataFrame({
    'A': [1, 3, 4, 3, 4],
    'B': [2, 3, 1, 2, 3],
    'C': [1, 5, 2, 4, 4]
})
a2
```

결과

```
   A  B  C
0  1  2  1
1  3  3  5
2  4  1  2
3  3  2  4
4  4  3  4
```

예를 들어, 각 열의 최댓값과 최솟값의 차이를 구하고 싶으면 다음과 같은 람다 함수를 사용한다.

코드

```
a2.apply(lambda x: x.max() - x.min())
```

결과

```
A    3
B    2
C    4
dtype: int64
```

또한 행에 대해 적용하고 싶으면 axis=1 인수를 쓴다.

코드
```
a2.apply(lambda x: x.max() - x.min(), axis=1)
```

결과
```
0    1
1    2
2    3
3    2
4    1
dtype: int64
```

NaN 값은 fillna 메서드를 사용하여 원하는 값으로 바꿀 수 있다.

코드
```
np.random.seed(0)
a = pd.DataFrame(np.random.randint(5, size=(4, 4)), dtype=float)
a.iloc[2, 3] = np.nan
a.iloc[2, 2] = np.nan
a.fillna(0.0)
```

결과
```
     0    1    2    3
0  4.0  0.0  3.0  3.0
1  3.0  1.0  3.0  2.0
2  4.0  0.0  0.0  0.0
3  2.0  1.0  0.0  1.0
```

astype 메서드로 전체 데이터의 자료형을 바꾸는 것도 가능하다.

코드
```
a.fillna(0).astype(int)
```

결과
```
   0  1  2  3
0  4  0  3  3
1  3  1  3  2
2  4  0  0  0
3  2  1  0  1
```

다음과 같은 나이 데이터가 있다고 가정한다.

```
ages = [0, 2, 21, 23, 37, 61, 20, 41, 32, 101]
```

cut 명령을 사용하면 실수값을 다음과 같은 카테고리 값으로 바꿀 수 있다. bins 인수는 카테고리를 나누는 기준값이 되고, 영역을 넘는 값은 NaN으로 처리한다.

코드

```
bins = [1, 20, 30, 50, 70, 100]
lab = ["미성년자", "청년", "중년", "장년", "노년"]
people = pd.cut(ages, bins, labels=lab)
people
```

결과

```
[NaN, '미성년자', '청년', '청년', '중년', '장년', '미성년자', '중년',
  '중년', NaN]
Categories (5, object): ['미성년자' < '청년' < '중년' < '장년' < '노년']
```

cut 명령이 반환하는 값은 Categorical 클래스 객체이다. 이 객체는 categories 속성으로 라벨 문자열을, codes 속성으로 정수로 인코딩한 카테고리 값을 가진다.

코드

```
type(people)
```

결과

```
pandas.core.arrays.categorical.Categorical
```

코드

```
people.categories
```

결과

```
Index(['미성년자', '청년', '중년', '장년', '노년'], dtype='object')
```

코드

```
a = pd.DataFrame(ages, columns=["ages"])
a["age_cate"] = pd.cut(a.ages, bins, labels=lab)
a
```

결과

```
     ages   age_cate
0     0       NaN
1     2     미성년자
2    21       청년
3    23       청년
4    37       중년
5    61       장년
6    20     미성년자
7    41       중년
8    32       중년
9   101       NaN
```

qcut 명령은 구간 경계선을 지정하지 않고 데이터 개수가 같도록 지정한 수의 구간으로 나눈다. 예를 들어, 다음 코드는 1,000개의 데이터를 네 개의 구간으로 나누는데 각 구간은 250개씩의 데이터를 가진다.

코드

```
data = np.random.randn(1000)
a = pd.qcut(data, 4, labels=["Q1", "Q2", "Q3", "Q4"])
a
```

결과

```
['Q3', 'Q3', 'Q2', 'Q4', 'Q2', ..., 'Q3', 'Q4', 'Q2', 'Q2', 'Q3']
Length: 1000
Categories (4, object): ['Q1' < 'Q2' < 'Q3' < 'Q4']
```

코드

```
pd.value_counts(a)
```

결과

```
Q1    250
Q2    250
Q3    250
Q4    250
Name: count, dtype: int64
```

3.2.4 데이터프레임 인덱스 조작

데이터프레임에서 인덱스로 들어가 있어야 할 데이터가 일반 데이터 열에 들어가 있거나 일반 데이터 열이어야 하는데 인덱스로 되어 있을 수 있다. 이때 set_index 명령이나 reset_index 명령으로 인덱스와 일반 데이터 열을 교환할 수 있다. set_index 명령은 기존의 행 인덱스를 제거하고 데이터 열 중 하나를 인덱스로 설정하고, reset_index 명령은 기존의 행 인덱스를 제거하고 인덱스를 데이터 열로 추가한다.

코드

```
np.random.seed(0)
a=pd.DataFrame(np.vstack([list('ABCDE'),
                          np.round(np.random.rand(3, 5), 2)]).T,
                          columns=["C1", "C2", "C3", "C4"])
a
```

결과

```
  C1   C2   C3   C4
0  A 0.09 0.98 0.64
1  B 0.02 0.8  0.14
2  C 0.83 0.46 0.94
3  D 0.78 0.78 0.52
4  E 0.87 0.12 0.41
```

set_index 메서드로 특정한 열을 인덱스로 설정할 수 있다. 이때 기존의 인덱스는 없어진다.

코드

```
a1 = a.set_index("C1")
a1
```

결과

```
     C2   C3   C4
C1
A  0.09 0.98 0.64
B  0.02 0.8  0.14
C  0.83 0.46 0.94
D  0.78 0.78 0.52
E  0.87 0.12 0.41
```

마찬가지로 C2 열을 인덱스로 지정하면 기존의 인덱스는 사라진다.

코드

```
a2=a1.set_index("C2")
a2
```

결과

```
      C3    C4
C2
0.09  0.98  0.64
0.02  0.8   0.14
0.83  0.46  0.94
0.78  0.78  0.52
0.87  0.12  0.41
```

reset_index 메서드를 쓰면 인덱스를 보통의 자료열로 바꿀 수도 있다. 이때 인덱스 열은 자료열의 가장 선두로 삽입된다. 데이터프레임의 인덱스는 정수로 된 디폴트 인덱스로 바뀐다.

코드

```
a1.reset_index()
```

결과

```
   C1  C2    C3    C4
0  A  0.09  0.98  0.64
1  B  0.02  0.8   0.14
2  C  0.83  0.46  0.94
3  D  0.78  0.78  0.52
4  E  0.87  0.12  0.41
```

reset_index 메서드를 호출할 때 인수 drop=True로 설정하면 인덱스 열을 보통의 자료열로 올리는 것이 아니라 그냥 버리게 된다.

코드

```
a1.reset_index(drop=True)
```

결과

```
    C2   C3   C4
0  0.09 0.98 0.64
1  0.02 0.8  0.14
2  0.83 0.46 0.94
3  0.78 0.78 0.52
4  0.87 0.12 0.41
```

행이나 열에 여러 계층을 가지는 인덱스, 즉 다중 인덱스(multi-index)를 설정할 수도 있다. 데이터프레임을 생성할 때 columns 인수에 다음 예제처럼 리스트의 리스트(행렬) 형태로 인덱스를 넣으면 다중 열 인덱스를 가지게 된다.

코드

```
np.random.seed(0)
a = pd.DataFrame(np.round(np.random.randn(5, 4), 2),
                 columns=[["A", "A", "B", "B"],
                          ["C1", "C2", "C1", "C2"]])
a
```

결과

```
      A          B
     C1    C2   C1    C2
0  1.76  0.40 0.98  2.24
1  1.87 -0.98 0.95 -0.15
2 -0.10  0.41 0.14  1.45
3  0.76  0.12 0.44  0.33
4  1.49 -0.21 0.31 -0.85
```

다중 인덱스는 이름을 지정하면 더 편리하게 사용할 수 있다. 열 인덱스들의 이름 지정은 columns 객체의 names 속성에 리스트를 넣어서 지정한다.

코드

```
a.columns.names = ["num_x1", "num_x2"]
a
```

결과

```
num_x1    A          B
num_x2    C1    C2   C1    C2
0         1.76  0.40 0.98  2.24
1         1.87 -0.98 0.95 -0.15
2        -0.10  0.41 0.14  1.45
3         0.76  0.12 0.44  0.33
4         1.49 -0.21 0.31 -0.85
```

코드

```
np.random.seed(0)
a = pd.DataFrame(np.round(np.random.randn(6, 4), 2),
                 columns=[["A", "A", "B", "B"],
                          ["C", "D", "C", "D"]],
                 index=[["M", "M", "M", "F", "F", "F"],
                        ["id_" + str(i + 1) for i in range(3)] * 2])
a.columns.names = ["num_x1", "num_x2"]
a.index.names = ["Ridx1", "Ridx2"]
a
```

결과

```
num_x1           A          B
num_x2           C     D    C     D
Ridx1 Ridx2
M     id_1   -2.55  0.65  0.86 -0.74
      id_2    2.27 -1.45  0.05 -0.19
      id_3    1.53  1.47  0.15  0.38
F     id_1   -0.89 -1.98 -0.35  0.16
      id_2    1.23  1.20 -0.39 -0.30
      id_3   -1.05 -1.42 -1.71  1.95
```

stack 메서드나 unstack 메서드를 쓰면 열 인덱스를 행 인덱스로 바꾸거나 반대로 행 인덱스를 열 인덱스로 바꿀 수 있다. stack 메서드를 실행하면 열 인덱스가 반시계 방향으로 90도 회전한 것과 비슷한 모양이 된다. 마찬가지로 unstack 메서드를 실행하면 행 인덱스가 시계 방향으로 90도 회전한 것과 비슷하다. 인덱스를 지정할 때는 문자열 이름과 순서를 표시하는 숫자 인덱스를 모두 사용할 수 있다.

코드

```
a.stack("num_x1")
```

결과

```
num_x2       C1    C2
  num_x1
0 A        1.76  0.40
  B        0.98  2.24
1 A        1.87 -0.98
  B        0.95 -0.15
2 A       -0.10  0.41
  B        0.14  1.45
3 A        0.76  0.12
  B        0.44  0.33
4 A        1.49 -0.21
  B        0.31 -0.85
```

코드

```
a.stack(0)
```

결과

```
num_x2       C1    C2
  num_x1
0 A        1.76  0.40
  B        0.98  2.24
1 A        1.87 -0.98
  B        0.95 -0.15
2 A       -0.10  0.41
  B        0.14  1.45
3 A        0.76  0.12
  B        0.44  0.33
4 A        1.49 -0.21
  B        0.31 -0.85
```

코드

```
a.unstack("Ridx2")
```

결과

```
num_x1      A                                         B
num_x2      C                 D                       C                 D
Ridx2  id_1  id_2  id_3  id_1  id_2  id_3  id_1  id_2  id_3  id_1  id_2  id_3
Ridx1
F     -0.89  1.23 -1.05 -1.98  1.20 -1.42 -0.35 -0.39 -1.71  0.16 -0.30  1.95
M     -2.55  2.27  1.53  0.65 -1.45  1.47  0.86  0.05  0.15 -0.74 -0.19  0.38
```

코드

```
a.unstack(0)
```

결과

```
num_x1     A                          B
num_x2     C           D              C           D
Ridx1      F      M    F      M       F     M     F      M
Ridx2
id_1     -0.89 -2.55 -1.98  0.65   -0.35  0.86  0.16  -0.74
id_2      1.23  2.27  1.20 -1.45   -0.39  0.05 -0.30  -0.19
id_3     -1.05  1.53 -1.42  1.47   -1.71  0.15  1.95   0.38
```

데이터프레임이 다중 인덱스를 가지는 경우에 인덱스 값이 하나의 라벨이나 숫자가 아니라 ()로 둘러싸인 튜플이 되어야 한다.

코드

```
np.random.seed(0)
a = pd.DataFrame(np.round(np.random.randn(5, 4), 2),
                 columns=[["A", "A", "B", "B"],
                          ["C1", "C2", "C1", "C2"]])
a.columns.names = ["num_x1", "num_x2"]
a[("B", "C1")]
```

결과

```
0    0.98
1    0.95
2    0.14
3    0.44
4    0.31
Name: (B, C1), dtype: float64
```

만약 하나의 레벨 값만 넣으면 다중 인덱스 중에서 가장 상위의 값을 지정한다.

코드

```
a['A']
```

결과

```
num_x2      C1    C2
0          1.76  0.40
1          1.87 -0.98
2         -0.10  0.41
3          0.76  0.12
4          1.49 -0.21
```

다중 인덱스의 인덱스 순서를 변경할 때 swaplevel 명령을 사용한다.

```
swaplevel(i, j, axis)
```

i와 j는 교환하고자 하는 인덱스 라벨(또는 인덱스 번호)이고 axis는 0일 때 행 인덱스, 1일 때 열 인덱스를 뜻한다. 디폴트는 행 인덱스이다.

코드

```
np.random.seed(0)
a = pd.DataFrame(np.round(np.random.randn(6, 4), 2),
                 columns=[["A", "A", "B", "B"],
                          ["C", "D", "C", "D"]],
                  index=[["M", "M", "M", "F", "F", "F"],
                        ["id_" + str(i + 1) for i in range(3)] * 2])
a.columns.names = ["num_x1", "num_x2"]
a.index.names = ["Ridx1", "Ridx2"]

a1= a.swaplevel("Ridx1", "Ridx2")
a1
```

결과

```
num_x1         A           B
num_x2         C     D     C     D
Ridx2 Ridx1
id_1  M     1.76  0.40  0.98  2.24
id_2  M     1.87 -0.98  0.95 -0.15
id_3  M    -0.10  0.41  0.14  1.45
id_1  F     0.76  0.12  0.44  0.33
id_2  F     1.49 -0.21  0.31 -0.85
id_3  F    -2.55  0.65  0.86 -0.74
```

다중 인덱스가 있는 데이터프레임을 sort_index로 정렬할 때는 level 인수를 사용하여 어떤 인덱스를 기준으로 정렬하는지 알려주어야 한다.

코드

```
a1.sort_index(level=0)
```

결과

```
num_x1         A           B
num_x2         C     D     C     D
Ridx2 Ridx1
id_1  F       0.76  0.12  0.44  0.33
      M       1.76  0.40  0.98  2.24
id_2  F       1.49 -0.21  0.31 -0.85
      M       1.87 -0.98  0.95 -0.15
id_3  F      -2.55  0.65  0.86 -0.74
      M      -0.10  0.41  0.14  1.45
```

3.2.5 데이터프레임 합성

판다스는 두 개 이상의 데이터프레임을 하나로 합치는 데이터 병합(merge)이나 연결(concatenate)을 지원한다. merge() 함수는 두 데이터프레임의 공통 열 혹은 인덱스를 기준으로 두 개의 테이블을 합친다. 이때 기준이 되는 열, 행의 데이터를 키(key)라고 한다. 두 개의 데이터프레임을 작성한다.

코드

```
df1 = pd.DataFrame({"ID": [1, 2, 3, 4, 5],
           "name": ["이종원", "윤인성", "한선관", "김태령", "박지훈"],
           "age": [20, 35, 56, 40, 28]})
df1
```

결과

```
   ID  name   age
0  1   이종원   20
1  2   윤인성   35
2  3   한선관   56
3  4   김태령   40
4  5   박지훈   28
```

코드

```
df2 = pd.DataFrame({"ID": [1, 2, 3, 4, 5],
          "fruit": ["사과", "딸기", "바나나", "포도", "수박"],
          "price": [5000, 4000, 3000, 2000, 1000]})
df2
```

결과

```
   ID  fruit  price
0  1   사과   5000
1  2   딸기   4000
2  3  바나나  3000
3  4   포도   2000
4  5   수박   1000
```

concat() 함수를 사용해 데이터를 이어 붙여보도록 한다. concat() 함수를 사용하여 데이터프레임을 이어 붙이고자 할 경우 이어 붙이려 하는 데이터프레임을 리스트 객체의 원소로 넣어야 한다.

코드

```
pd.concat([df1, df2])
```

결과

```
   ID  name   age   fruit   price
0  1  이종원  20.0   NaN    NaN
1  2  윤인성  35.0   NaN    NaN
2  3  한선관  56.0   NaN    NaN
3  4  김태령  40.0   NaN    NaN
4  5  박지훈  28.0   NaN    NaN
0  1  NaN    NaN    사과   5000.0
1  2  NaN    NaN    딸기   4000.0
2  3  NaN    NaN   바나나  3000.0
3  4  NaN    NaN    포도   2000.0
4  5  NaN    NaN    수박   1000.0
```

위의 예제에서 "df1" 객체 아래에 "df2" 객체를 이어 붙이는 코드인데 두 변수명이 같은 "ID"는 그대로 이어져 있는 반면, "ID" 변수를 제외한 나머지 변수는 두 데이터프레임의 공통변수가 아니라 어긋나 있는 것을 알 수 있다. 이번엔 오른쪽으로 이어 붙일 때 "axis" 인자에 1을 할당한다.

코드
```
pd.concat([df1, df2], axis = 1)
```

결과
```
   ID  name  age  ID  fruit  price
0   1  이종원   20   1    사과   5000
1   2  윤인성   35   2    딸기   4000
2   3  한선관   56   3   바나나   3000
3   4  김태령   40   4    포도   2000
4   5  박지훈   28   5    수박   1000
```

제대로 두 객체가 붙긴 했지만 "ID" 변수가 두 개 있다. 당장은 에러가 발생하지 않더라도 향후 코드를 작성할 때 문제가 될 수 있기에 concat() 함수를 사용하기 전에 변수명을 바꾼 다음 붙이거나 두 "ID" 변수 중 하나를 사전에 제거하여 이어 붙이는 것을 권장한다.

앞에서 발생한 문제를 해결하기 위하여 아래로 데이터프레임을 이어 붙이는 경우 해당 작업을 시행하기 전에 변수명을 통일하는 작업을 rename() 메서드를 사용해서 실시하고 concat() 함수를 사용하여 데이터 병합을 위해 변수명을 변경했으나 기존 변수들이 의미하는 바가 다르므로 참고하도록 한다.

코드
```
pd.concat([df1, df2.rename(columns = {"fruit": "name", "price": "age"})])
```

결과
```
   ID  name   age
0   1  이종원    20
1   2  윤인성    35
2   3  한선관    56
3   4  김태령    40
4   5  박지훈    28
0   1   사과  5000
1   2   딸기  4000
2   3  바나나  3000
3   4   포도  2000
4   5   수박  1000
```

먼저 df3를 다음과 같이 수정한다.

코드

```
df3 = pd.DataFrame({"ID": [1, 1, 2, 5],
...  "fruit": ["바나나", "딸기", "포도", " 사과 " ],
... "price": [5000, 4000, 3000, 2000]})
df3
```

결과

```
   ID  fruit  price
0  1   바나나  5000
1  1    딸기   4000
2  2    포도   3000
3  5    사과   2000
```

두 객체의 변수를 기준으로 합치는 merge() 메서드는 다음과 같다. 기본적으로는 양쪽 데이터프레임에 모두 키가 존재하는 데이터만 보여주는 내부 조인(inner join) 방식을 사용한다.

코드

```
pd.merge(df1, df3)
```

결과

```
   ID  name   age  fruit  price
0  1   이종원  20   바나나  5000
1  1   이종원  20   딸기    4000
2  2   윤인성  35   포도    3000
3  5   박지훈  28   사과    2000
```

외부 조인(outer join) 방식은 키 값이 한쪽에만 있어도 데이터를 보여준다.

코드

```
pd.merge(df1, df3, how='outer')
```

결과

```
   ID  name   age  fruit  price
0  1   이종원  20   바나나  5000.0
1  1   이종원  20   딸기    4000.0
2  2   윤인성  35   포도    3000.0
3  3   한선관  56   NaN     NaN
4  4   김태령  40   NaN     NaN
5  5   박지훈  28   사과    2000.0
```

왼쪽 조인(left join), 오른쪽 조인(right join) 방식은 각각 첫 번째 혹은 두 번째 데이터프레임의 키 값을 모두 보여준다.

코드

```
pd.merge(df1, df3, how='left')
```

결과

```
   ID  name  age  fruit  price
0   1  이종원  20   바나나  5000.0
1   1  이종원  20   딸기   4000.0
2   2  윤인성  35   포도   3000.0
3   3  한선관  56   NaN    NaN
4   4  김태령  40   NaN    NaN
5   5  박지훈  28   사과   2000.0
```

코드

```
pd.merge(df1, df3, how='right')
```

결과

```
   ID  name  age  fruit  price
0   1  이종원  20   바나나  5000
1   1  이종원  20   딸기   4000
2   2  윤인성  35   포도   3000
3   5  박지훈  28   사과   2000
```

3.2.6 시계열 자료

시계열 자료는 인덱스가 날짜 혹은 시간인 데이터를 말한다. 판다스에서 시계열 자료를 생성하려면 인덱스를 DatetimeIndex 자료형으로 만들어야 한다.

DatetimeIndex() 함수는 특정한 순간에 기록된 타임스탬프(timestamp) 형식의 시계열 자료를 다루기 위한 인덱스이다. DatetimeIndex 인덱스는 다음과 같은 보조 함수를 사용하여 생성한다. pd.to_datetime 함수를 쓰면 날짜/시간을 나타내는 문자열을 자동으로 datetime 자료형으로 바꾼 후 DatetimeIndex 자료형 인덱스를 생성한다.

코드

```
date_str = ["2023, 7, 1", "2023, 7, 4", "2023, 7, 5", "2023, 7, 6"]
a = pd.to_datetime(date_str)
a
```

결과

```
DatetimeIndex(['2023-07-01', '2023-07-04', '2023-07-05',
   '2023-07-06'], dtype='datetime64[ns]', freq=None)
```

이렇게 만들어진 인덱스를 사용하여 시리즈나 데이터프레임을 생성하면 된다.

코드

```
np.random.seed(0)
s = pd.Series(np.random.randn(4), index=a)
s
```

결과

```
2023-07-01    1.764052
2023-07-04    0.400157
2023-07-05    0.978738
2023-07-06    2.240893
dtype: float64
```

date_range() 함수를 쓰면 모든 날짜/시간을 일일히 입력할 필요 없이 시작일과 종료일 또는 시작일과 기간을 입력하면 범위 내의 인덱스를 생성해준다.

코드

```
pd.date_range("2023-7-1", "2023-7-31")
```

결과

```
DatetimeIndex(['2023-07-01', '2023-07-02', '2023-07-03', '2023-07-04',
               '2023-07-05', '2023-07-06', '2023-07-07', '2023-07-08',
               '2023-07-09', '2023-07-10', '2023-07-11', '2023-07-12',
               '2023-07-13', '2023-07-14', '2023-07-15', '2023-07-16',
               '2023-07-17', '2023-07-18', '2023-07-19', '2023-07-20',
               '2023-07-21', '2023-07-22', '2023-07-23', '2023-07-24',
               '2023-07-25', '2023-07-26', '2023-07-27', '2023-07-28',
               '2023-07-29', '2023-07-30', '2023-07-31'],
              dtype='datetime64[ns]', freq='D')
```

freq 인수를 사용하면 특정한 날짜만 생성되도록 할 수도 있다. 많이 사용되는 freq 인수값은 다음과 같다.

- s: 초
- T: 분
- H: 시간
- D: 일(day)
- B: 주말이 아닌 평일
- W: 주(일요일)
- W-MON: 주(월요일)
- M: 각 달(month)의 마지막 날
- MS: 각 달의 첫날
- BM: 주말이 아닌 평일 중에서 각 달의 마지막 날
- BMS: 주말이 아닌 평일 중에서 각 달의 첫날
- WOM-2THU: 각 달의 두 번째 목요일

코드

```
pd.date_range("2023-1-1", "2023-12-31", freq="W")
```

결과

```
DatetimeIndex(['2023-01-01', '2023-01-08', '2023-01-15', '2023-01-22',
               '2023-01-29', '2023-02-05', '2023-02-12', '2023-02-19',
               '2023-02-26', '2023-03-05', '2023-03-12', '2023-03-19',
               '2023-03-26', '2023-04-02', '2023-04-09', '2023-04-16',
               '2023-04-23', '2023-04-30', '2023-05-07', '2023-05-14',
               '2023-05-21', '2023-05-28', '2023-06-04', '2023-06-11',
               '2023-06-18', '2023-06-25', '2023-07-02', '2023-07-09',
               '2023-07-16', '2023-07-23', '2023-07-30', '2023-08-06',
               '2023-08-13', '2023-08-20', '2023-08-27', '2023-09-03',
               '2023-09-10', '2023-09-17', '2023-09-24', '2023-10-01',
               '2023-10-08', '2023-10-15', '2023-10-22', '2023-10-29',
               '2023-11-05', '2023-11-12', '2023-11-19', '2023-11-26',
               '2023-12-03', '2023-12-10', '2023-12-17', '2023-12-24',
               '2023-12-31'],
              dtype='datetime64[ns]', freq='W-SUN')
```

코드

```
pd.date_range("2023-1-1", "2023-12-31", freq="MS")
```

결과

```
DatetimeIndex(['2023-01-01', '2023-02-01', '2023-03-01', '2023-04-01',
               '2023-05-01', '2023-06-01', '2023-07-01', '2023-08-01',
               '2023-09-01', '2023-10-01', '2023-11-01', '2023-12-01'],
              dtype='datetime64[ns]', freq='MS')
```

- Q-JAN: 각 분기의 첫 달의 마지막 날
- Q-DEC: 각 분기의 마지막 달의 마지막 날

시계열 데이터의 인덱스는 시간이나 날짜를 나타내기 때문에 날짜 이동 등의 다양한 연산이 가능하다. 예를 들어, shift 연산을 사용하면 인덱스는 그대로 두고 데이터만 이동할 수도 있다.

코드

```
np.random.seed(0)
t = pd.Series(np.random.randn(4), index=pd.date_range(
    "2023-1-1", periods=4, freq="M"))
t
```

결과

```
2023-01-31    1.867558
2023-02-28   -0.977278
2023-03-31    0.950088
2023-04-30   -0.151357
Freq: M, dtype: float64
```

코드

```
t.shift(1)
```

결과

```
2023-01-31         NaN
2023-02-28    1.867558
2023-03-31   -0.977278
2023-04-30    0.950088
Freq: M, dtype: float64
```

코드

```
t.shift(-1)
```

결과

```
2023-01-31   -0.977278
2023-02-28    0.950088
2023-03-31   -0.151357
2023-04-30     NaN
Freq: M, dtype: float64
```

코드

```
t.shift(1,freq="M")
```

결과

```
2023-02-28    1.867558
2023-03-31   -0.977278
2023-04-30    0.950088
2023-05-31   -0.151357
Freq: M, dtype: float64
```

resample 연산을 쓰면 시간 간격을 재조정하는 리샘플링(resampling)이 가능하다. 이때 시간 구간이 작아지면 데이터양이 증가한다고 해서 업-샘플링(up-sampling)이라 하고 시간 구간이 커지면 데이터양이 감소한다고 해서 다운-샘플링(down-sampling)이라 부른다.

코드

```
t = pd.Series(np.random.randn(100), index=pd.date_range(
    "2023-1-1", periods=100, freq="D"))
t.tail(20)
```

결과

```
2023-03-22   -1.070753
2023-03-23    1.054452
2023-03-24   -0.403177
2023-03-25    1.222445
2023-03-26    0.208275
2023-03-27    0.976639
2023-03-28    0.356366
2023-03-29    0.706573
2023-03-30    0.010500
2023-03-31    1.785870
2023-04-01    0.126912
2023-04-02    0.401989
```

	2023-04-03 1.883151 2023-04-04 -1.347759 2023-04-05 -1.270485 2023-04-06 0.969397 2023-04-07 -1.173123 2023-04-08 1.943621 2023-04-09 -0.413619 2023-04-10 -0.747455 Freq: D, dtype: float64

코드	`t.resample('W').mean()`
결과	2023-01-01 -0.103219 2023-01-08 0.524167 2023-01-15 -0.041006 2023-01-22 0.419134 2023-01-29 -0.185249 2023-02-05 -0.244474 2023-02-12 -0.592162 2023-02-19 -0.076485 2023-02-26 -0.627297 2023-03-05 -0.223782 2023-03-12 -0.305585 2023-03-19 0.300772 2023-03-26 0.287157 2023-04-02 0.623550 2023-04-09 0.084455 2023-04-16 -0.747455 Freq: W-SUN, dtype: float64

코드	`t.resample('M').first()`
결과	2023-01-31 -0.103219 2023-02-28 -0.302303 2023-03-31 0.462782 2023-04-30 0.126912 Freq: M, dtype: float64

날짜가 아닌 시/분 단위에서는 구간 위 왼쪽 한계값은 포함하고 오른쪽 한계값은 포함하지 않는다. 즉 가장 늦은 값은 다음 구간에 포함된다. 예를 들어, 10분 간격으로 구간을 만들면 10의 배수가 되는 시각은 구간의 시작점이 된다.

코드

```
t = pd.Series(np.random.randn(60), index=pd.date_range(
    "2023-1-1", periods=60, freq="T"))
t.head(20)
```

결과

```
2023-01-01 00:00:00    1.922942
2023-01-01 00:01:00    1.480515
2023-01-01 00:02:00    1.867559
2023-01-01 00:03:00    0.906045
2023-01-01 00:04:00   -0.861226
2023-01-01 00:05:00    1.910065
2023-01-01 00:06:00   -0.268003
2023-01-01 00:07:00    0.802456
2023-01-01 00:08:00    0.947252
2023-01-01 00:09:00   -0.155010
2023-01-01 00:10:00    0.614079
2023-01-01 00:11:00    0.922207
2023-01-01 00:12:00    0.376426
2023-01-01 00:13:00   -1.099401
2023-01-01 00:14:00    0.298238
2023-01-01 00:15:00    1.326386
2023-01-01 00:16:00   -0.694568
2023-01-01 00:17:00   -0.149635
2023-01-01 00:18:00   -0.435154
2023-01-01 00:19:00    1.849264
```

datetime 자료형 시리즈에는 dt 접근자가 있어 datetime 자료형이 가진 몇 가지 유용한 속성과 메서드를 사용할 수 있다.

코드

```
s = pd.Series(pd.date_range("2022-12-25", periods=100, freq="D"))
s
```

결과

```
0     2022-12-25
1     2022-12-26
2     2022-12-27
3     2022-12-28
4     2022-12-29
           ...
95    2023-03-30
96    2023-03-31
97    2023-04-01
98    2023-04-02
99    2023-04-03
Length: 100, dtype: datetime64[ns]
```

여기에서 year, month, day, weekday 등의 속성을 이용하면 년, 월, 일, 요일 정보를 빼낼 수 있다.

코드

```
s.dt.year
```

결과

```
0      2022
1      2022
2      2022
3      2022
4      2022
       ...
95     2023
96     2023
97     2023
98     2023
99     2023
Length: 100, dtype: int32
```

코드	s.dt.weekday
결과	0 6 1 0 2 1 3 2 4 3 ... 95 3 96 4 97 5 98 6 99 0 Length: 100, dtype: int32

strftime 메서드를 이용하여 문자열을 만들어 사용한다.

코드	s.dt.strftime("%Y년 %m월 %d일")
결과	0 2022년 12월 25일 1 2022년 12월 26일 2 2022년 12월 27일 3 2022년 12월 28일 4 2022년 12월 29일 ... 95 2023년 03월 30일 96 2023년 03월 31일 97 2023년 04월 01일 98 2023년 04월 02일 99 2023년 04월 03일 Length: 100, dtype: object

/ 단원정리 문제 /

01 다음 중 0부터 300 사이의 값이 무작위로 들어 있는 5×5 크기의 2차원 넘파이 배열을 생성하는 구문을 고르시오.

① np.random.randint(0, 300, size=(5, 5))

② np.random.random(0, 300, size=5)

③ np.random.randint(0, 300, size=5)

④ np.random.random(0, 300, size=(5, 5))

02 넘파이 배열을 생성하는 함수에 대해 각 항목이 설명하는 것을 보기에서 골라 적으시오.

np.array()	np.arange()	np.ones()	np.zeros()
np.empty()	np.full()	np.identity()	

① 파이썬의 range() 함수와 유사하지만 넘파이 배열용으로 주로 사용한다.

② 배열을 생성하지만 초기화하지 않는다. 즉 쓰레기 값이 들어 있을 수 있다.

③ 대각선은 1로, 나머지는 0으로 채워진 2차원 넘파이 배열을 생성한다.

④ 파이썬 리스트를 넘파이 배열로 변환한다.

03 다음 코드를 실행할 경우 예상되는 결과값을 적으시오.

```
import numpy as np
a = np.array([[4, 8], [2, 9]])
print(a * a)
```

04 A = np.array([[3, 22, 2], [3, 1, 5]]), B = np.array([[6, 7, 9], [2, 1, 3]])일 때, 다음 중 연산이 실행되지 않고 오류가 발생하는 것을 고르시오.

① A * B　　② A.dot(B)

③ A.T.dot(B)　　④ A.dot(B.T)

05 다음 코드를 실행할 경우 예상되는 결과값을 적으시오.

```
a = np.arange(1, 10).reshape(3, 3)
b = np.arange(6).reshape(2, 3)
a.dot(b.T)
```

06 다음 코드를 실행할 경우 예상되는 결과값을 적으시오.

```
a = np.arange(6).reshape(2, 3)
b = a > 4
a[b]
```

07 다음 코드를 실행할 경우 예상되는 결과값을 적으시오.

```
arr = np.array([[17, 27, 14, 11],
                [8, 24, 25, 26],
                [11, 26, 26, 23],
                [22, 18, 24, 11]])
print(arr[[0, 2, 1]])
```

08 데이터프레임에 대한 설명 중 옳지 않은 것을 고르시오.

① 넘파이 배열과 달리 다양한 데이터 형식을 열마다 다르게 지정할 수 있다.

② 2차원 구조를 갖는다.

③ 엑셀의 워크시트와 개념이 비슷하다.

④ 1차원 및 2차원을 모두 데이터프레임이라고 부른다.

09 다음 코드를 실행할 경우 예상되는 결과값을 적으시오.

```
ipl_data = {'Team': ['Riders', 'Riders', 'Devils', 'Devils', 'Kings',
                     'kings', 'Kings', 'Kings', 'Riders', 'Royals', 'Royals', 'Riders'],
  'Rank': [1, 2, 2, 3, 3, 4, 1, 1, 2, 4, 1, 2],
  'Year': [2014, 2015, 2014, 2015, 2014, 2015, 2016, 2017, 2016, 2014, 2015, 2017],
        'Points': [876, 789, 863, 673, 741, 812, 756, 788, 694, 701, 804, 690]}
df = pd.DataFrame(ipl_data)
df.groupby("Team")["Points"].mean()
```

10 두 개의 데이터프레임을 병합하기 위해 merge 함수를 사용할 수 있다. 다음 중 merge 함수의 매개변수 중 설명이 맞는 것을 고르시오.

① how: 병합할 유형을 지정하고 full, left, right, inner가 있다.

② on: 어떤 키를 기준으로 병합할 것인지 지정한다.

③ right_index: right_index에 어떤 열을 병합할지를 지정한다.

④ left: left index를 포함할지에 대한 여부를 True 또는 False로 반환한다.

11 다음 코드를 실행할 경우 예상되는 결과값을 적으시오.

```
data = [['Choi', 29], ['Kim', 32], ['Jung', 27], ['Lee', 25]]
df = pd.DataFrame(data, columns=['Name', 'Age'], index=[1, 2, 3, 4])
df.iloc[2]['Age']
```

12 다음 코드를 실행할 경우 예상되는 결과값을 적으시오.

```
dict = {'Korea': {2019: 4.6, 2020: 5.7, 2021: 4.8},
        'Japn': {2020: 1.5, 2020: 1.5, 2021: 1.6}}
df = pd.DataFrame(dict).T
```

13 데이터프레임 df에서 나이가 25세 이상이면서 성별이 '여자'인 데이터를 조회하는 코드를 작성하시오.

14 다음 코드의 의미를 가장 잘 표현한 것을 고르시오.

```
df.loc['여섯'] = { '이름':'보라', '꽃':'민들레', '키': 163, '나이':34}
```

① 데이터프레임에 한 개 행을 추가했다.
② 데이터프레임에 한 개 열을 추가했다.
③ 데이터프레임에 '여섯' 행의 값을 변경했다.
④ 데이터프레임에서 딕셔너리 값을 추출했다.

15 데이터프레임의 결과가 다음과 같을 때, '민영'을 추출하는 코드가 아닌 것을 고르시오.

```
[실행 결과]
     이름  나이    생일
하나 유정   30   1991.5.2
둘   유나   28   1993.4.6
셋   민영   31   1990.9.12
넷   은지   29   1992.7.19
```

① df.loc['셋', '이름']　　② df.iloc['셋', '이름']
③ df.loc['셋'] ['이름']　　④ df2.iloc[2,0]

16 0부터 17까지의 정수 데이터를 넣은 넘파이 1차원 배열을 생성하고 3행 6열로 변형하고 결과를 출력하고 행과 열을 교차하여 6행 3열로 만들어 출력하시오.

17 다음 코드를 실행할 경우 예상되는 결과값을 적으시오.

```
a=np.array([1,2,3,4,5,6,7])
a>3
```

18 다음 코드를 실행할 경우 예상되는 결과값을 적으시오.

```
a=np.arange(6)
a[-3]
```

19 주어진 데이터프레임 df에서 'Gender' 열의 값이 'Male'인 행의 수를 계산하는 코드를 적으시오.

20 주어진 데이터프레임 df에서 'Age' 열의 결측치(null 값)의 개수를 계산하는 계산코드를 적으시오.

4장

빅데이터 분석 시각화

4.1 맷플롯립(Matplotlib)

4.2 시본(Seaborn)

4.3 폴리움(Folium)

4.4 워드클라우드(WordCloud)

4장 빅데이터 분석 시각화

빅데이터 분석을 시각화하기 위해 맷플롯립(Matplotlib), 시본(Seaborn), 폴리움(Folium) 라이브러리에 대해 알아본다. 그리고 텍스트 데이터를 시각적으로 표현해 텍스트의 의미를 쉽게 파악할 수 있는 워드클라우드(WordCloud)의 작성방법에 대해 알아본다.

4.1 맷플롯립(Matplotlib)

맷플롯립(Matplotlib)은 다양한 데이터 처리 시각화를 위한 그래프를 생성할 때 사용하는 라이브러리이다. 데이터 시각화를 위해 다양한 시각화 작업을 처리할 수 있는 시각화 라이브러리가 필요하다. 맷플롯립은 막대그래프, 선그래프, 히스토그램, 산점도(스캐터 플롯), 박스 플롯(상자 그림), 면적 등 통계그래프 외에도 저수준의 API를 사용한 다양한 시각화 도구를 제공한다.

맷플롯립을 이용하면 다양한 유형의 그래프를 몇 줄의 코드로 간편하게 그릴 수 있으며, 데이터 계열, 눈금, 범례, 제목 등의 다양한 그래프 구성요소를 커스터마이징할 수 있다.

맷플롯립은 넘파이 배열, 판다스 데이터프레임 또는 시리즈, 파이썬 리스트를 그래프로 시각화한다. 먼저 시각화 작업에 필요한 라이브러리를 로드한다. 설치할 패키지 이름은 matplotlib이다.

```
pip install matplotlib                     #코랩 이외는 설치 필요
```

▼ 맷플롯립 예제

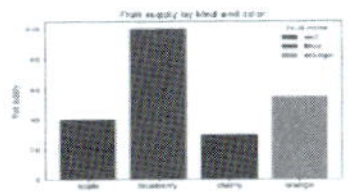
Bar color demo

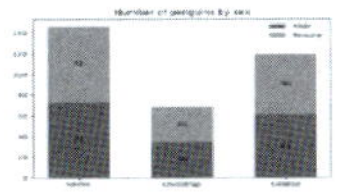
Bar Label Demo

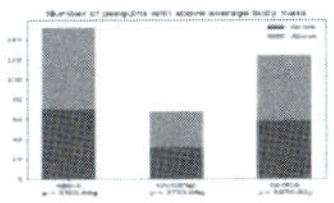
Stacked bar chart

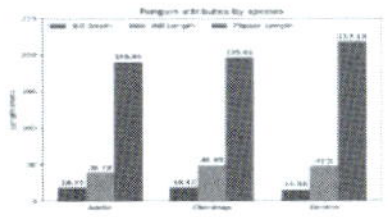
Grouped bar chart with labels

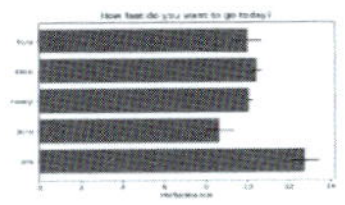
Horizontal bar chart

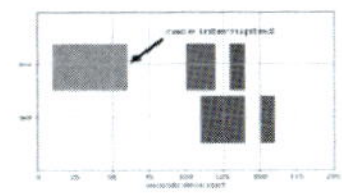
Broken Barh

CapStyle

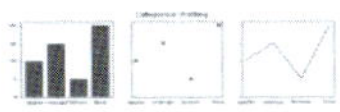
Plotting categorical variables

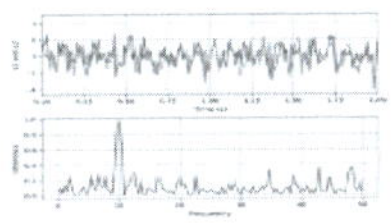
Plotting the coherence of two signals

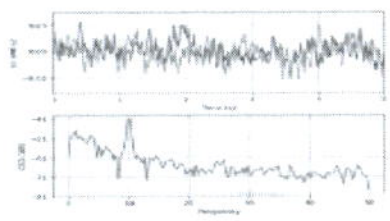
Cross spectral density (CSD)

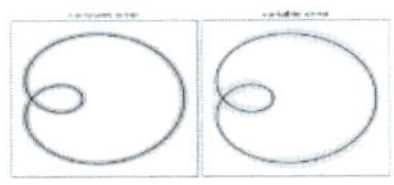
Curve with error band

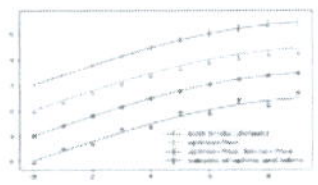
Errorbar limit selection

출처: https://matplotlib.org/stable/gallery/index.html

4.1.1 선그래프

다양한 파라미터를 사용하면 선그래프 스타일을 지정할 수 있다.

❶ linestyle은 선의 스타일을 지정한다.

설명	실선 (Solid line style)	대시선 (Dashed line style)	점선 (Dotted line style)	대시점선 (Dash-dot line style)
문자열	'–'	'– –'	':'	'—'

❷ 16진수 코드(Hex code)로 더욱 다양한 색 종류를 지정할 수 있다.

color	blue	green	red	cyan	magenta	yellow	black	white
문자열	‘b’	‘g’	‘r’	‘c’	‘m’	‘y’	‘k’	‘w’
색상	파란색	초록색	빨간색	청록색	자홍색	노란색	검은색	흰색

❸ marker 파라미터를 사용하면 더욱 다양한 마커 형태를 지정할 수 있다.

문자열	설명	문자열	설명
‘.’	point marker	‘s’	square marker
‘,’	pixel marker	‘p’	pentagon marker
‘o’	circle marker	‘*’	star marker
‘v’	triangle_down marker	‘h’	hexagon1 marker
‘^’	triangle_up marker	‘H’	hexagon2 marker
‘<’	triangle_left marker	‘+’	plus marker
‘>’	triangle_right marker	‘x’	x marker
‘1’	tri_down marker	‘D’	diamond marker
‘2’	tri_up marker	‘d’	thin_diamond marker
‘3’	tri_left marker	‘|’	vline marker
‘4’	tri_right marker	‘_’	hline marker

맷플롯립 모듈을 사용하면 다양한 종류의 그래프를 생성하고 스타일을 변경하고, 그래프를 저장할 수 있다. figure 객체는 맷플롯립에서 그래프를 나타내는 객체이다. 그래프의 크기, 위치, 레이아웃을 설정할 수 있다. axes 객체는 맷플롯립에서 그래프의 축을 나타내는 객체이다. 그래프의 x축과 y축을 설정할 수 있다.

아래는 판다스와 맷플롯립를 사용하여 데이터를 시각화하는 예이다.

코드

```
# 모듈 로딩
import pandas as pd
import matplotlib.pyplot as plt

# figure 객체를 생성
fig=plt.figure()

# axes 객체를 생성
ax=plt.axes()
```

결과

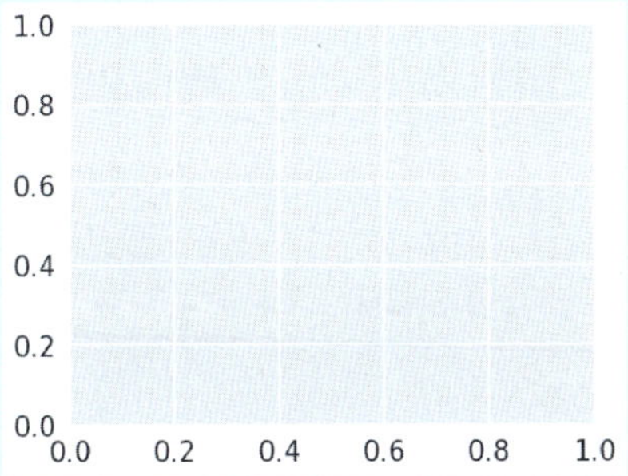

linspace() 함수는 특정 범위의 값을 일정한 간격으로 생성하는 함수이다.

코드

```
#x축의 값을 0부터 10까지 1000개의 값으로 생성
x=np.linspace(0,10, 1000)

# sin 함수를 사용하여 y축의 값을 생성하여 그래프 출력
ax.plot(x, np.sin(x))
```

결과

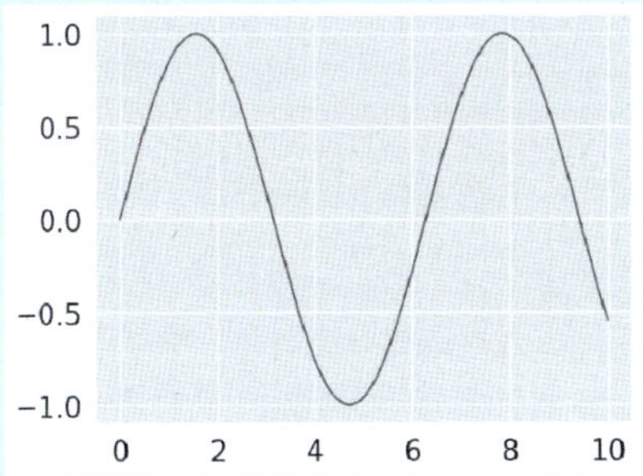

sin(x)와 cos(x)는 삼각함수의 기본 함수이다. sin(x)는 x축의 값을 입력하면 y축에 그에 대응하는 함수값을 출력하는 함수이고, cos(x)는 x축의 값을 입력하면 y축에 그에 대응하는 함수값을 출력하는 함수이다.

코드

```
# x축에 x값을, y축에 sin(x) 값을 표시
plt.plot(x, np.sin(x))

# x축에 x값을, y축에 cos(x) 값을 표시
plt.plot(x, np.cos(x))
```

결과

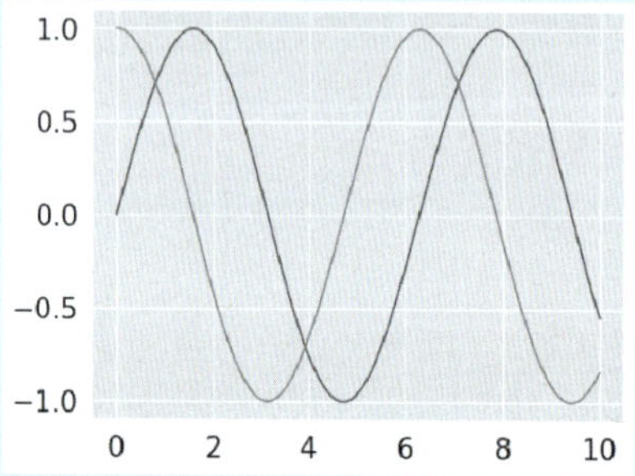

plot() 함수는 세 개의 인자를 취한다. x 좌표, y 좌표, 그리고 점의 색이다. 첫 번째 그래프는 기본색, 두 번째 그래프는 빨간색, 세 번째 그래프는 초록색, 네 번째 그래프는 0.2의 회색, 다섯 번째 그래프는 #0100FF의 파란색, 여섯 번째 그래프는 chartreuse의 색이다.

color 인자는 이름 색, 16진수 색 코드, x와 y인자는 목록, 넘파이 배열, 또는 범위 객체와 같은 반복 가능한 객체가 될 수 있다. 이 코드를 실행하면 다음과 같은 그래프가 생성된다.

코드

```
# 이 코드는 6개의 sin 함수 그래프

# 첫 번째 그래프는 기본색
plt.plot(x, np.sin(x))
```

```
# 두 번째 그래프는 빨간색
plt.plot(x, np.sin(x-0), color='red')

# 세 번째 그래프는 초록색
plt.plot(x, np.sin(x-1), color='g')

# 네 번째 그래프는 0.2의 회색
plt.plot(x, np.sin(x-2), color='0.2')

# 다섯 번째 그래프는 #0100FF의 파란색
plt.plot(x, np.sin(x-3), color='#0100FF')

# 여섯 번째 그래프는 chartreuse의 색
plt.plot(x, np.sin(x-4), color='chartreuse')
```

결과

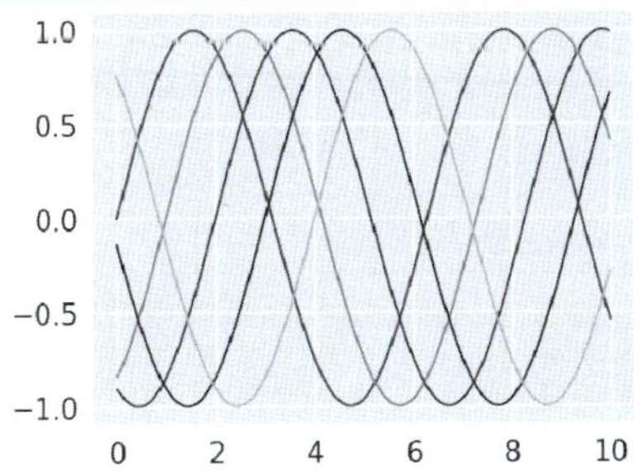

선그래프는 시간에 따라 달라지는 데이터를 표현할 때 사용한다. 예를 들어, 주가지수, 경제지표, 환율 변화처럼 시간에 따라 변하는 양상을 선그래프로 표현한다. 선그래프는 데이터의 변화 추세를 시각적으로 보여주는 데 유용하다. 선그래프를 사용하여 데이터의 변화 추세를 이해하면 데이터를 분석하고 의사결정을 내리는 데 도움이 된다.

맷플롯립의 plot() 함수는 선그래프를 그리는 함수이다. 다음은 plot() 함수의 파라미터이다.

속성	설명
x	x축 좌표값을 지정하는 리스트 또는 배열
y	y축 값을 지정하는 리스트 또는 배열
fmt	선의 스타일을 지정하는 문자열(기본값: '–')
color	선의 색상을 지정하는 문자열(기본값: 'black')
linestyle	선의 스타일을 지정하는 문자열(기본값: '–')
linewidth	선의 굵기를 지정하는 값(기본값: 1.0)
alpha	선의 투명도를 지정하는 값(기본값: 1.0)
marker	마커의 종류를 지정하는 문자열(기본값: None)
markersize	마커의 크기를 지정하는 값(기본값: 6)
markeredgewidth	마커의 테두리 굵기를 지정하는 값(기본값: 0.7)
markerfacecolor	마커의 색상을 지정하는 문자열(기본값: 'black')
markeredgecolor	마커의 테두리 색상을 지정하는 문자열(기본값: 'black')
label	선에 레이블을 지정하는 문자열
**kwargs	기타 맷플롯립 그래프 속성을 지정하는 딕셔너리

다음은 맷플롯립 모듈에서 기본 그래프를 생성하는 방법이다. 이 코드를 실행하면 다음과 같은 그래프가 생성된다. 이 그래프는 x축이 0부터 4까지, y축이 0부터 60까지이다. 그래프에는 10, 20, 15, 28, 60의 데이터 포인트가 선그래프로 나타난다.

코드

```
# 모듈 로딩
import pandas as pd
import matplotlib.pyplot as plt

# 데이터프레임 데이터 준비(y값 , x값 자동 생성)
data=([10, 20, 15, 28, 60])

# 데이터 시각화(라인 플롯(선그래프)생성)
plt.plot(data)

# 그래프를 화면에 나타냄
plt.show()
```

결과

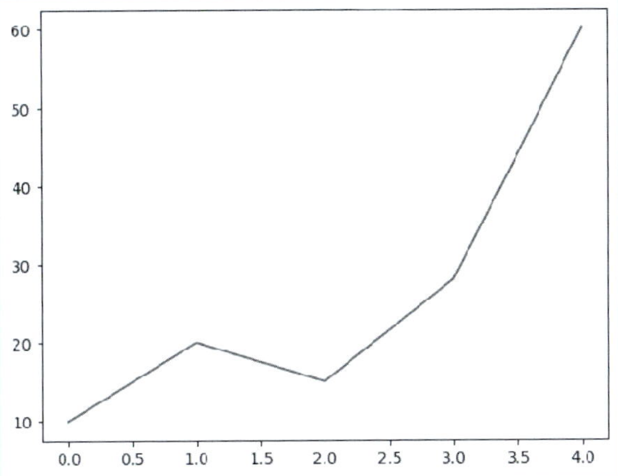

다음은 함수에 데이터를 x, y값을 직접 입력해서 그래프를 생성해보자. 데이터프레임 데이터는 딕셔너리로 선언한다. 이 경우, 데이터프레임 데이터는 {'x': [10, 23, 30, 52, 60], 'y': [10, 20, 15, 28, 60]}으로 구성된다.

xlabel() 함수를 사용해 x축의 레이블을 설정하며, ylabel() 함수를 사용해 y축의 레이블을 설정한다. xlim() 함수를 사용하여 x축의 범위를 설정하거나 ylim() 함수를 사용하여 y축의 범위를 설정한다. legend() 함수를 사용하여 그래프의 범례를 표시한다. show() 함수를 사용하여 이 코드를 실행하면 다음과 같은 그래프가 생성된다.

코드

```
# 모듈 로딩
import pandas as pd
import matplotlib.pyplot as plt

# 데이터프레임 데이터 준비
# x값, y값 지정
data_dic={'x':[10, 23, 30, 52, 60] ,'y': [10, 20, 15, 28 ,60]}
# 라인 플롯(선그래프) 생성
plt.plot('x','y' ,data=data_dic, label='line')
# x축 레이블 설정
plt.xlabel('X_AxisLable')
```

```
# y축 레이블 설정
plt.ylabel('Y_AxisLable')
# x축의 범위: [xmin, xmax]
plt.xlim([0,80])
# y축의 범위: [ymin, ymax]
plt.ylim([0,80])
# 범례 표시
plt.legend()
# 그래프를 화면에 나타냄
plt.show()
```

결과

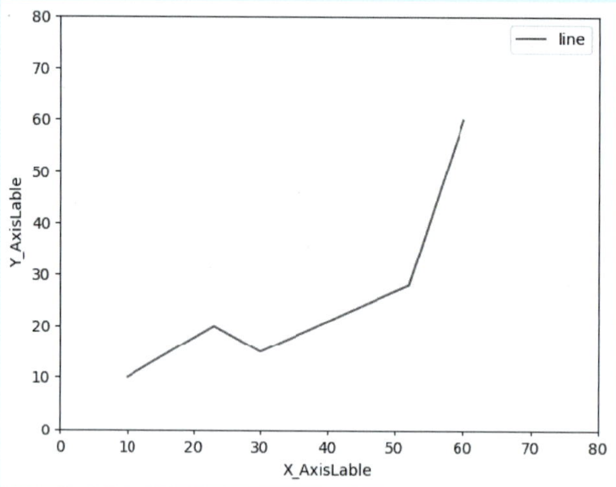

legend() 함수를 사용하여 그래프의 범례를 표시하고, grid(True, axis='y') 함수를 사용하여 y축에 그리드를 표시한다. font_style={'fontsize': 15, 'fontweight': 'bold'}로 폰트 스타일을 설정하며, title('TEST result', fontdict=font_style, loc='center', pad=15) 함수를 사용하여 그래프의 제목을 설정하면 다음과 같은 그래프가 생성된다.

코드

```
plt.plot([1,2,3,4], [99,70,30,80], linestyle='solid',color='m', label='dashed')
plt.legend()                                          #범례 표시
plt.grid(True, axis='y')
font_style={'fontsize':15, 'fontweight':'bold'}
plt.title('TEST result', fontdict=font_style, loc='center', pad=15)
plt.show()                                            #그래프를 화면에 나타냄
```

결과

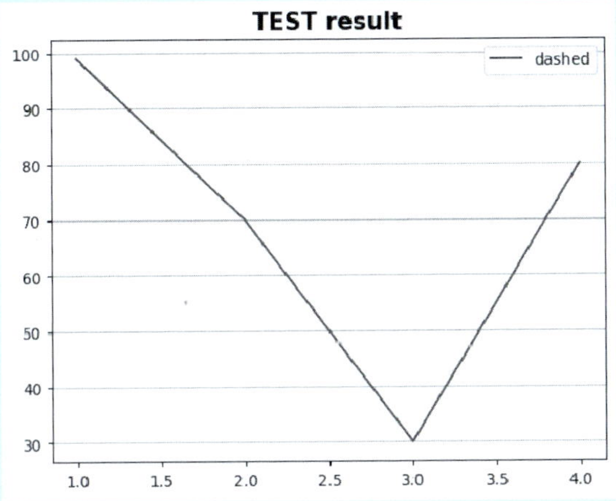

RandomState 객체는 난수를 생성하는 데 사용되는 객체이다. for 루프를 사용하여 10개의 다른 마커를 생성한다. 마커는 그래프에 데이터를 표시하는 데 사용되는 기호이다. plot() 함수를 사용하여 마커를 사용하여 데이터를 플롯한다. plot() 함수는 x축과 y축의 값을 입력으로 받아 그래프를 그린다. 이 경우, x축의 값은 r.rand(10)이고, y축의 값은 r.rand(10)이다. legend() 함수는 그래프에 표시되는 선의 이름을 입력으로 받아 범례를 표시한다. 범례의 이름은 “marker=‘{0}’”.format(marker)이다. 이 그래프는 x축이 0부터 3까지, y축이 0부터 1까지이다. 그래프에는 10개의 데이터 포인트가 있으며, 각 데이터 포인트는 다른 마커로 표시된다. 그래프의 범례에는 “marker=‘o’”, “marker=‘.’”, “marker=‘,’”, “marker=‘x’”, “marker=‘+’”, “marker=‘v’”, “marker=‘^’”, “marker=‘<’”, “marker=‘>’”, “marker=‘s’”, and “marker=‘d’”라는 레이블이 있다. 이 코드를 실행하면 다음과 같은 그래프가 생성된다.

코드

```
import matplotlib.pyplot as plt
import numpy as np
r= np.random.RandomState(0)

# 'for' 루프를 사용하여 10개의 다른 마커를 생성
for marker in ['o', '.', ',' ,'x', '+', 'v', '^', '<', '>', 's', 'd']:

# 'plt.plot()' 함수를 사용하여 마커를 사용하여 데이터를 플롯
  plt.plot(r.rand(10), r.rand(10), marker,
              label="marker='{0}'".format(marker))
# 'plt.legend()' 함수를 사용하여 범례를 표시
  plt.legend(numpoints=1)
# 'plt.xlim()' 함수를 사용하여 x축의 범위를 설정
  plt.xlim(0, 3)
plt.show()                                    # 그래프를 표시
```

결과

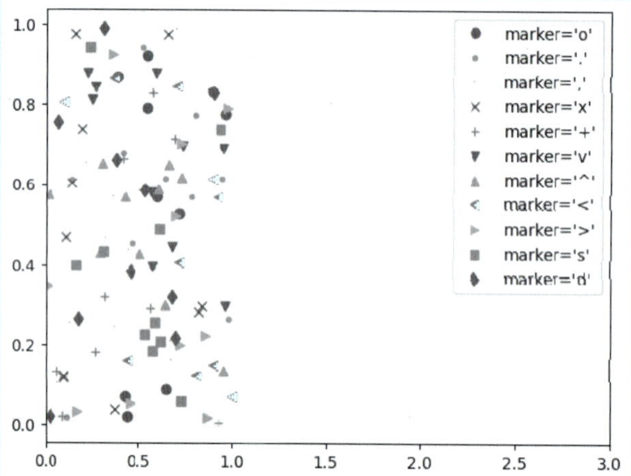

x축과 y축의 레이블을 설정한다. xlabel() 함수를 사용하여 x축의 레이블을 설정하고, ylabel() 함수를 사용하여 y축의 레이블을 설정한다. xlim() 함수를 사용하여 x축의 범위, ylim() 함수를 사용하여 y축의 범위를 설정한다.

다음으로 범례의 위치와 열 개수를 설정하여, legend() 함수를 사용하여 범례를 표시한다. loc 매개변수를 사용하여 범례의 위치를 설정하고, ncol 매개변수를 사용하여

범례의 열 개수를 설정한다. grid() 함수를 사용하여 그리드를 표시하여, 이 코드를 실행하면 다음과 같은 그래프가 생성된다.

코드

```
# 모듈 로딩
import matplotlib.pyplot as plt

# 데이터 시각화
# 빨간색+ 마커+ Solid
plt.plot([10, 50, 90], [80, 80, 80], 'rs-', label='Solid')
# 파란색+ 마커+ Dotted
plt.plot([10, 50, 90], [50, 50, 50], 'bo:', label='Dotted')
# 빨간색+ 마커+ Dashed
plt.plot([10, 50, 90], [30, 30, 30], 'r^--', label='Dashed')
# 파란색+ 마커+ Dash-dot
plt.plot([10, 50, 90], [10, 10, 10], 'b-.', label='Dash-dot')

plt.xlabel('X_AxisLable')                          #x축 레이블 설정
plt.ylabel('Y_AxisLable')                          #y축 레이블 설정
plt.xlim([0,100])                                  #x축의 범위
plt.ylim([0,100])                                  #y축의 범위
plt.legend(loc='upper right', ncol=4)              #범례 위치, 범례 열 개수
plt.grid(True)                                     #그리드 표시
plt.show()                                         #그래프를 화면에 나타냄
```

결과

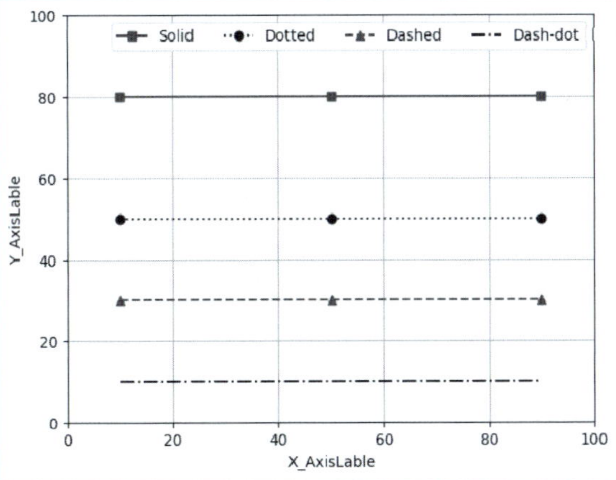

4.1.2 막대그래프

범주형 데이터 시각화에 가장 많이 사용하며, 데이터 크기를 막대의 길이로 표현되는 그래프이다. 수직 형태의 그래프는 bar() 함수, 수평 형태의 그래프는 barh()를 활용한다.

맷플롯립의 bar() 함수는 막대그래프를 그리는 함수이다. 다음은 bar() 함수의 파라미터이다.

속성	설명
x	x축 좌표 값을 지정하는 리스트 또는 배열
y	y축 값을 지정하는 리스트 또는 배열
align	막대의 정렬 방식을 지정하는 값(기본값: 'center')
color	막대의 색상을 지정하는 값(기본값: 'black')
alpha	막대의 투명도를 지정하는 값(기본값: 1.0)
label	막대에 레이블을 지정하는 값
bottom	누적 막대그래프를 그릴 때 아래 막대의 값을 지정하는 값
**kwargs	기타 맷플롯립 그래프 속성을 지정하는 딕셔너리

bar() 함수를 사용하여 x_data와 y_data의 값을 사용하여 막대그래프를 생성해보자. 먼저 x_data와 y1_data 변수를 선언한다. x_data 변수는 x축의 값을 저장하고, y1_data 변수는 y축의 값을 저장한다. bar() 함수를 사용하여 x축과 y축의 값을 사용하여 막대그래프를 표시한다. bar() 함수는 x축과 y축의 값을 입력으로 받아 막대그래프를 그린다. 이 경우, x축의 값은 x_data 변수의 값이고, y축의 값은 y1_data 변수의 값이다. 마지막으로 show() 함수를 사용하여 그래프를 화면에 나타낸다. 이 그래프는 x축이 "x"이고, y축이 "y"이다. 그래프에는 5개의 막대가 있으며, 막대의 값은 50, 60, 75, 80, 90이다. 이 코드를 실행하면 다음과 같은 그래프가 생성된다.

코드	`# x축의 값을 '1time', '2time', '3time', '4time', '5time'으로 지정`
	`x_data=['1time', '2time', '3time', '4time', '5time']`
	
	`# y축의 값을 50, 60, 75, 80, 90으로 지정`
	`y1_data=[50, 60, 75, 80, 90]`
	
	`# plt.bar() 함수를 사용하여 x축과 y축의 값을 사용하여 막대그래프를 표시`
	`plt.bar(x_data, y1_data)`
	
	`# plt.show() 함수를 사용하여 그래프를 표시`
	`plt.show()`

결과	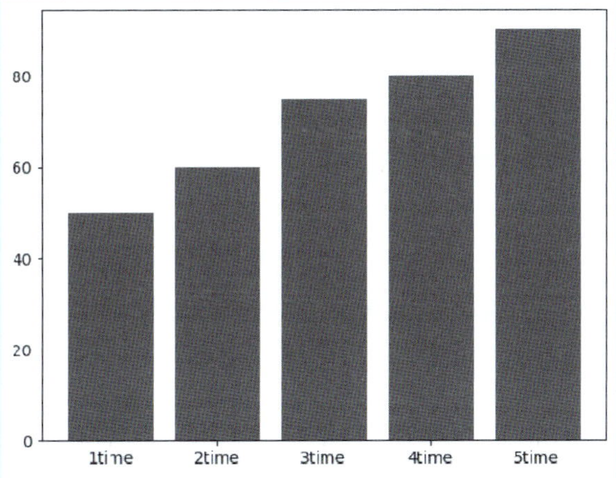

시본 라이브러리는 데이터 시각화에 사용되는 라이브러리이다. iris 데이터프레임의 species 열의 고유한 값을 가져온다. 이 값은 ['setosa', 'versicolor', 'virginica']이다.

iris 데이터프레임을 species 열로 그룹화한다. 이 그룹화는 iris 데이터프레임의 각 그룹의 petal_length 열의 평균을 계산한다.

마지막으로 bar() 함수를 사용하여 species 열의 고유한 값과 petal_length 열의 평균을 사용하여 막대그래프를 표시한다. 이 코드를 실행하면 다음과 같은 그래프가 생성된다.

코드

```
import seaborn as sns                          # 시본(seaborn) 라이브러리 불러옴
plt.bar(iris.species.unique(), iris.groupby('species').petal_length.mean())
plt.show()
```

결과

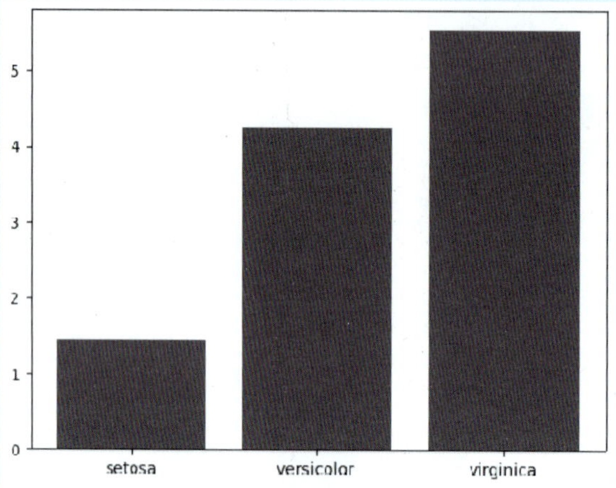

위 그래프는 x축이 "species"이고, y축이 "petal_length"이다. 이 그래프는 꽃의 종류에 따라 꽃잎의 길이가 어떻게 다른지 보여준다. setosa 꽃은 petal_length가 가장 짧고, virginica 꽃은 petal_length가 가장 길다.

iris.groupby('species').petal_length.mean() 함수는 iris 데이터프레임을 species 열로 그룹화하고 각 그룹의 petal_length 열의 평균을 계산한다. 이 함수는 각 종류의 평균 꽃잎 길이가 있는 시리즈(Series)를 반환한다.

▼ iris(붓꽃) 데이터세트

속성	설명
sepal_length	꽃받침의 길이
sepal_width	꽃받침의 넓이
petal_length	꽃잎의 길이
petal_width	꽃잎의 넓이
species	붓꽃종류(setosa, versicolor, virginica)

코드

```
plt.bar(iris.species.unique(), iris.groupby('species').petal_length.mean(),
color=['purple', 'green', 'yellow'], width=0.8)
plt.show()
```

결과

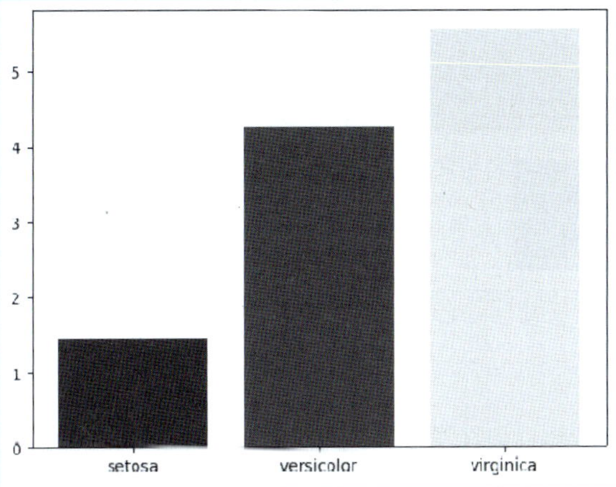

barh() 함수는 수평 막대그래프를 생성한다. 수평 막대그래프는 iris.species.unique() 값을 x축에 사용하고 각 종류의 평균 꽃잎 길이를 y축에 사용한다. color 매개변수는 막대의 색을 설정하는 데 사용된다. 이 경우 막대는 보라색, 녹색, 노란색으로 설정되었다.

이 그래프는 각 종류의 평균 꽃잎 길이를 보여준다. setosa 종은 가장 짧은 꽃잎 길이를 가지고 있으며, versicolor 종은 중간 꽃잎 길이를 가지고 있으며, virginica 종은 가장 긴 꽃잎 길이를 가지고 있다. 이 코드를 실행하면 다음과 같은 수평 막대그래프가 생성된다.

코드

```
plt.barh(iris.species.unique(), iris.groupby('species').petal_length.mean(),
color=['purple', 'green', 'yellow'])

plt.show()
```

결과

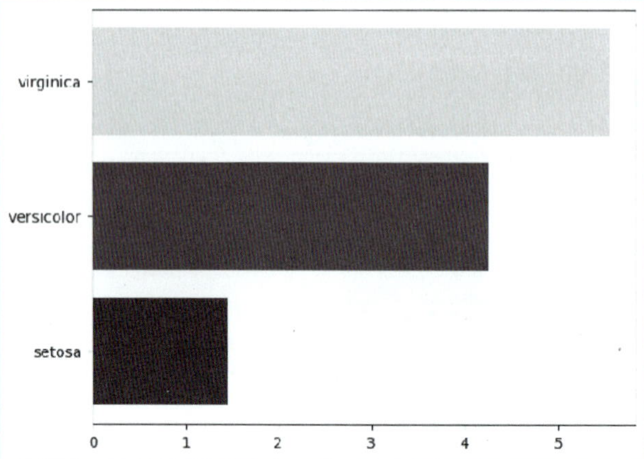

4.1.3 히스토그램

히스토그램은 막대그래프와 유사한 형태의 그래프로 연속형 데이터의 값 분포 시각화에 사용한다. 히스토그램은 데이터 분포 확인을 위해 사용하며 hist() 함수를 사용한다.

맷플롯립(Matplotlib)의 hist() 함수는 히스토그램을 그리는 함수이다. 다음은 hist() 함수의 파라미터이다.

속성	설명
data	히스토그램을 그릴 데이터를 지정하는 리스트 또는 배열
bins	히스토그램의 구간 개수를 지정하는 값(기본값: 10)
range	히스토그램의 범위를 지정하는 값(기본값: (min(data), max(data)))
density	y축 값을 빈도 대신 확률 밀도로 표시할지 여부를 지정하는 불(bool) 값(기본값: False)
facecolor	막대의 색상을 지정하는 값(기본값: black)
edgecolor	막대의 테두리 색상을 지정하는 값(기본값: black)
alpha	선의 투명도를 지정하는 값(기본값: 1.0)
label	히스토그램에 레이블을 지정하는 값
**kwargs	기타 맷플롯립(Matplotlib) 그래프 속성을 지정하는 딕셔너리

코드

```
iris=sns.load_dataset('iris')
plt.hist(iris.petal_length)
plt.show()
```

결과

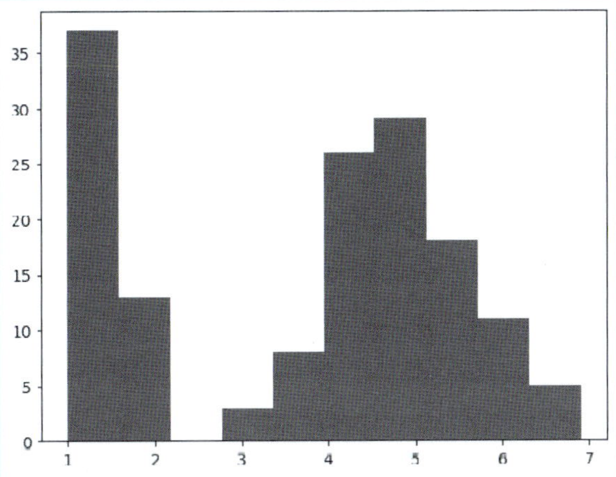

plt.hist(iris.petal_length, bins=10, label='petal_length', color='red') 함수는 꽃잎의 길이를 나타내는 petal_length 열의 히스토그램을 생성한다. 꽃잎의 길이가 0.1에서 7.9까지의 범위에서 분포하고 있음을 보여준다. 막대의 개수는 10개이고, 막대의 색은 빨간색이다. plt.hist(iris.petal_length, bins=20, label='sepal_length', color='blue') 함수는 꽃받침의 길이를 나타내는 petal_length 열의 히스토그램을 생성한다. 꽃받침의 길이가 0.1에서 7.9까지의 범위에서 분포하고 있음을 보여준다. 막대의 개수는 20개이고, 막대의 색은 파란색이다. plt.legend(loc='upper right') 함수는 히스토그램에 범례를 표시한다. 범례는 그래프의 오른쪽 상단에 표시된다. 이 코드를 실행하면 다음과 같은 히스토그램이 생성된다.

코드

```
plt.hist(iris.petal_length, bins=10, label='petal_length', color='red')
plt.hist(iris.petal_length, bins=20, label='sepal_length', color='blue')
plt.legend(loc='upper right')          #범례 표시(loc 인자는 범례의 위치를 지정)
plt.show()
```

결과

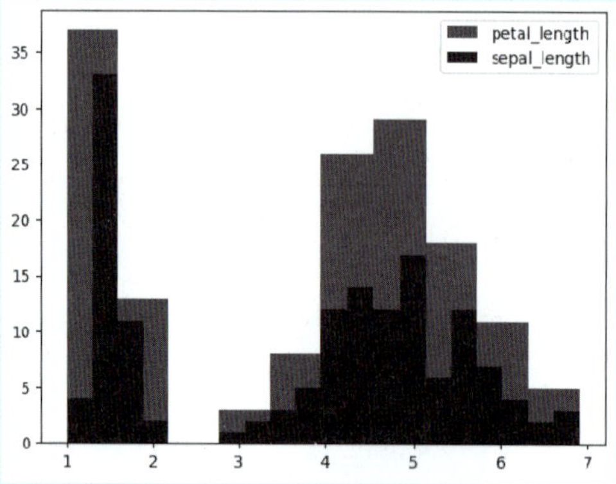

iris 데이터세트의 꽃잎 길이와 꽃받침 길이의 히스토그램을 표시한다. 히스토그램은 subplot 객체에 표시되고, 제목은 “bar”로 설정되고, 그래프의 레이아웃은 tight_layout() 함수를 사용하여 조정된다. 이 코드를 실행하면 다음과 같은 히스토그램이 생성된다.

코드

```
fig=plt.figure()
bar=fig.add_subplot()
bar.hist((iris.petal_length, iris.sepal_length), histtype='bar')
bar.title.set_text('bar')
plt.tight_layout()
plt.show()
```

결과

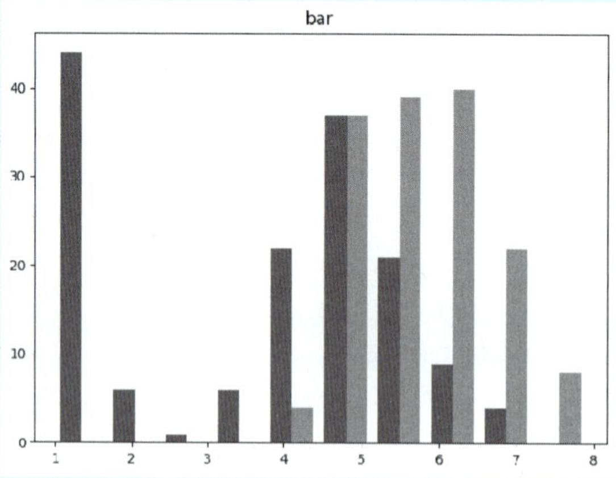

barstacked는 hist() 함수를 사용하여 iris 데이터세트의 꽃잎 길이와 꽃받침 길이의 히스토그램을 누적(stacked)으로 표시한다. 히스토그램은 subplot 객체에 표시되고, 제목은 "barstacked"로 설정되었다. 그래프의 레이아웃은 tight_layout() 함수를 사용하여 조정된다. 이 코드를 실행하면 다음과 같은 히스토그램이 생성된다.

코드

```
fig=plt.figure()
barstacked=fig.add_subplot()
barstacked.hist((iris.petal_length, iris.sepal_length), histtype='barstacked')
barstacked.title.set_text('barstacked')
plt.tight_layout()
plt.show()
```

결과

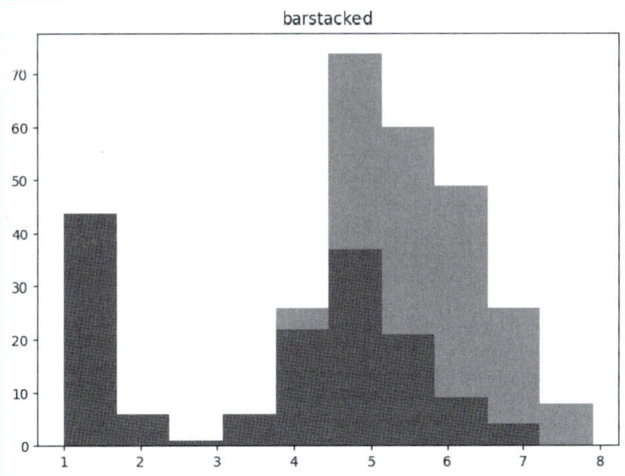

step 히스토그램 시각화는 hist() 함수를 사용하여 iris 데이터세트의 꽃잎 길이와 꽃받침 길이의 히스토그램을 계단형(step)으로 표시한다. 히스토그램은 subplot 객체에 표시되고, 제목은 "step"로 설정한다. 이 코드를 실행하면 다음과 같은 히스토그램이 생성된다.

코드

```
fig=plt.figure()
step=fig.add_subplot()
step.hist((iris.petal_length, iris.sepal_length), histtype='step')
step.title.set_text('step')
plt.tight_layout()
plt.show()
```

결과

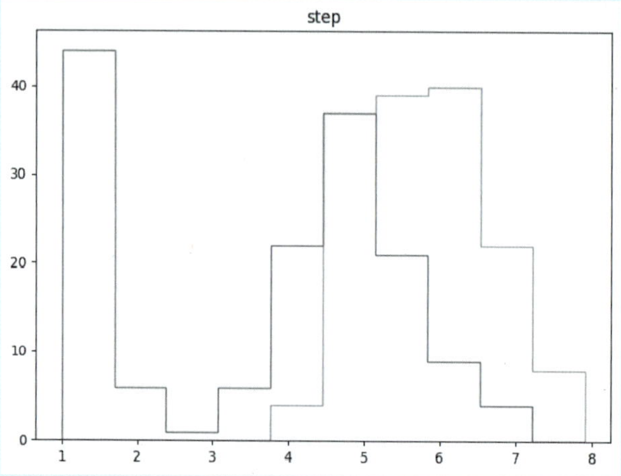

stepfilled 히스토그램 시각화는 hist() 함수를 사용하여 iris 데이터세트의 꽃잎 길이와 꽃받침 길이의 히스토그램을 계단형(step)으로 표시하고, 막대의 색을 채운다.

코드

```
fig=plt.figure()
stepfilled=fig.add_subplot()
stepfilled.hist((iris.petal_length, iris.sepal_length), histtype='stepfilled')
stepfilled.title.set_text('stepfilled')
plt.tight_layout()
plt.show()
```

결과

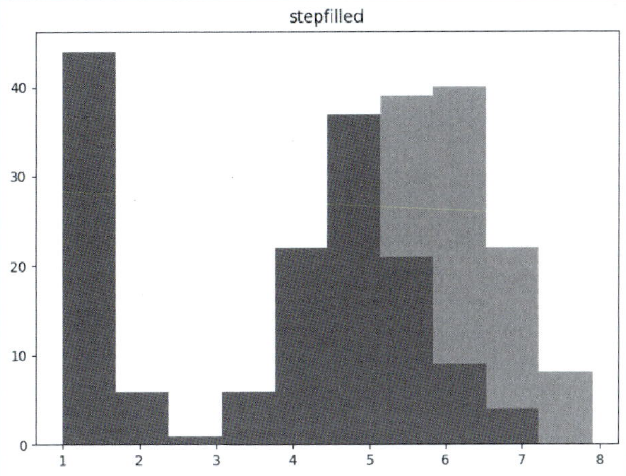

4.1.4 산점도

산점도(scatter plot)는 두 개 이상 변수 간 관계분석 그래프로 값 분포 확인이 가능한 그래프이다. 산점도는 x축과 y축에 각 변수를 설정하고 두 개의 값에 대응하는 위치를 표현한다. 산점도를 통해 방향성과 강도를 파악할 수 있고, 나이와 소득처럼 연속값으로 된 두 변수의 관계를 표현할 때 사용한다. 옵션 s는 원의 크기를, c는 원의 색상, alpha 파라미터는 마커의 투명도를 지정하고, 0에서 1 사이의 값을 입력한다. cmap 파라미터에 컬러맵에 해당하는 문자열을 지정한다. spring, summer, autumn, winter, ocean, cool, Spectral 등이 있다.

맷플롯립의 scatter() 함수는 산점도를 그리는 함수이다. 다음은 scatter() 함수의 파라미터이다.

속성	설명
x	x축 좌표값을 지정하는 리스트 또는 배열
y	y축 값을 지정하는 리스트 또는 배열
c	마커의 색상을 지정하는 값(기본값: 'black')
s	마커의 크기를 지정하는 값(기본값: 1)
alpha	마커의 투명도를 지정하는 값(기본값: 1.0)
marker	마커의 종류를 지정하는 값(기본값: 'o')
edgecolor	마커의 테두리 색상을 지정하는 값(기본값: 'black')
linewidth	마커의 테두리 굵기를 지정하는 값(기본값: 0.7)
label	산점도에 레이블을 지정하는 값
**kwargs	기타 맷플롯립 그래프 속성을 지정하는 딕셔너리

scatter() 함수를 사용하여 iris 데이터세트의 꽃받침 길이와 꽃받침 너비의 산점도를 표시한다. x축은 꽃받침 길이, y축은 꽃받침 너비이다. plt.scatter(x=iris.sepal_length, y=iris.sepal_width) 함수는 sepal_length 열을 x축, sepal_width 열을 y축에 사용하여 산점도를 생성한다. 산점도는 데이터의 분포를 시각적으로 보여줄 수 있는 그래프이다. 이 코드를 실행하면 다음과 같은 산점도가 생성된다.

코드

```
plt.scatter(x=iris.sepal_length, y=iris.sepal_width)
plt.show()
```

결과

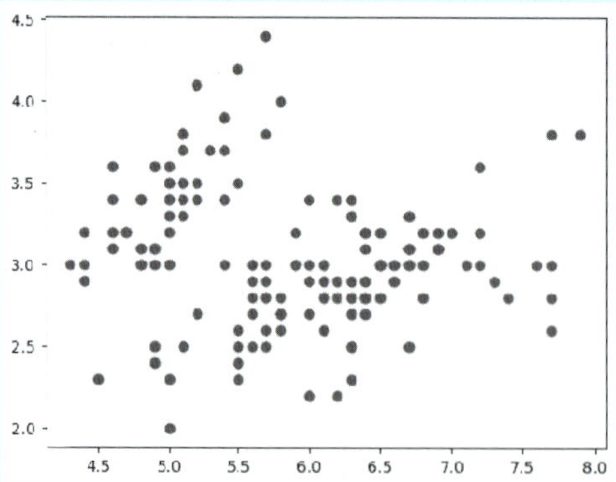

다음은 도형의 사이즈와 컬러, 투명도를 변경하여 산점도를 나타냈다. 코드를 실행하면 다음과 같은 산점도가 생성된다.

코드

```
import numpy as np
colors=np.random.rand(len(iris.petal_length))

# s=면적, c=색상, alpha=투명도
plt.scatter(iris.sepal_length, iris.sepal_width, s=10**2,c=colors, alpha=0.65)
plt.show()
```

결과

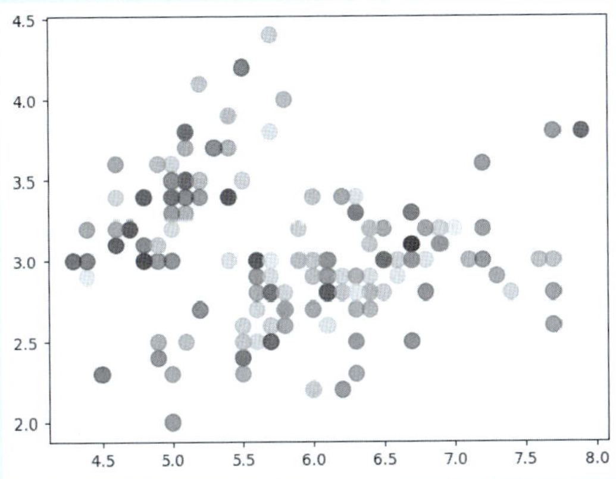

scatter(x, y, s, c, alpha) 함수는 산점도를 표시하는 함수이며, x인자는 x축의 값을 지정하는 리스트, y인자는 y축의 값을 지정하는 리스트이다. s인자는 산점도의 면적을 지정하며, c인자는 산점도의 색상을 지정하는 리스트, alpha 인자는 산점도의 투명도를 지정하며, show()는 그래프를 표시한다.

scatter() 함수를 사용하여 iris 데이터세트의 꽃받침 길이와 꽃받침 너비의 산점도를 표시한다. x축은 꽃받침 길이, y축은 꽃받침 너비이다. 산점도의 면적은 10^2, 색상은 무작위로 선택되고, 투명도는 0.65이다.

colors=np.random.rand(len(iris.petal_length))은 0과 1 사이의 임의의 색상을 생성한다. np.random.rand() 함수는 0과 1 사이의 임의의 숫자를 생성하는 넘파이 함수이다. 배열의 길이는 iris.petal_length 시리즈의 길이와 동일하다.

plt.scatter(iris.sepal_length, iris.sepal_width, s=10**2, c=colors, alpha=0.65)는 iris.sepal_length를 x축에, iris.sepal_width를 y축에 사용하여 산점도를 생성한다. s 매개변수는 점의 크기, c 매개변수는 점의 색상, alpha 매개변수는 점의 투명도를 설정한다.

산점도는 붓꽃의 꽃받침의 길이와 너비의 관계를 보여주며, 점들은 무작위로 색칠되어 있어 각 종류를 구분하기 어렵다. 점들의 투명도는 0.65로 설정되어 있어 점들이 더 잘 보인다.

아래의 코드는 iris 데이터세트의 품종별로 꽃받침 길이와 꽃잎 너비의 산점도를 표시한다. iris 데이터세트의 품종별로 꽃받침 길이와 꽃잎 너비의 산점도를 표시한다. setosa 품종의 데이터는 빨간색, versicolor 품종의 데이터는 주황색, virginica 품종의 데이터는 파란색으로 표시된다. 해당 그래프를 통해 세 가지 품종의 꽃받침 길이와 꽃잎 너비의 차이를 확인할 수 있다.

코드

```
# setosa 품종의 데이터를 추출
setosa=iris[iris.species=='setosa']
# versicolor 품종의 데이터를 추출
versicolor=iris[iris.species=='versicolor']
# virginica 품종의 데이터를 추출
virginica=iris[iris.species=='virginica']

# setosa 품종의 꽃받침 길이와 꽃잎 너비의 산점도를 표시, 색상은 빨간색
plt.scatter(setosa.sepal_length, setosa.petal_width, color='red')
# versicolor 품종의 꽃받침 길이와 꽃잎 너비의 산점도를 표시, 색상은 주황색
plt.scatter(versicolor.sepal_length, versicolor.petal_width, color='orange')
# virginica 품종의 꽃받침 길이와 꽃잎 너비의 산점도를 표시, 색상은 파란색
plt.scatter(virginica.sepal_length, virginica.petal_width, color='blue')

plt.show()
```

결과

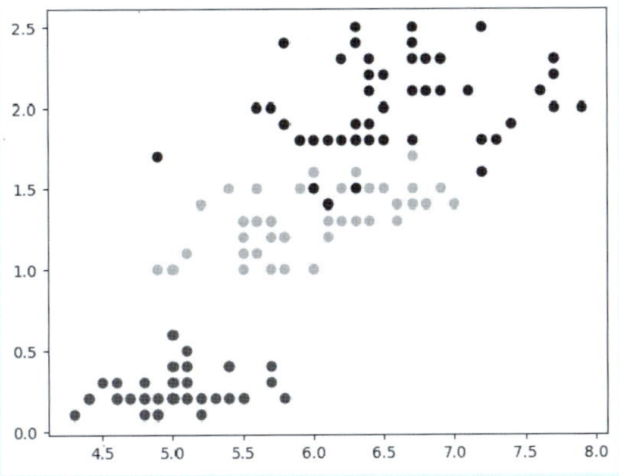

아래 코드는 SIZE 크기의 무작위 데이터를 사용하여 산점도를 표시한다. x축과 y축의 데이터는 무작위로 생성되며, 산점도의 면적은 50*np.random.rand(SIZE)**2로 설정되었다. 산점도의 색상은 np.random.rand(SIZE)로 설정하고, 산점도는 s는 면적, c는 색상, alpha는 투명도, cmap은 색상맵으로 표시된다. 색상막대는 plt.colorbar() 함수로 표시하였다.

산점도 그래프를 보면, 산점도의 크기와 색상이 무작위로 생성되어 다양한 형태로 나타나는 것을 확인할 수 있다. 색상막대를 통해 산점도의 색상이 데이터의 값에 따라 어떻게 변화하는지 확인할 수 있다.

코드

```
# 이 코드는 SIZE 크기의 무작위 데이터를 사용하여 산점도를 표시
# SIZE를 30으로 설정
SIZE=30
# x축과 y축의 데이터를 무작위로 생성
x=np.random.rand(SIZE)
y=np.random.rand(SIZE)

# 산점도의 면적을 50 * np.random.rand(SIZE) ** 2로 설정
size=(50*np.random.rand(SIZE))**2

# 산점도의 색상을 np.random.rand(SIZE)로 설정
```

```
color=np.random.rand(SIZE)

# 산점도를 표시한다. s는 면적, c는 색상, alpha는 투명도, cmap은 색상맵
plt.scatter(x, y, s=size, c=color, alpha=0.5, cmap='Spectral')

# 색상막대를 표시한다.
plt.colorbar()

plt.show()
```

결과

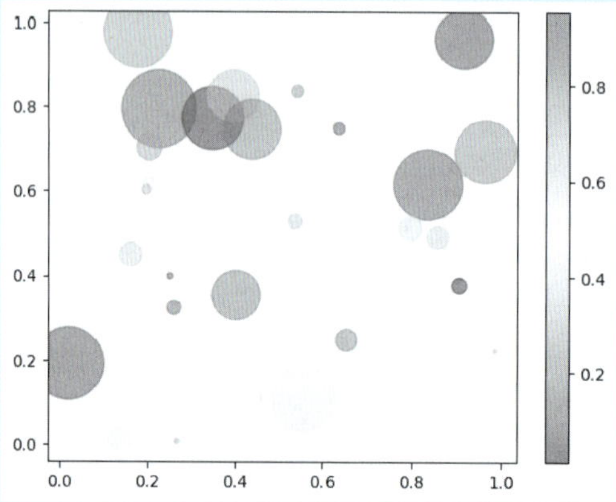

4.2 시본(Seaborn)

시본(Seaborn)은 다양한 색상 테마와 통계용 그래프를 시각화하는 맷플롯립 기반의 고급 데이터 시각화 라이브러리이다. 시본은 데이터의 분포를 포함한 상관관계, 선형관계, 범주형 데이터를 표현하는 등의 다양한 API가 있다.

기본적인 시각화 기능은 맷플롯립에 의존하며 통계기능은 Statsmodels 패키지에 의존한다. 자세한 내용은 다음 웹사이트를 참조한다.

- http://seaborn.pydata.org/

4.2.1 색상 팔레트 선택

적절한 색을 사용하는 것은 데이터 시각화에서 중요하다. 시본에서는 Color Brewer 팔레트세트를 활용한다. Color Brewer는 지도 제작자 Cindy Brewer의 연구에서 영감을 받아 만들어진 팔레트세트이다.

Qualitative 색상 팔레트는 범주형 데이터를 시각화할 때 사용되는 색상 팔레트이다. 예를 들어, 데이터가 세 개의 범주로 나뉘어 있다면, Qualitative 색상 팔레트를 사용하여 각 범주를 다른 색상으로 나타낼 수 있다. Qualitative 색상 팔레트는 데이터의 범주를 시각적으로 효과적으로 표현하는 데 유용하다.

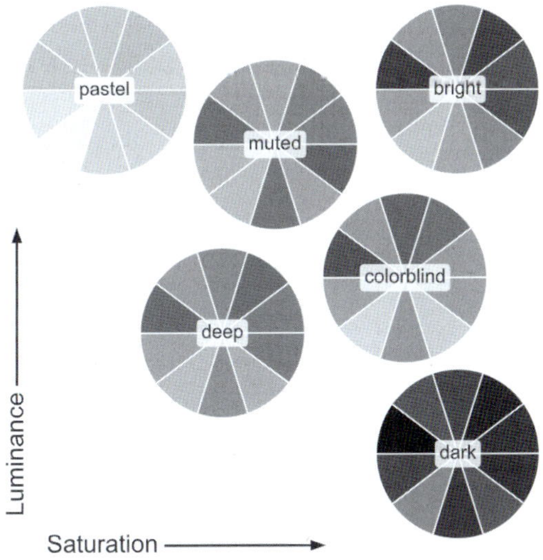

Sequential 색상 팔레트는 데이터의 값이 연속적으로 증가하거나 감소하는 경우에 사용되는 색상 팔레트이다. 예를 들어, 데이터의 값이 1에서 10까지 증가한다면, Sequential 색상 팔레트를 사용하여 데이터의 값을 파란색에서 빨간색으로 나타낼 수 있다. Sequential 색상 팔레트는 데이터의 변화를 시각적으로 효과적으로 표현하는 데 유용하다.

Diverging 색상 팔레트는 두 개의 색상이 서로 반대되는 색상을 사용하여 데이터의 값을 시각화하는 데 사용된다. 예를 들어, 값이 양수이면 파란색으로, 값이 음수이면 빨간색으로 표시할 수 있다. Diverging 색상 팔레트는 데이터의 분포를 시각화하거나 두 그룹의 데이터를 비교하는 데 유용하다.

※ Seaborn 한글 폰트 설정

```
import seaborn as sns

# 폰트, 마이너스 폰트 설정, 스타일 설정
sns.set(font="AppleGothic",
        rc={"axes.unicode_minus":False},
        style='darkgrid')
```

4.2.2 시본 레벨(Seaborn Level)

Figure-Level 함수와 Axes-Level 함수를 사용하면 차트의 특정 부분의 모양과 스타일을 조정하여 차트를 더 시각적으로 효과적으로 만들 수 있다.

시본의 Figure-Level 함수는 시본을 사용하여 차트를 생성할 때 사용할 수 있는 함수이다. 이 함수는 차트의 전체적인 모양과 스타일을 조정하는 데 사용된다. Figure-Level 함수는 figsize(차트의 크기), dpi(차트의 해상도), facecolor(차트의 배경색),

edgecolor(차트의 테두리 색), linewidth(차트의 테두리 두께), grid(그래프의 그리드), title(차트의 제목), xlabel(x축의 레이블), ylabel(y축의 레이블), xticks(x축의 눈금), yticks(y축의 눈금), xlim(x축의 범위), ylim(y축의 범위)를 지정한다.

Axes-Level 함수는 차트의 특정 부분의 모양과 스타일을 조정하는 데 사용된다. Axes-Level 함수는 plot(데이터 그래프), scatter(데이터 산점도), bar(데이터 막대그래프), hist(데이터의 분포를 히스토그램으로), boxplot(데이터의 분포를 상자 그림으로), violinplot(데이터의 분포를 바이올린 그림으로), heatmap(데이터의 상관관계를 열지도로), lmplot(선형 회귀선)으로 나타낸다.

4.2.3 시본(Seaborn) 구성 사용방법

시본 라이브러리를 다음과 같이 로드한다. 시본은 맷플롯립을 사용해 그래프를 그린다. seaborn() 함수들로 다양한 작업을 수행할 수 있지만 사용자가 원하는 설정으로 먼저 시각화 작업에 필요한 라이브러리를 로드한다.

```
import seaborn as sns
```

(1) 선그래프

fmri는 혈류와 관련된 변화를 감지하여 뇌활동을 측정한 데이터이다. 시본 라이브러리에 포함된 fmri 데이터세트를 불러온다. fmri 데이터세트는 fMRI(functional magnetic resonance imaging) 데이터세트로, 총 1064의 행과 5개의 열로 구성되어 있다. 열의 이름(subject: 피험자, timepoint: 시간 지점, event: 이벤트, region: 영역, signal: 신호)은 코드를 실행하면 다음과 같다.

코드

```
fmri=sns.load_dataset('fmri')
```

결과

	subject	timepoint	event	region	signal
0	s13	18	stim	parietal	-0.017552
1	s5	14	stim	parietal	-0.080883
2	s12	18	stim	parietal	-0.081033
3	s11	18	stim	parietal	-0.046134
4	s10	18	stim	parietal	-0.037970
...	...	...	...	...	...
1059	s0	8	cue	frontal	0.018165
1060	s13	7	cue	frontal	-0.029130
1061	s12	7	cue	frontal	-0.004939
1062	s11	7	cue	frontal	-0.025367
1063	s0	0	cue	parietal	-0.006899

1064 rows × 5 columns

시본의 lineplot() 함수는 선그래프를 그리는 함수이다. 다음은 sns.lineplot() 함수의 파라미터이다.

속성	설명
data	선그래프를 그릴 데이터를 지정하는 데이터프레임 또는 딕셔너리
x	x축 값을 지정하는 열 이름 또는 리스트
y	y축 값을 지정하는 열 이름 또는 리스트
hue	색상을 지정하는 열 이름
style	선 스타일을 지정하는 열 이름

marker	마커를 지정하는 열 이름
err_kws	오차막대를 지정하는 키워드 인수
ci	오차막대의 신뢰구간을 지정하는 값(기본값: 95)
lw	선의 굵기를 지정하는 값(기본값: 1.0)
alpha	선의 투명도를 지정하는 값(기본값: 1.0)
estimator	선그래프를 그리는 방법을 지정하는 함수(기본값: sns.regplot())
fit_reg	회귀선을 추가할지 여부를 지정하는 불(bool) 값(기본값: True)
line_kws	선의 속성을 지정하는 키워드 인수
**kwargs	기타 시본 그래프 속성을 지정하는 키워드 인수

아래의 코드는 fmri 데이터세트를 사용하여 시간에 따른 신호의 변화를 나타내는 선 그래프를 생성한다. x축은 시간, y축은 신호로 설정되며, 신뢰구간과 오차구간은 표시되지 않았다.

코드

```
sns.lineplot(x='timepoint',y='signal', data=fmri)
```

결과

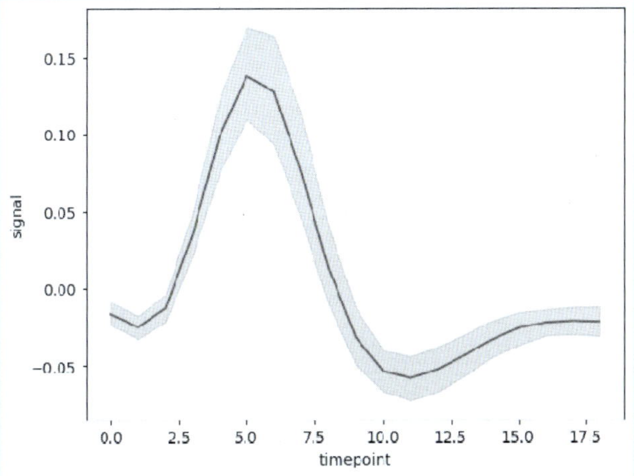

아래는 라인 플롯을 범주형의 다른 변수로 그룹화했다.

코드	sns.lineplot(x='timepoint',y='signal', hue='event',data=fmri)
결과	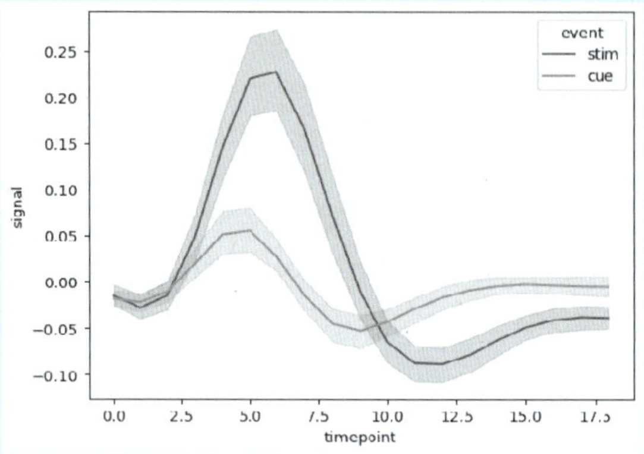

시간 지점에 따라 신호가 어떻게 변화하는지, 이벤트별로 신호를 구분하여 보여준다. 또한 이벤트별로 그래프의 스타일을 다르게 적용시킨다. 예를 들어, 첫 번째 이벤트의 경우 선그래프의 색상이 파란색이고, 두 번째 이벤트의 경우 선그래프의 색상이 빨간색이다. 이 그래프를 통해 이벤트별로 신호가 어떻게 변화하는지 확인할 수 있으며, 이벤트별로 그래프의 스타일을 다르게 적용하여 비교할 수 있다. hue와 style을 다르게 표현하였다.

코드	sns.lineplot(x='timepoint',y='signal', hue='event',style='event', data=fmri)
결과	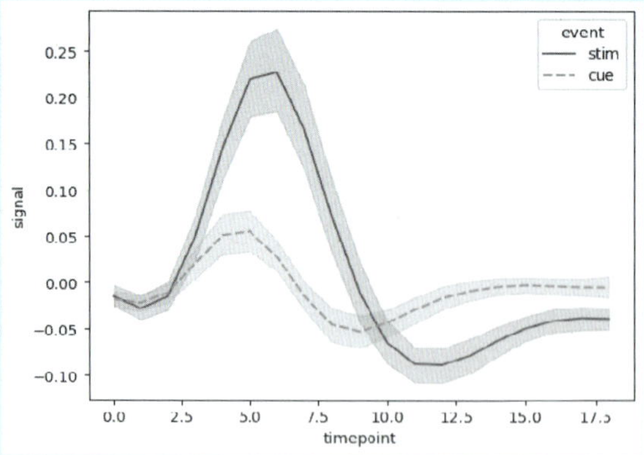

마커로 그룹화는 이벤트별로 그래프에 마커를 표시하고, 선그래프를 점선으로 표시한다. 이 그래프를 통해 이벤트별로 신호가 어떻게 변화하는지 확인할 수 있으며, 이벤트별로 그래프의 스타일을 다르게 적용하여 비교할 수 있다.

코드

```
sns.lineplot(x='timepoint',y='signal',hue='event',style='event',
  markers=True, dashes=False, data=fmri)
```

결과

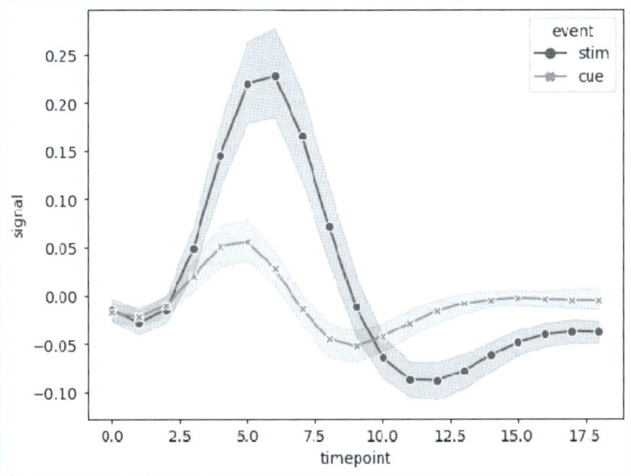

오차막대는 err_style 파라미터로 지정된다. err_style 파라미터는 오차막대의 스타일을 지정하는 데 사용되며, 'bars'를 지정하면 오차막대가 막대 모양으로 표시된다.

이 코드에서 ci 파라미터는 신뢰구간을 지정한다. 신뢰구간은 데이터의 평균값이 포함될 것으로 예상되는 범위를 나타낸다. ci 파라미터를 50으로 지정하면 신뢰구간이 50%로 설정한다. 그래프에서 오차막대는 데이터의 평균값을 기준으로 표시된다. 오차막대의 길이는 데이터의 표준편차에 따라 결정된다. 오차막대가 길수록 데이터의 분산이 크다는 것을 의미한다.

코드

```
sns.lineplot(x='timepoint',y='signal',hue='event',style='event',
  err_style='bars',ci=50, data=fmri)
```

결과

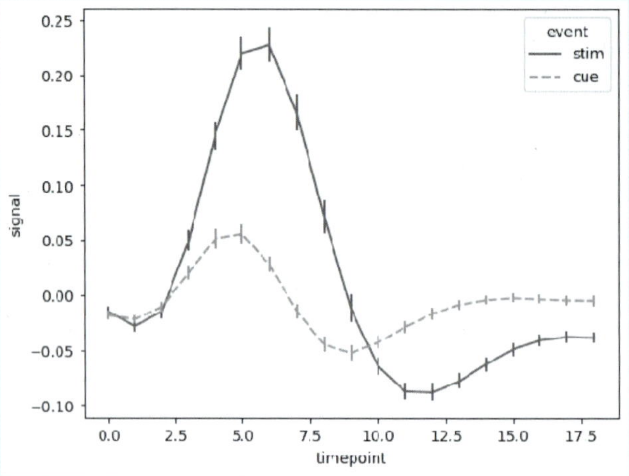

(2) 산점도

tips는 음식점을 방문한 고객들이 지불한 데이터 모음이다. 시본 라이브러리에 포함된 tips 데이터세트를 불러온다. tips 데이터세트는 레스토랑에서의 팁 데이터세트로, 총 243개의 행과 6개의 열로 구성된다. 열의 이름(total_bill: 총결제금액, tip: 팁, day: 요일, time: 시간, size: 테이블 인원 수, smoker: 흡연 여부)은 다음과 같다.

tips 데이터세트를 불러오면, tips 변수에 저장된다. 예를 들어, 첫 번째 행은 총결제금액이 16.99달러, 팁은 1.01달러, 성별은 남자, 흡연 여부는 비흡연자, 요일은 일요일, 시간은 저녁, 테이블 인원수는 2명이다.

코드

```
import seaborn as sns
tips=sns.load_dataset('tips')
tips
```

결과

	total_bill	tip	sex	smoker	day	time	size
0	16.99	1.01	Female	No	Sun	Dinner	2
1	10.34	1.66	Male	No	Sun	Dinner	3
2	21.01	3.50	Male	No	Sun	Dinner	3
3	23.68	3.31	Male	No	Sun	Dinner	2
4	24.59	3.61	Female	No	Sun	Dinner	4
...	...	...	...	...	...	...	...
239	29.03	5.92	Male	No	Sat	Dinner	3
240	27.18	2.00	Female	Yes	Sat	Dinner	2
241	22.67	2.00	Male	Yes	Sat	Dinner	2
242	17.82	1.75	Male	No	Sat	Dinner	2
243	18.78	3.00	Female	No	Thur	Dinner	2

244 rows × 7 columns

시본의 scatterplot() 함수를 이용해 서로 다른 데이터 관계 시각화 산점도를 생성한다.

시본의 scatterplot() 함수는 산점도를 그리는 함수이다. 다음은 scatterplot() 함수의 파라미터이다.

속성	설명
data	산점도를 그릴 데이터를 지정하는 데이터프레임 또는 딕셔너리
x	x축 값을 지정하는 열 이름 또는 리스트
y	y축 값을 지정하는 열 이름 또는 리스트
hue	색상을 지정하는 열 이름
style	마커의 스타일을 지정하는 열 이름
marker	마커를 지정하는 열 이름
s	마커의 크기를 지정하는 값(기본값: 8)
alpha	마커의 투명도를 지정하는 값(기본값: 1.0)
edgecolor	마커의 테두리 색상을 지정하는 값(기본값: 'black')
linewidth	마커의 테두리 굵기를 지정하는 값(기본값: 0.7)
legend	범례를 표시할지 여부를 지정하는 불(bool) 값(기본값: True)
**kwargs	기타 시본 그래프 속성을 지정하는 키워드 인수

sns.scatterplot(x='total_bill', y='tip', data=tips)는 시본 라이브러리에서 제공하는 함수로, tips 데이터세트의 total_bill 열과 tip 열의 데이터를 사용하여 산점도를 생성한다. tips 데이터세트는 식당에서의 주문과 팁에 대한 정보를 포함하고 있다. 따라서 이 코드는 식당에서의 주문 금액과 팁의 관계를 보여주는 산점도를 생성한다.

코드

```
sns.scatterplot(x='total_bill',y='tip', data=tips)
plt.show()
```

결과

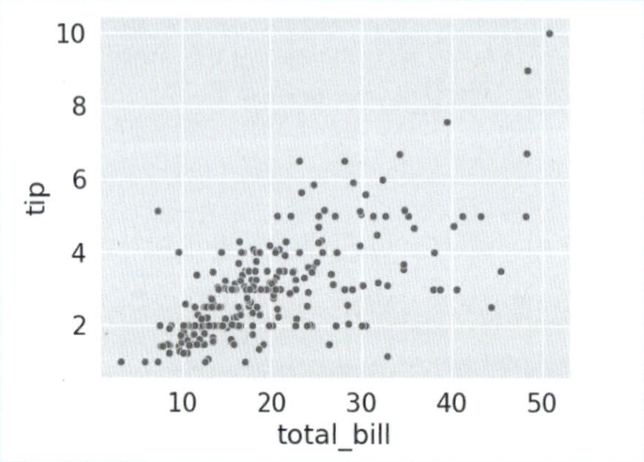

아래 코드는 tips 데이터세트의 total_bill과 tip의 관계를 나타내는 산점도를 생성한다. hue 파라미터는 time 변수를 사용하여 산점도를 색상별로 구분한다. 그래프에서 time 변수의 값에 따라 산점도의 색상이 다르다. Lunch에 해당하는 산점도는 주황색, Dinner에 해당하는 산점도는 파란색으로 표시된다.

hue 파라미터를 사용하면 두 가지 변수를 한 번에 사용하여 산점도를 생성할 수 있다.

코드

```
# time 기준
sns.scatterplot(x='total_bill',y='tip',hue='time', data=tips)
```

결과

```
<Axes: xlabel='total_bill', ylabel='tip'>
```

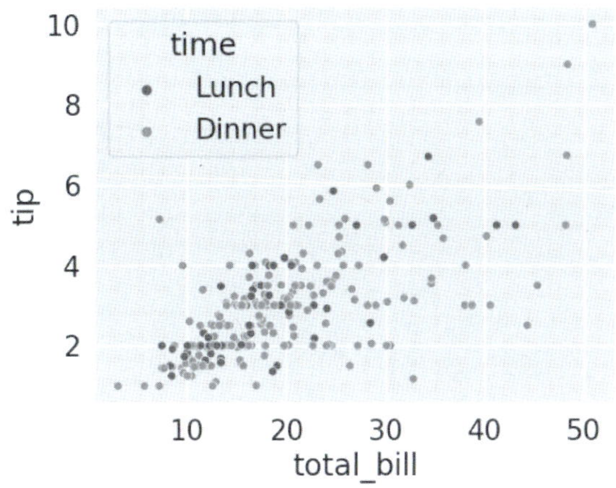

tips 데이터세트의 total_bill과 tip의 관세를 나타내는 산점도를 생성한다. hue 파라미터는 day 변수를 사용하여 산점도를 색상별로 구분하고, 그래프에서 day 변수의 값에 따라 산점도의 색상이 다르다. Saturday에 해당하는 산점도는 초록색, Sunday에 해당하는 산점도는 빨간색으로 표시된다.

hue 파라미터를 사용하여 서로 다른 두 개 연속변수 사이의 관계를 나타내는 그래프는 두 변수의 관계를 이해하는 데 도움이 된다. 예를 들어, tips 데이터세트에서 total_bill과 tip의 관계를 나타내는 산점도를 보면, total_bill이 증가할수록 tip도 증가한다는 것을 알 수 있다. 이는 손님이 지불한 총금액이 많을수록 팁을 더 많이 주는 경향이 있음을 의미한다.

hue 파라미터를 사용하여 day 변수를 추가하면, 요일별로 total_bill과 tip의 관계가 어떻게 다른지 확인할 수 있다. 그래프를 보면, Saturday와 Sunday에 total_bill이 더 많고, tip도 더 많다는 것을 알 수 있다. 이는 주말에 손님이 더 많이 지출하고, 팁을 더 많이 주는 경향이 있음을 의미한다.

코드	# 기준
	sns.scatterplot(x='total_bill',y='tip',hue='day', data=tips)

결과	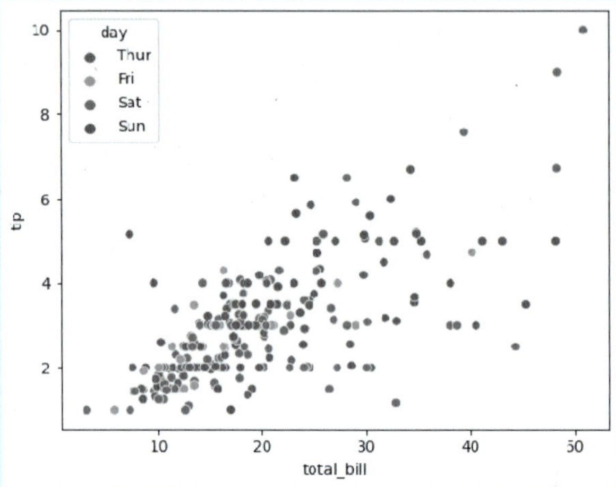

sns.scatterplot(x='total_bill', y='tip', hue='day', style='time', data=tips) 함수는 tips 데이터프레임의 total_bill 열과 tip 열의 관계를 나타내는 산점도를 그린다. hue 매개변수는 day 열의 값에 따라 데이터를 색상으로 구분하고, style 매개변수는 time 열의 값에 따라 데이터를 스타일로 구분한다.

산점도를 보면, 요일별로 팁의 색상이 다르다는 것을 알 수 있다. 시간대별로 보면, 점심시간에는 팁의 모양은 ●이고, 저녁시간에는 팁의 모양은 ✖이다.

산점도에서 알 수 있는 것은 요일과 시간대별로 팁이 다르다는 것이다. 이것은 고객이 식사하는 요일과 시간대에 따라 팁을 주는 금액이 다르다는 것을 의미한다.

코드	sns.scatterplot(x='total_bill', y='tip', hue='day', style='time', data=tips)

결과

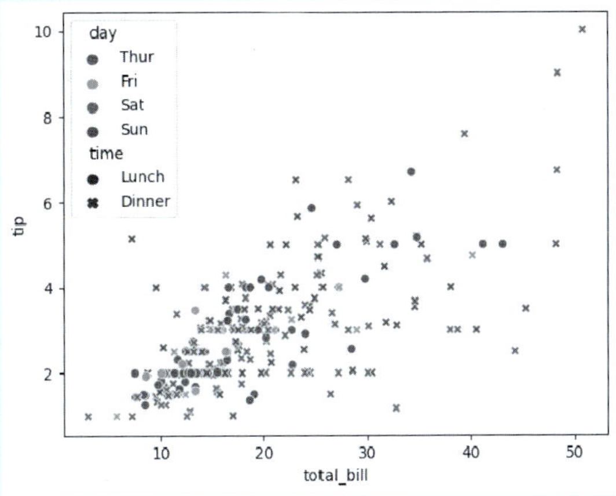

size 매개변수는 size 열의 값에 따라 점의 크기를 조절한다. size 매개변수의 기본값은 10이다. size 매개변수의 값을 변경하면 점의 크기가 변경된다. 예를 들어, size 매개변수의 값을 50으로 변경하면 점의 크기가 다섯 배로 커진다.

size 매개변수를 사용하여 점의 크기를 조절하면 데이터의 분포를 더 명확하게 볼 수 있다. 예를 들어, size 매개변수의 값을 사용하여 tip 열의 값이 큰 데이터의 점의 크기를 크게 하면 tip 열의 값이 큰 데이터의 분포를 더 명확하게 볼 수 있다.

코드

```
sns.scatterplot(x='total_bill', y='tip', size='size', data=tips)
```

결과

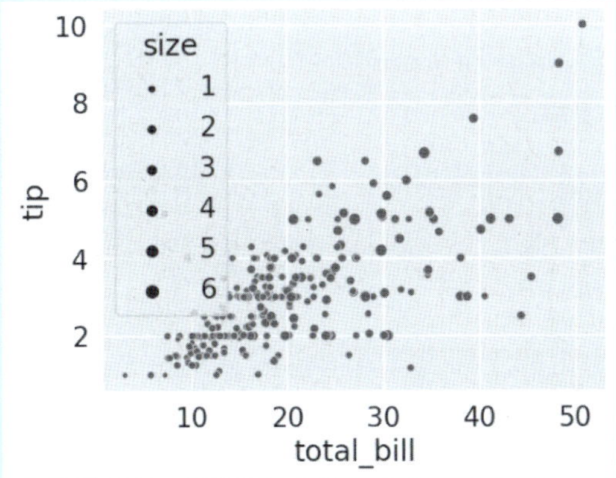

smoker 열의 값은 Yes와 No 두 가지 범주로 나뉜다. Yes는 흡연자이고 No는 비흡연자이다. size 매개변수는 smoker 열의 값에 따라 점의 크기를 조절한다. Yes인 경우 점의 크기가 크고, No인 경우 점의 크기가 작다

size 매개변수를 사용하여 점의 크기를 조절하면 데이터의 분포를 더 명확하게 볼 수 있다.

산점도를 보면, 흡연자의 경우 비흡연자보다 팁을 더 많이 준다는 것을 알 수 있다.

코드

```
# smoker 기준
sns.scatterplot(x='total_bill', y='tip', size='smoker', data=tips)
```

결과

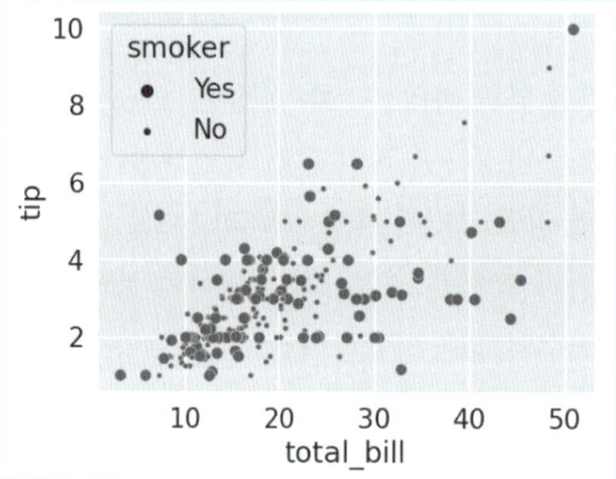

sizes 매개변수의 기본값은 (1, 100)이다. sizes 매개변수의 값을 변경하면 점의 크기의 범위가 변경된다. 예를 들어, sizes 매개변수의 값을 (15, 200)으로 변경하면 점 크기의 범위가 15에서 200으로 변경된다.

sizes 매개변수를 사용하여 점 크기의 범위를 지정하면 데이터의 분포를 더 명확하게 볼 수 있다. 예를 들어, sizes 매개변수의 값을 사용하여 tip 열의 값이 큰 데이터의 점 크기의 범위를 넓히면 tip 열의 값이 큰 데이터의 분포를 더 명확하게 볼 수 있다.

산점도를 보면, size 열의 값이 작은 데이터의 점은 작고, size 열의 값이 큰 데이터의 점은 크다. sizes 매개변수를 사용하여 점 크기의 범위를 지정하여 size 열의 값이 작은 데이터와 큰 데이터의 분포를 더 명확하게 볼 수 있다.

코드	```sns.scatterplot(x='total_bill', y='tip',size='size',sizes=(15, 200), data=tips)```
결과	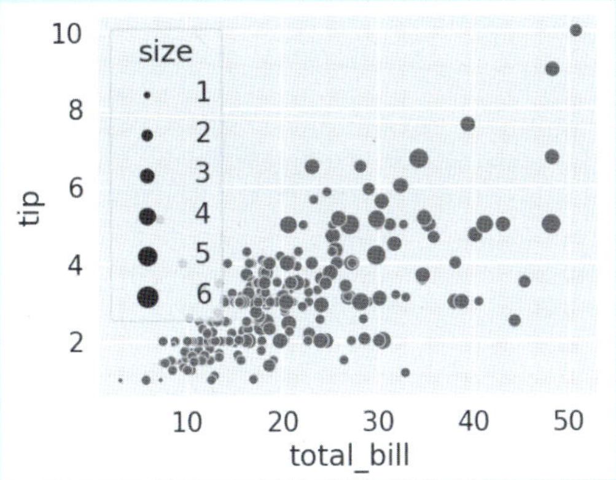

col 매개변수는 time 열의 값에 따라 산점도를 여러 개의 열로 분류한다. 예를 들어, col 매개변수의 값을 breakfast, lunch, dinner로 설정하면 산점도는 breakfast, lunch, dinner 세 개의 열로 분류된다.

hue 매개변수는 smoker 열의 값에 따라 산점도를 여러 개의 색상으로 구분한다. 예를 들어, hue 매개변수의 값을 Yes, No로 설정하면 산점도는 Yes와 No 두 가지 색상으로 구분된다.

style 매개변수는 smoker 열의 값에 따라 산점도를 여러 개의 스타일로 구분한다. 예를 들어, style 매개변수의 값을 ●, ✖로 설정하면 산점도는 ●와 ✖ 두 가지 스타일로 구분된다.

산점도를 보면, 시간대별로 팁의 크기가 다르다는 것을 알 수 있다. 점심시간에는 팁의 크기가 가장 작고, 저녁시간에는 팁의 크기가 가장 크다. 또한 흡연자의 경우 비흡연자보다 팁을 더 많이 준다는 것을 알 수 있다.

코드

```
sns.relplot(x='total_bill',y='tip', col='time',hue='smoker',
  style='smoker', size='size', data=tips)
```

결과

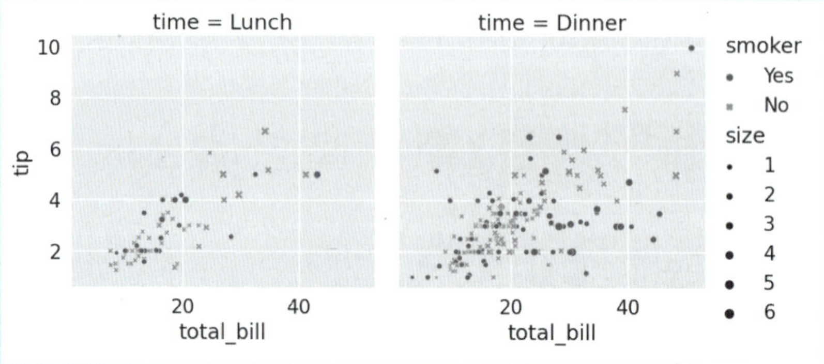

tips 데이터세트의 day 열과 total_bill 열의 데이터를 사용하여 범주형 그래프를 생성한다. tips 데이터세트는 식당에서의 주문과 팁에 대한 정보를 포함하고 있다. 따라서 이 코드는 식당에서의 주문 요일과 주문 금액의 관계를 보여주는 범주형 그래프를 생성한다.

범주형 그래프는 주문 요일에 따라 주문 금액이 어떻게 변하는지 보여준다. 예를 들어, 금요일에는 주문 금액이 가장 많고, 월요일에는 주문 금액이 가장 적다.

코드

```
sns.catplot(x='day', y='total_bill', data=tips)
```

결과

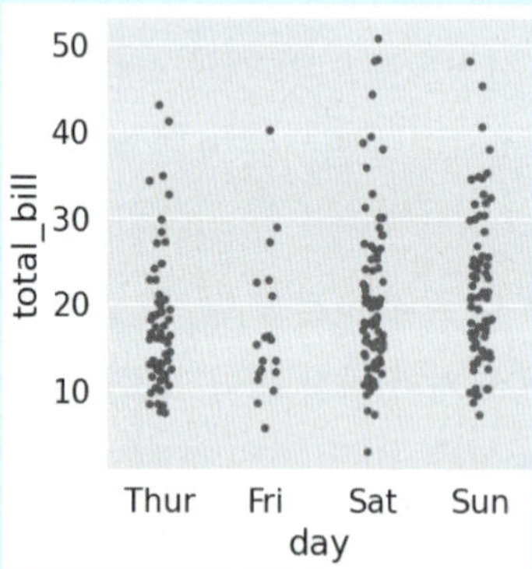

(3) 바이올린 플롯

violinplot() 함수는 시본 라이브러리에 있는 함수로 바이올린 플롯을 생성한다. 바이올린 플롯은 데이터의 분포를 시각화하는 데 사용되는 그래프의 일종이다.

시본의 violinplot() 함수의 파라미터는 다음과 같다.

속성	설명
data	바이올린 플롯을 그릴 데이터를 지정하는 데이터프레임 또는 딕셔너리
x	x축 값을 지정하는 열 이름 또는 리스트
y	y축 값을 지정하는 열 이름 또는 리스트
hue	색상을 지정하는 열 이름
split	바이올린 플롯을 분할할 열 이름
inner	바이올린 플롯의 내부 요소를 지정하는 값(기본값: 'box')
scale	바이올린 플롯의 크기를 지정하는 값(기본값: 'area')
width	바이올린 플롯의 너비를 지정하는 값(기본값: 1)
alpha	바이올린 플롯의 투명도를 지정하는 값(기본값: 1.0)
**kwargs	기타 시본 그래프 속성을 지정하는 키워드 인수

x='time'은 바이올린 플롯의 x축에 time 변수는 식사 시간, y='tip'은 바이올린 플롯의 y축에 tip 변수는 팁이다.

data=tips는 바이올린 플롯에 사용할 데이터세트이다. 이 경우 tips 데이터세트는 레스토랑에서 팁을 남긴 고객에 대한 정보가 담긴 데이터세트이다.

아래 코드는 바이올린 플롯을 생성한다. 바이올린 플롯은 식사시간에 따라 팁의 분포를 시각화한다. 바이올린 플롯의 넓이는 팁의 분포 크기를 나타내고, 바이올린 플롯의 높이는 팁의 평균을 나타낸다.

바이올린 그래프는 주문시간에 따라 팁의 분포가 어떻게 변하는지 보여준다. 예를 들어, 저녁시간에는 팁의 분포가 가장 넓고, 점심시간에는 팁의 분포가 가장 좁다.

코드	`sns.violinplot(x='time', y='tip', data=tips)`
결과	<Axes: xlabel='time', ylabel='tip'> 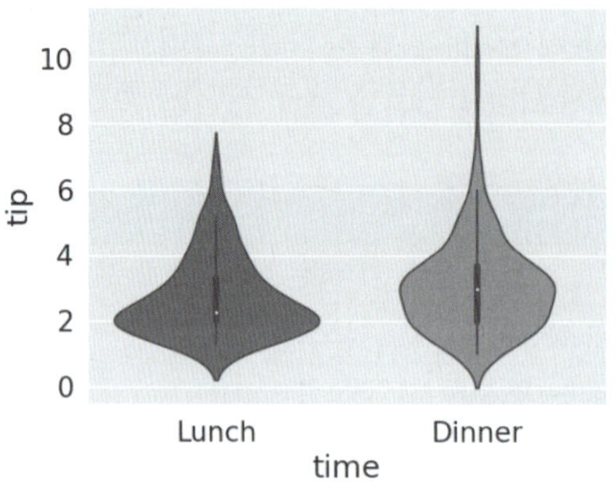

4.3 폴리움(Folium)

폴리움(Folium)은 지도 위에 데이터를 표현해주는 파이썬의 대표적인 지도 시각화 라이브러리이다. leaflet.js를 기반으로 만들어졌으며, 지도 생성 후 마커 추가, 범위 표기 후 HTML 파일을 내보낼 수 있다.

```
설치
pip install folium  # 터미널 설치 시
```

폴리움 라이브러리는 다양한 클래스를 제공하여 지리 데이터 시각화와 인터랙티브한 지도 생성을 지원한다. 다음은 폴리움 라이브러리에서 가장 많이 사용되는 클래스들이다. 각 클래스는 특정한 기능과 속성을 가지고 있으며, 이들을 조합하여 지도에 원하는 요소와 기능을 추가할 수 있다. 폴리움의 다양한 클래스와 메서드를 활용하여 지도를 생성하거나 상호 작용성을 부여할 수 있다.

▼ Folium 라이브러리의 다양한 클래스

클래스	설명
folium.Map	인터랙티브한 지도를 생성하는 클래스
folium.Marker	지도에 마커를 추가하는 클래스
folium.Circle	지도에 원을 추가하는 클래스
folium.PolyLine	지도에 선을 추가하는 클래스
folium.Polygon	지도에 폴리곤을 추가하는 클래스
folium.Icon	마커에 사용할 아이콘을 정의하는 클래스
folium.TileLayer	지도의 타일 소스를 설정하는 클래스
folium.LayerControl	지도에 레이어 컨트롤을 추가하는 클래스

▼ Icon의 매개변수 종류

아이콘	설명
cloud	구름 아이콘
leaf	나뭇잎 아이콘
fire	불 아이콘
flag	깃발 아이콘
heart	하트 아이콘
star	별 아이콘
home	집 아이콘
info	정보 아이콘
exclamation	느낌표 아이콘
question	물음표 아이콘

폴리움은 폴리곤(polygon), 툴팁(tooltip), 히트맵(heatmap) 등을 추가하는 것과 같이 지도를 사용자가 지정하기 위한 더 많은 기능과 옵션을 제공하며, 이를 활용해서 지리 데이터를 시각화할 수 있다. 더 많은 정보는 공식 폴리움 문서(https://python-visualization.github.io/folium/)를 참고하길 바란다.

폴리움의 Map() 함수는 지도의 기본적인 설정을 할 수 있다. 지도의 중심점, 확대 수준, 타일, 너비, 높이 등을 설정할 수 있다. 또한 지도의 확대/축소 컨트롤, 스크롤 휠 확대/축소, 터치스크린 확대/축소 등의 기능을 설정할 수 있다. Map() 함수는 다음과 같은 매개변수를 사용한다.

매개변수	설명
location	지도의 중심점이다. 위도와 경도를 리스트로 입력한다.
zoom_start	지도의 초기 확대 수준이다. 값은 0에서 18까지이며, 숫자가 높을수록 확대 수준이 높아진다.
tiles	지도의 타일이다. OpenStreetMap, Stamen Terrain, Stamen Toner, Stamen Watercolor, CartoDB positron, CartoDB dark_matter, Mapbox Bright, Mapbox Control Room, Cloudmade 중 하나를 선택한다.
width	지도의 너비이다. 픽셀 단위로 입력한다.
height	지도의 높이이다. 픽셀 단위로 입력한다.
control_scale	지도의 확대/축소 컨트롤을 표시할지 여부이다. True 또는 False로 입력한다.
scrollWheelZoom	스크롤 휠을 사용하여 지도의 확대/축소를 할 수 있는지 여부이다. True 또는 False로 입력한다.
touchZoom	터치스크린을 사용하여 지도의 확대/축소를 할 수 있는지 여부이다. True 또는 False로 입력한다.
attr	지도의 HTML 속성을 설정한다. dict로 입력한다.
script_name	지도의 JavaScript 파일 이름이다. string으로 입력한다.

location에 위도, 경도 정보를 입력하여 입력한 위도, 경도 좌표를 기준으로 지도를 그릴 수 있다. 이때 zoom_start 옵션은 지도의 초기 확대 수준을 설정하는 데 유용하다. 예를 들어, 사용자가 지도를 처음 열 때 특정 지역을 확대하여 볼 수 있도록 하려면 이 옵션을 사용할 수 있다.

마커에 대한 스타일 변경도 가능하다. 스타일 변경 시 icon 인수에 folium.icon(color='blue', icon='star')을 지정한다. popup이나 tooltip에 html 코드를 삽입하여 이미지를 표기하거나 유튜브 영상도 삽입할 수 있다.

마커 아이콘 옵션은 다음과 같다.

<table>
<tr><th>옵션</th><th colspan="4">설명</th></tr>
<tr><td>[위도, 경도]</td><td colspan="4">마커를 찍을 좌표</td></tr>
<tr><td>popup=" "</td><td colspan="4">표기할 팝업 문구 지정(마우스 클릭 시 표기되는 문구)</td></tr>
<tr><td>tooltip=" "</td><td colspan="4">표기할 툴팁 지정(마우스 오버 시 표기되는 문구)</td></tr>
<tr><td rowspan="3">icon=folium.Icon(color="색상",
icon="아이콘 모양"</td><td>marker</td><td>기본 마커</td><td>circle</td><td>원</td></tr>
<tr><td>squar</td><td>사각형</td><td>triangle</td><td>삼각형</td></tr>
<tr><td>star</td><td>별</td><td>geojson</td><td>GeoJSON 아이콘</td></tr>
</table>

Marker() 함수는 마커를 생성하는 함수이다. location 매개변수는 마커의 위치를 지정하는 튜플이다. popup 매개변수는 마커에 표시할 팝업 텍스트이다. tooltip 매개변수는 마커에 표시할 툴팁 텍스트이다. icon 매개변수는 마커의 아이콘을 지정하는 folium.Icon 객체이다.

반경을 나타내는 원의 마크 옵션은 다음과 같다.

옵션	설명
radius=숫자	반경의 범위(미터단위) radius_unit: 반경의 단위를 지정 m: 미터, km: 킬로미터, mi: 마일, nmi: 해리
color=" "	반경 색상
fill_color=" "	채워질 원의 색깔
opacity	반경의 불투명도를 지정

Map() 함수를 사용하여 지도의 레이아웃을 생성할 때는 tiles 종류를 지정한다. tiles 종류를 지정하지 않으면 기본적으로 OpenStreetMap tiles이 사용된다.

tiles 종류는 OpenStreetMap, Stamen Terrain, Stamen Toner, Stamen Watercolor, CartoDB positron, CartoDB dark_matter, Mapbox Bright, Mapbox Control Room, Cloudmade, Mapbox 등이 있다.

tiles 종류는 고유한 특징을 가지고 있다. 예를 들어, OpenStreetMap은 가장 기본적인 지도이고, Stamen Terrain는 지형을 강조한 지도이다. Stamen Toner는 단순한 스타일의 지도이고, Stamen Watercolor는 수채화 느낌의 지도이다. CartoDB positron은 밝은 색상의 지도이고, CartoDB dark_matter는 어두운 색상의 지도이다. Mapbox Bright는 밝은 색상의 지도이고, Mapbox Control Room은 제한된 확대 범위의 지도이다. Cloudmade와 Mapbox는 유료 지도이다.

아래의 지도 객체는 location 속성에 대구가톨릭대학교의 위도와 경도를 지정하고, zoom_start 속성에 지도의 확대 수준을 10으로 설정한 것이다.

코드

```
import folium
myMap=folium.Map(location=[35.848852, 128.547388], zoom_sart=10)
myMap
```

결과

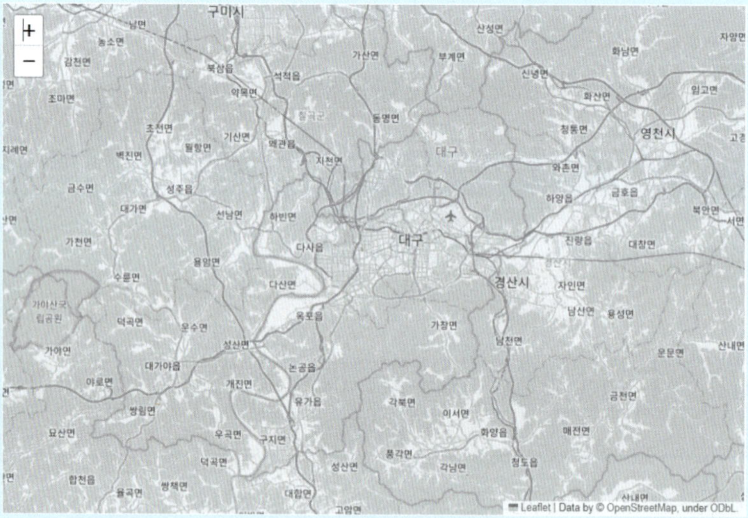

add_to() 함수는 myMap 지도에 마커를 추가하는 함수이다. 아래 코드는 대구가톨릭대학교의 위치를 표시하는 지도를 생성한다. 지도의 확대 수준은 1이고, 너비는 750 픽셀, 높이는 500픽셀이다. 마커의 위치는 “대구가톨릭대학교”의 위치이고, 팝업 텍스트는 “대구가톨릭대학교”이다. 툴팁 텍스트는 ‘대구가톨릭대학교’이다. 마커의 아이콘은 빨간색 별이다.

코드

```
myMap=folium.Map(location=[35.848852, 128.547388], zoom_sart=1,
  width=750, height=500)
folium.Marker(location=[35.848852, 128.547388], popup="대구가톨릭대학교",
              tooltip='대구가톨릭대학교',
              icon=folium.Icon(color='red', icon='star')).add_to(myMap)
myMap
```

결과

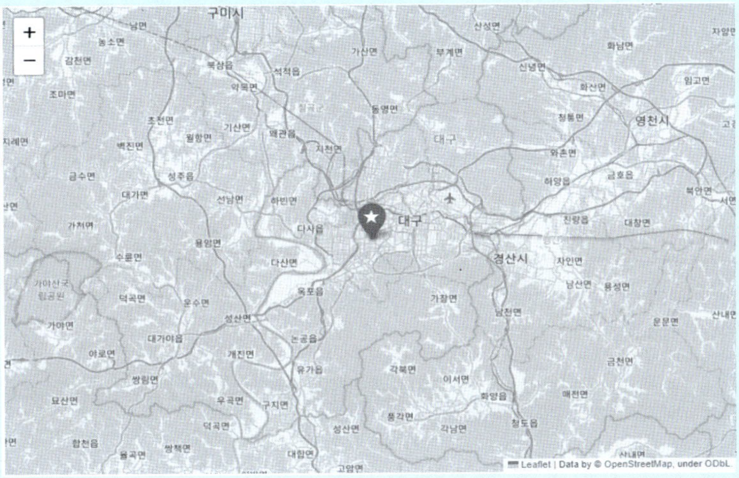

Stamen Terrain 타일은 지형을 표현하는 타일이다. 지형의 높낮이를 나타내는 색상과 그림자를 사용한다. Stamen Terrain 타일은 지형을 시각적으로 표현하는 데 유용하다.

코드

```
myMap=folium.Map(location=[35.848852, 128.547388], zoom_sart=12,
  tiles='Stamen Terrain')
myMap
```

결과

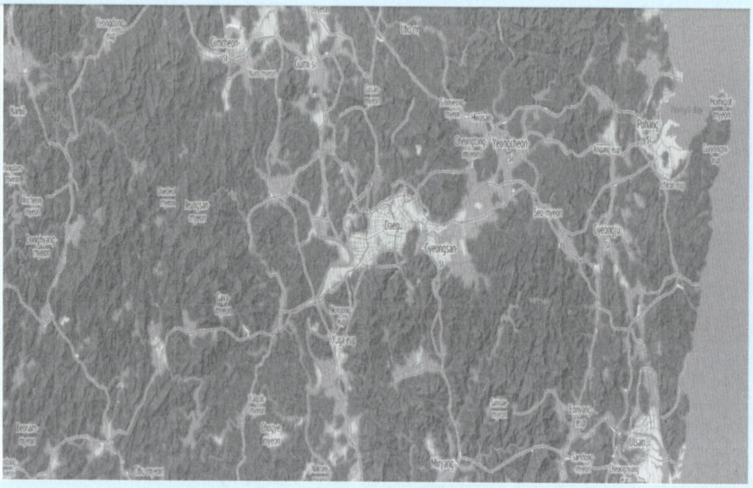

Stamen Watercolor는 아름다운 수채화 효과로 유명한 지도 타일 스타일이다. 관광 지도나 국립공원 지도와 같이 시각적으로 매력적인 지도에 적합하다.

코드

```
myMap=folium.Map(location=[35.848852, 128.547388], zoom_sart=12,
  tiles='Stamen Watercolor')
myMap
```

결과

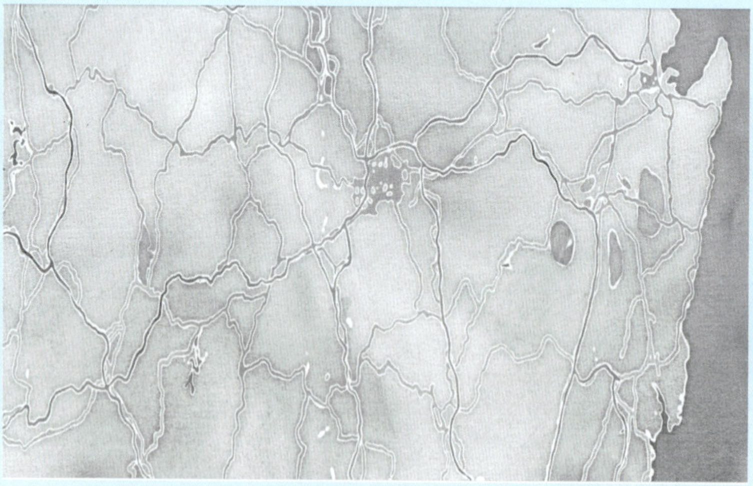

CircleMarker() 함수를 사용하여 대구가톨릭대학교의 위치에 원형 마커를 추가한다. 원형 마커의 반지름은 100픽셀이고, 색상은 파란색이다. 채우기 색상은 하늘색이다.

코드

```
myMap=folium.Map(location=[35.848852, 128.547388],
 zoom_sart=12,width=750, height=500)
folium.Marker(location=[35.848852, 128.547388],
              popup="대구가톨릭대학교", tooltip='대구가톨릭대학교',
              icon=folium.Icon(color='red', icon='star')).add_to(myMap)
folium.CircleMarker([35.848852, 128.547388], radius=100, color='blue',
  fill_color='skyblue').add_to(myMap)
myMap
```

결과

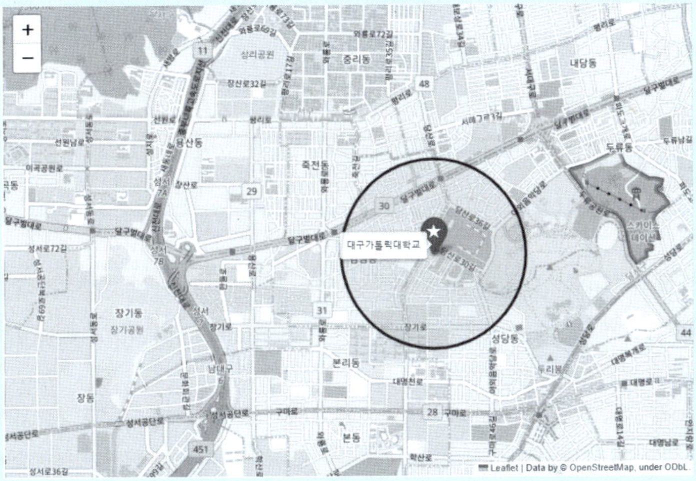

Tip 시각화 한글 처리

본 교재는 모든 실습을 Google Colab Jupyter Notebooks에서 진행을 한다. 구글 코랩 가상환경에서는 한글 폰트가 설치되어 있지 않다. 따라서 그래프에서 한글을 사용할 때 오른쪽 그림처럼 한글 깨짐 현상이 생긴다. 이를 해결하기 위해서는 한글 폰트를 설치해 주어야 한다. 코랩 환경에서 시각화가 포함된 프로젝트를 수행할 경우에는 반드시 첫 번째 셀에서 나눔 폰트를 설치하고 런타임을 재시작해 준다.

▼ 한글 깨짐 그래프

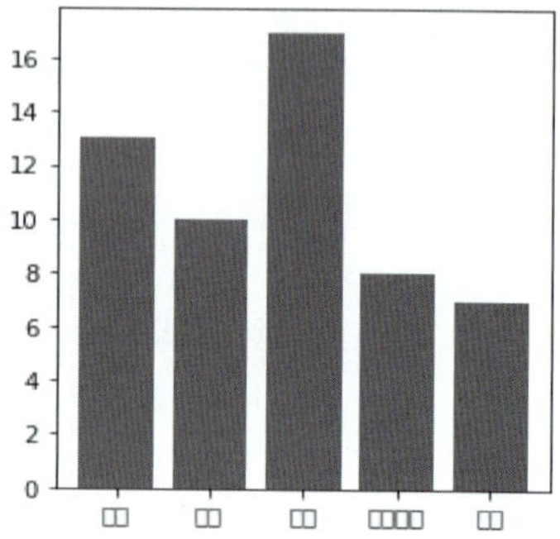

- 한글 깨짐 현상 해결 순서
  ① 나눔 폰트 설치
  ② 코랩의 런타임을 재시작
  ③ 맷플롯립의 폰트를 나눔 폰트로 저장

위의 순서를 따라 실습을 진행해보자. 먼저 나눔 폰트 설치를 위해 코랩 파일을 연 다음 첫 번째 셀에 아래 코드를 입력하고 실행한다. 설치가 완료되면 fc-cache: succeeded라는 메시지가 뜬다.

코드

```
!sudo apt-get install -y fonts-nanum
!sudo fc-cache -fv
!rm ~/.cache/matplotlib -rf
```

결과

```
/usr/share/fonts/truetype/nanum: caching, new cache contents: 10 fonts, 0 dirs
/usr/local/share/fonts: caching, new cache contents: 0 fonts, 0 dirs
/root/.local/share/fonts: skipping, no such directory
/root/.fonts: skipping, no such directory
/var/cache/fontconfig: cleaning cache directory
/root/.cache/fontconfig: not cleaning non-existent cache directory
/root/.fontconfig: not cleaning non-existent cache directory
fc-cache: succeeded
```

아래 그림과 같이 설치가 완료되면 코랩의 런타임을 재시작한다. [런타임]-[런타임 다시 시작]

▼ 런타임 다시 시작

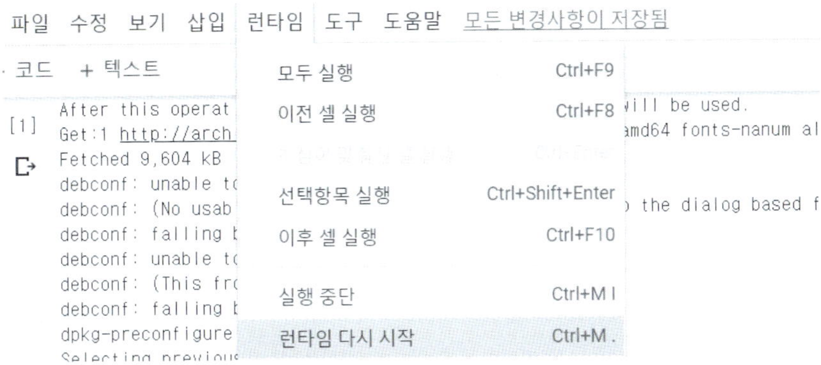

import matplotlib.pyplot as plt을 통해 라이브러리를 불러온 후 rc() 메서드를 통해 사용한 나눔 폰트로 설정한다. plt.rc('font', family='NanumBarunGothic')은 그래프의 전체 글꼴을 나눔바른고딕으로 설정하는 것이다. 이후에 한글을 포함하여 시각화하면 한글 깨짐 현상 없이 한글이 잘 출력된다.

코드

```
import matplotlib.pyplot as plt
plt.rc('font', family='NanumBarunGothic')
```

결과

▼ 한글 폰트 설정 후 한글 깨짐 현상 해결 예

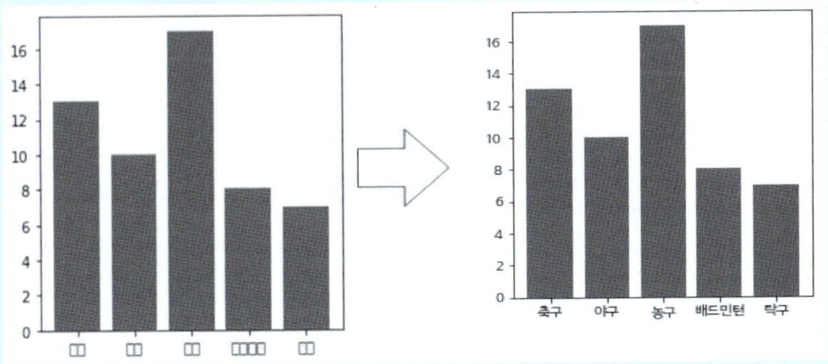

4.4 워드클라우드(WordCloud)

워드클라우드(WordCloud)는 단어의 빈도를 구름 모양으로 표현한 그래프이다. 단어분석 중심의 시각화는 텍스트 데이터를 시각적으로 표현함으로써 텍스트의 의미를 쉽게 파악할 수 있도록 도와준다. 다양한 분야에서 마케팅, 광고, 고객분석, 시장조사, 연구개발 등에 활용할 수 있는 유용한 시각화 기법이다.

konlpy는 한국어 자연어 처리에 사용되는 패키지이다. 이 명령어는 한국어 문장을 분석하고 처리할 수 있다. jpype1는 자바(Java)와 파이썬(Python)을 연결하는 데 사용하는 패키지이다. jpype1 패키지를 설치하면 자바 코드를 파이썬에서 실행할 수 있다. 워드클라우드 패키지는 파이썬에서 워드클라우드를 생성하는 데 사용되는 라이브러리이다. 워드클라우드는 단어의 출현 빈도에 따라 단어의 크기를 다르게 표현하여 단어의 중요도를 시각적으로 표현하는 그래프이다.

```
설치
!pip install konlpy
!pip install jpype1
!pip install wordcloud
```

4.4.1 데이터 불러오기

아래의 코드는 헌법 전문을 읽고 문자열로 변환하는 것이다. open() 함수는 파일을 열고 파일 객체를 반환하여, encoding='utf-8' 인수는 파일의 인코딩을 지정한다.

코드

```
data=open('/content/sample_data/헌법.txt', encoding='utf-8').read()
data
```

결과

```
'₩ufeff₩n대한민국헌법₩n[시행 1988. 2. 25.] [헌법 제10호, 1987. 10. 29., 전부개정]₩n₩n  전문₩n  유구한 역사와 전통에 빛나는 우리 대한국
민은 3·1운동으로 건립된 대한민국임시정부의 법통과 불의에 항거한 4·19민주이념을 계승하고, 조국의 민주개혁과 평화적 통일의 사명에 입각
하여 정의·인도와 동포애로써 민족의 단결을 공고히 하고, 모든 사회적 폐습과 불의를 타파하며, 자율과 조화를 바탕으로 자유민주적 기본질서
를 더욱 확고히 하여 정치·경제·사회·문화의 모든 영역에 있어서 각인의 기회를 균등히 하고, 능력을 최고도로 발휘하게 하며, 자유와 권리에
따르는 책임과 의무를 완수하게 하여, 안으로는 국민생활의 균등한 향상을 기하고 밖으로는 항구적인 세계평화와 인류공영에 이바지함으로써 우
리들과 우리들의 자손의 안전과 자유와 행복을 영원히 확보할 것을 다짐하면서 1948년 7월 12일에 제정되고 8차에 걸쳐 개정된 헌법을 이제 국회
의 의결을 거쳐 국민투표에 의하여 개정한다.₩n  1987년 10월 29일₩n₩n        제1장 총강 ₩n제1조 ①대한민국은 민주공화국이다.₩n  ②대한민국
의 주권은 국민에게 있고, 모든 권력은 국민으로부터 나온다.₩n제2조 ①대한민국의 국민이 되는 요건은 법률로 정한다.₩n  ②국가는 법률이 정하
는 바에 의하여 재외국민을 보호할 의무를 진다.₩n제3조 대한민국의 영토는 한반도와 그 부속도서로 한다.₩n제4조 대한민국은 통일을 지향하며,
자유민주적 기본질서에 입각한 평화적 통일정책을 수립하고 이를 추진한다.₩n제5조 ①대한민국은 국제평화의 유지에 노력하고 침략적 전쟁을 부
인한다.₩n  ②국군은 국가의 안전보장과 국토방위의 신성한 의무를 수행함을 사명으로 하며, 그 정치적 중립성은 준수된다.₩n제6조 ①헌법에 의
하여 체결·공포된 조약과 일반적으로 승인된 국제법규는 국내법과 같은 효력을 가진다.₩n  ②외국인은 국제법과 조약이 정하는 바에 의하여 그
지위가 보장된다.₩n제7조 ①공무원은 국민전체에 대한 봉사자...'
```

4.4.2 불필요한 문자 제거

sub() 함수는 정규 표현식을 사용하여 문자열을 바꾼다. 첫 번째 인수는 정규 표현식이고, 두 번째 인수는 바꿀 문자열이며, 세 번째 인수는 바뀐 문자열을 저장할 변수이다.

- re.sub() 함수: 정규 표현식을 사용하여 문자열을 바꾼다.
- [^가-힣]: 한글을 제외한 모든 문자열을 나타내는 정규 표현식이다.
- ' ': 공백 문자열이다.

아래의 코드는 헌법 전문에서 한글을 제외한 모든 문자를 제거하는 것이다.

코드

```
# 정규 표현식 모듈을 import
import re
# 정규 표현식을 사용하여 문자열을 변경
# 한글을 제외한 모든 문자열을 나타내는 정규 표현식
data=re.sub('[^가-힣]',' ',data)
data
```

결과

```
' 대한민국헌법 시행 헌법 제 호 전부개정 전문 유구한 역사와 전통에 빛나는 우리 대한국민은 운
동으로 건립된 대한민국임시정부의 법통과 불의에 항거한 민주이념을 계승하고 조국의 민주개혁과 평화적 통일의 사명에 입각하여 정의 인
도와 동포애로써 민족의 단결을 공고히 하고 모든 사회적 폐습과 불의를 타파하며 자율과 조화를 바탕으로 자유민주적 기본질서를 더욱 확고히
하여 정치 경제 사회 문화의 모든 영역에 있어서 각인의 기회를 균등히 하고 능력을 최고도로 발휘하게 하며 자유와 권리에 따르는 책임과 의
무를 완수하게 하여 안으로는 국민생활의 균등한 향상을 기하고 밖으로는 항구적인 세계평화와 인류공영에 이바지함으로써 우리들과 우리들의
자손의 안전과 자유와 행복을 영원히 확보할 것을 다짐하면서 년 월 일에 제정되고 차에 걸쳐 개정된 헌법을 이제 국회의 의결을 거쳐
국민투표에 의하여 개정한다 년 월 일 제 장 총강 제 조 대한민국은 민주공화국이다 대한민국의 주권은 국민에게 있고
모든 권력은 국민으로부터 나온다 제 조 대한민국의 국민이 되는 요건은 법률로 정한다 국가는 법률이 정하는 바에 의하여 재외국민을 보
호할 의무를 진다 제 조 대한민국의 영토는 한반도와 그 부속도서로 한다 제 조 대한민국은 통일을 지향하며 자유민주적 기본질서에 입각한
평화적 통일정책을 수립하고 이를 추진한다 제 조 대한민국은 국제평화의 유지에 노력하고 침략적 전쟁을 부인한다 국군은 국가의 안전보
장과 국토방위의 신성한 의무를 수행함을 사명으로 하며 그 정치적 중립성은 준수된다 제 조 헌법에 의하여 체결 공포된 조약과 일반적으로
승인된 국제법규는 국내법과 같은 효력을 가진다 외국인은 국제법과 조약이 정하는 바에 의하여 그 지위가 보장된다 제 조 공무원은 국민
전체에 대한 봉사자이며 국민에 대하여 책임을 진다 공...'
```

4.4.3 명사 추출하기

아래의 코드는 Hannanum 형태소 분석기를 사용하여 "대한민국의 주권은 국민에게 있고 모든 권력은 국민으로부터 나온다"는 문장을 명사로 분리하는 것이다.

코드

```
import konlpy
# Hannanum 형태소 분석기를 생성
hannanum=konlpy.tag.Hannanum()
hannanum.nouns("대한민국의 주권은 국민에게 있고 모든 권력은 국민으로부터
   나온다")
```

결과

```
['대한민국', '주권', '국민', '권력', '국민']
```

아래의 nouns() 함수는 Hannanum 형태소 분석기를 사용하여 문장에서 명사를 추출하여 리스트 자료 구조로 출력이 된다.

코드	# 헌법 전문에서 명사를 추출
	nouns=hannanum.nouns("대한민국헌법 시행 헌법 제 호
	전부개정 전문 유구한 역사와 전통에 빛나는 우리 대한국민은
	운동으로 건립된 대한민국임시정부의 법통과 불의에 항거한 민주이념을
	계승하고 조국의 민주개혁과 평화적 통일의 사명에 입각하여 정의 인도와
	동포애로써 민족의 단결을 공고히 하고 모든 사회적 폐습과 불의를 타파하며
	자율과 조화를 바탕으로 자유민주적 기본질서를 더욱 확고히 하여 정치 경제
	사회 문화의 모든 영역에 있어서 각인의 기회를 균등히 하고 능력을 최고도로
	발휘하게 하며 자유와 권리에 따르는 책임과 의무를 완수하게 하여 안으로는
	국민생활의 균등한 향상을 기하고 밖으로는 항구적인 세계평화와 인류공영에
	이바지함으로써 우리들과 우리들의 자손의 안전과 자유와 행복을 영원히
	확보할 것을 다짐하면서 년 월 일에 제정되고 차에 걸쳐 개정된 헌법을
	이제 국회의 의결을 거쳐 국민투표에 의하여 개정한다 ")
	nouns

결과	['대한민국헌법', '시행', '헌법', '저', '호', '전부개정', '전문', '유구', (......중략 생략......) '대한민국임시정부', '헌법', '국회', '의결', '국민투표', '개정']

판다스의 DataFrame() 함수를 사용하여 데이터프레임 객체를 생성하고, {'constitution' : nouns} : 데이터프레임에 저장할 데이터이다. 이 코드는 nouns 리스트의 내용을 df_word 데이터프레임 객체에 저장한다.

코드

```
import pandas as pd
# DataFrame 객체를 생성
df_word=pd.DataFrame({'constitution' : nouns})
df_word
```

결과

	constitution
0	대한민국헌법
1	시행
2	헌법
3	저
4	호
...	...
81	헌법
82	국회
83	의결
84	국민투표
85	개정

86 rows × 1 columns

4.4.4 빈도테이블 만들기

df_word 데이터프레임 객체의 constitution 열에 저장된 각 명사의 길이를 계산하여 count 열에 추가한다. 이 코드를 사용하여 헌법 전문에서 추출한 명사의 길이를 확인할 수 있다.

코드

```
# 각 명사의 길이를 계산하여 'count' 열에 추가
df_word['count']=df_word['constitution'].str.len()
df_word
```

결과

	constitution	count
0	대한민국헌법	6
1	시행	2
2	헌법	2
3	저	1
4	호	1
...	...	...
81	헌법	2
82	국회	2
83	의결	2
84	국민투표	4
85	개정	2

86 rows × 2 columns

df_word 데이터프레임 객체에서 count 열의 값이 2 이상인 경우만 추출하고, count 열의 값을 기준으로 내림차순으로 정렬한다.

코드

```
# 명사의 길이가 2 이상인 경우만 추출
df_word=df_word.query('count>=2')
df_word.sort_values('count')
```

결과

	constitution	count
85	개정	2
36	자율	2
37	조화	2
81	헌법	2
41	정치	2
...	...	...
19	민주이념	4
64	인류공영	4
39	자유민주적	5
0	대한민국헌법	6
15	대한민국임시정부	8

72 rows × 2 columns

agg() 함수는 constitution 열의 개수를 계산하여 sort_values() 함수의 데이터프레임 객체를 특정 열을 기준으로 단어의 사용 빈도를 구하고 빈도순으로 정렬한다.

코드

```
# 명사별 개수를 계산하여 새로운 DataFrame 객체를 생성
df_word=df_word.groupby('constitution', as_index=False)\
              .agg(frequency=('constitution','count'))\
              .sort_values('frequency', ascending=False)
df_word
```

결과

	constitution	frequency
1	개정	2
65	헌법	2
36	우리들	2
46	자유	2
26	불의	2
...	...	...
28	사회	1
29	사회적	1
30	세계평화	1
31	시행	1
66	확보	1

67 rows × 2 columns

4.4.5 단어와 빈도를 딕셔너리 만들기

딕셔너리는 df_word 데이터프레임의 constitution 열을 인덱스로 사용하여 각 헌법 조항별 단어 출현 빈도를 딕셔너리의 키와 값으로 저장한다. 워드클라우드는 단어 키, 빈도는 값으로 구성된 딕셔너리 자료 구조를 이용한다.

코드

```
# DataFrame을 딕셔너리로 변환
dic_word=df_word.set_index('constitution').to_dict()['frequency']
dic_word
```

결과

```
{'개정': 2,
 '헌법': 2,
 '우리들': 2,
 '자유': 2,
 '불의': 2,
 '인도': 1,
 '자유민주적': 1,
 '자손': 1,
 '입각': 1,
 '인류공영': 1,
 (......중략 생략......)
 '선문': 1,
 '의무': 1,
 '의결': 1,
 '사회': 1,
 '사회적': 1,
 '세계평화': 1,
 '시행': 1,
 '확보': 1}
```

4.4.6 워드클라우드 만들기

wc=WordCloud(random_state=1500, font_path=font, width=500, height=500, background_color='white')는 워드클라우드 객체를 생성한다. 이 객체는 워드클라우드를 생성하는 데 사용된다. img_wordcloud=wc.generate_from_frequencies(dic_word)는 dic_word 딕셔너리를 사용하여 대한민국 헌법의 주요 키워드를 시각화하는 워드클라우드를 생성한다.

워드클라우드의 크기와 색상을 조정하여 워드클라우드의 시각적 효과를 높일 수 있다. 예를 들어, 가장 중요한 키워드를 더 크게 표시하거나 특정 키워드에 특정 색상을 지정할 수 있다.

코드

```
# WordCloud 클래스를 임폴트
from wordcloud import WordCloud
# Matplotlib 플롯 라이브러리 임폴트
import matplotlib.pyplot as plt
wc=WordCloud(random_state=1500,                 #난수 생성기의 시드 값을 지정
             font_path='Crab.ttf',              #폰트 파일의 경로를 지정
             width=500,                         #너비를 500픽셀로 지정
             height=500,                        #높이를 500픽셀로 지정
             background_color='white')          #배경색을 흰색으로 지정
# WordCloud 객체에 단어 빈도 사전을 생성
img_wordcloud=wc.generate_from_frequencies(dic_word)
# Matplotlib을 사용하여 10x10 크기의 도형을 생성
plt.figure(figsize=(10,10))
# Matplotlib을 사용하여 도형의 축을 숨김
plt.axis('off')
# Matplotlib을 사용하여 WordCloud 이미지를 도형에 출력
plt.imshow(img_wordcloud)
```

결과

cloud.png는 구름 모양 그림을 담고 있는 이미지 파일을 이용하여 구름 모양으로 워드 클라우드를 만들어본다. PIL은 Python Imaging Library의 약자로, 파이썬에서 이미지를 처리하기 위한 라이브러리이다. PIL을 사용하면 이미지를 읽고, 쓰고, 편집하고, 변환할 수 있다.

Image.open()을 이용해 'cloud.png'를 불러온다.

아래의 코드는 WordCloud()에 mask=img를 입력해 mask를 활용하여 구름 모양을 설정한 것이다.

코드

```
# Python Imaging Library (PIL) 라이브러리
import PIL
# NumPy 라이브러리
import numpy as np
# cloud.png 이미지를 로드
icon=PIL.Image.open('/content/sample_data/cloud.png')

# PIL 라이브러리를 사용하여 크기가 icon 이미지와 같은 흰색 배경이미지를 생성
img=PIL.Image.new('RGB', icon.size, (255,255,255))
# icon 이미지를 img 이미지의 왼쪽 상단에 붙임
img.paste(icon, icon)
# 이미지를 NumPy 배열로 변환
img=np.array(img)
# mask 매개변수에 img NumPy 배열을 전달하여 WordCloud 객체를 생성
wc=WordCloud(random_state=1234,
             font_path=font,
             width=500,
             height=500,
             background_color='white',
             mask=img)
# dic_word 단어 빈도 사전을 사용하여 WordCloud 이미지를 생성
img_wordcloud=wc.generate_from_frequencies(dic_word)
# Matplotlib 라이브러리를 사용하여 10x10 크기의 도형을 생성
plt.figure(figsize=(10,10))
plt.axis('off')
plt.imshow(img_wordcloud)
```

결과

워드클라우드 색상맵은 워드클라우드의 단어에 색상을 지정하는 데 사용되는 색상 팔레트이다. 워드클라우드는 다양한 색상맵을 제공하며, 사용자는 필요에 따라 색상맵을 선택하거나 사용자 지정 색상맵을 만들 수 있다. WordCloud()에 colormap='autumn'을 입력해 autumn 색상맵을 적용하도록 설정했다. 다음 코드를 입력하고 실행하면 워드클라우드가 하트 모양으로 이미지가 바뀌고 색깔도 달라진다.

워드클라우드에서 제공하는 기본 색상맵은 다음과 같다.

색상 목록	gray	dark2	light2	autumn	bone	cool
설명	회색 음영	어두운 색상	밝은 색상	가을 색상	뼈 색상	시원한 색상
색상 목록	copper	gist_gray	gist_heat	gist_yarg	hot	ocean
설명	구리 색상	회색 음영	열 색상	밝은 색상	뜨거운 색상	바다 색상
색상 목록	pink	spring	summer	winter		
설명	분홍색	봄 색상	여름 색상	겨울 색상		

코드

```
import PIL
icon=PIL.Image.open('/content/sample_data/heart.png')

import numpy as np
img=PIL.Image.new('RGB', icon.size, (255,255,255))
img.paste(icon, icon)
img=np.array(img)

wc=WordCloud(random_state=43,
             font_path='/content/sample_data/Crab.ttf',
             width=700,
             height=700,
             background_color='white',
             colormap='autumn',              #워드클라우드의 색상맵 지정
             mask=img)

img_wordcloud=wc.generate_from_frequencies(dic_word)
# 플롯의 제목을 'WordCloud'로 설정하고, 제목의 크기를 15로 설정
plt.title('WordCloud', size=15)
plt.imshow(img_wordcloud)
```

결과

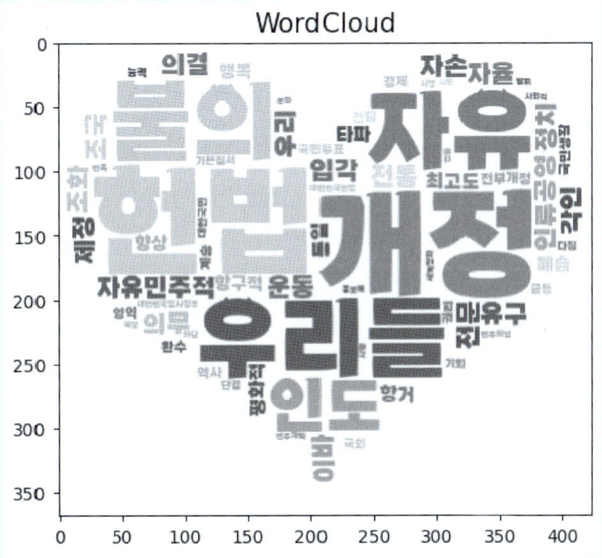

/ 단원정리 문제 /

01 다음 중 맷플롯립에 대한 설명 중 옳지 않은 것은 무엇인가?

① 설치할 패키지 이름은 matplot이다.

② 막대그래프, 선그래프, 히스토그램, 스캐터 플롯, 박스 플롯 등을 지원한다.

③ 다양한 데이터 처리 시각화를 위한 그래프를 생성할 때 사용하는 라이브러리이다.

④ 넘파이 배열, 판다스 데이터프레임 또는 시리즈, 파이썬 리스트를 그래프로 시각화한다.

02 다음 중 맷플롯립 모듈 기본 그래프 생성과 주석으로 옳지 않은 것은 무엇인가?

① plt.legend() # 범례 표시

② plt.grid(True) # 그리드 표시

③ plt.plot(data) # 막대선그래프 생성

④ plt.show() # 그래프를 화면에 나타냄

03 다음과 같은 그래프를 출력하기 위한 코드를 찾으시오.

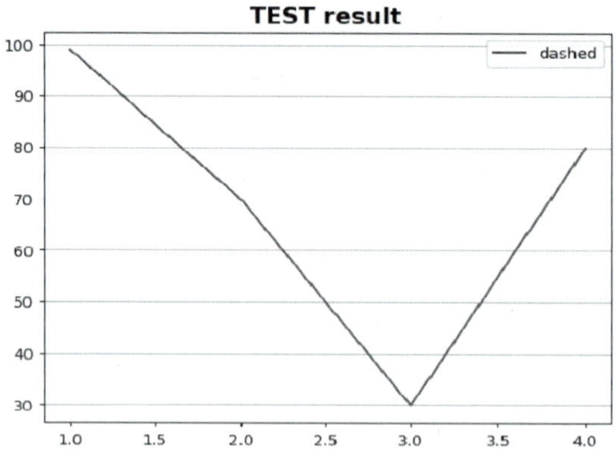

① plt.grid(True, axis='y')

② plt.legend()

③ plt.plot([1,2,3,4], [99,70,30,80], linestyle='dashed',color='m')

④ plt.title('TEST result', fontdict=font_style, loc='center', pad=15)

04 **다음 중 막대그래프에 대한 설명으로 옳은 것은 무엇인가?**

① 막대그래프는 값의 크기를 막대의 높이로 나타내는 그래프이다.

② 막대그래프는 값의 크기를 막대의 너비로 나타내는 그래프이다.

③ 막대그래프는 값의 크기를 막대의 색으로 나타내는 그래프이다.

④ 막대그래프는 값의 크기를 막대의 모양으로 나타내는 그래프이다.

05 **다음 중 산점도 그래프에 대한 설명으로 옳은 것은 무엇인가?**

① 산점도 그래프는 두 변수의 독립성을 나타내는 그래프이다.

② 산점도 그래프는 두 변수의 상관관계를 나타내는 그래프이다.

③ 산점도 그래프는 두 변수의 인과관계를 나타내는 그래프이다.

④ 산점도 그래프는 두 변수의 관계를 시각적으로 표현하는 그래프이다.

06 **다음은 워드클라우드를 생성할 때 사용하는 라이브러리이다. 한글 자연어 처리 라이브러리로 형태소를 분석하는 것은 무엇인가?**

① WordCloud　　② konlpy

③ numpy　　④ Counter

07 다음 중 시본의 기능으로 올바른 것은 무엇인가?

① 시본은 파이썬 라이브러리로 데이터 시각화를 제공하지 않는다.

② 시본은 맷플롯립과 관계없이 독립적으로 사용한다.

③ 맷플롯립 기반의 저급 데이터 시각화 라이브러리다.

④ 시본은 데이터의 분포를 포함한 상관관계, 선형관계, 범주형 데이터를 표현하는 등의 다양한 API가 있다.

08 다음 중 시본을 사용하여 선그래프를 그리는 데 사용할 수 있는 함수는 무엇인가?

① plt.plot()
② sns.lineplot()
③ matplotlib.pyplot.plot()
④ matplotlib.pyplot.lineplot()

09 다음 중 시본을 사용하여 선그래프의 크기를 조정하는 데 사용할 수 있는 인수는 무엇인가?

① dpi
② figsize
③ aspect_ratio
④ size

10 다음 중 시본을 사용하여 막대그래프를 그리는 데 사용할 수 있는 함수는 무엇인가?

① plt.bar()
② sns.barplot()
③ matplotlib.pyplot.bar()
④ matplotlib.pyplot.barplot()

11 다음 중 시본을 사용하여 막대그래프의 제목을 설정하는 데 사용할 수 있는 인수는 무엇인가?

① title ② label

③ name ④ title_text

12 시본에서 제공하는 데이터세트를 가져오기 위해 사용하는 함수는 무엇인가?

① load() ② dataset()

③ DataFrame() ④ load_dataset()

13 (   )는 단어의 빈도를 구름 모양으로 표현한 그래프이다. 단어분석 중심의 시각화는 텍스트 데이터를 시각적으로 표현함으로써 텍스트의 의미를 쉽게 파악할 수 있도록 도와준다. 다양한 분야에서 마케팅, 광고, 고객분석, 시장조사, 연구개발 등에 활용할 수 있는 유용한 시각화 기법이다.

14 음식점을 방문한 고객들이 지불한 데이터로 Lunch, Dinner를 사용하여 boxplot 차트를 작성해보자.

출력 결과

```
<Axes: xlabel='time', ylabel='tip'>
```

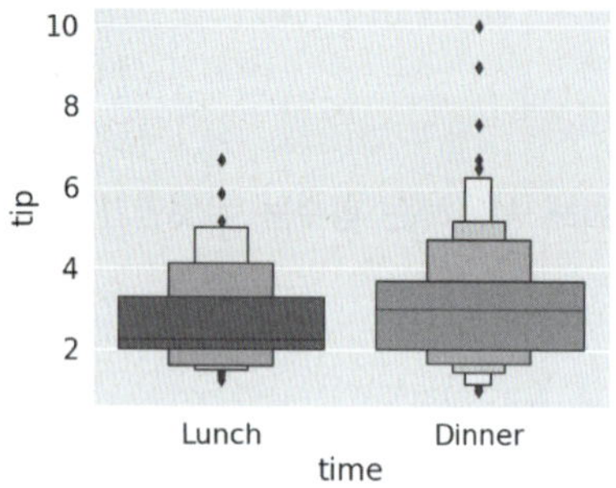

15 자신이 살고 있는 도시의 카페/맛집(두 개) 위치를 찾아서 지도상에 구별해서 표시하시오.

5장

탐색적 데이터 분석

5.1 경상북도 영덕군 수해대피장소
5.2 우리나라 인구 소멸위험지역 분석
5.3 알코올 및 약물류 중독 진단 통계
5.4 자동차 리콜 데이터 분석

5장 탐색적 데이터 분석

탐색적 데이터 분석(Exploratory Data Analysis: EDA)은 데이터 분석의 첫 단계로, 데이터 분석의 방향을 결정하는 데 중요한 역할을 한다. EDA는 데이터를 탐색하여 데이터의 특성, 분포, 상관관계 등을 이해해 시각화를 사용하여 데이터를 시각적으로 탐색하고 인사이트를 도출할 수 있다. 이번 장에서는 데이터 분석절차에 따른 다양한 기본 프로젝트를 수행해본다.

5.1 경상북도 영덕군 수해대피장소

지도를 시각화한다는 것은 지리정보를 다양한 방식으로 표현해서 데이터를 시각적으로 전달하는 데이터 분석방법이다. 경상북도 영덕군의 수해대피장소의 GPS 데이터인 위도와 경도를 데이터로 활용해서 수해대피장소의 위도와 경도의 위치로 지도를 시각화하는 과정을 알아본다. 다음 그림은 경상북도 영덕군의 수해대피장소의 데이터로 지도를 시각화하기 위해서 단계별로 수행해야 되는 분석과정을 나타낸 것이다.

분석과정 미리보기

분석목표 설정	• 경상북도 영덕군의 수해대피장소의 지리정보를 분석한 뒤 수해대피장소의 위도와 경도의 위치로 시각화 지도를 생성한다.
개념 이해	• 지도의 중심으로 표현되는 좌표 • 위도와 경도의 GPS 좌표 • Folium: 지리정보를 시각화할 수 있는 라이브러리
데이터 수집	• 경상북도 영덕군의 수해대피장소의 위도와 경도 데이터 • 공공데이터포털에서 다운
데이터 정제	• 데이터 정제: CSV 파일을 UTF-8 코드로 수정 및 명칭의 정확한 이름으로 수정 • 데이터 조합: 필요한 컬럼을 추출하고 병합
데이터 분석 및 시각화	• 지도 객체 생성하기 • 지도에 수해대피장소 표시하기

프로젝트의 목표 설정

이 프로젝트의 목표는 지오 데이터를 분석해서 '경상북도 영덕군의 수해대피장소'를 지도맵으로 생성하는 것이다. 지오 데이터는 GPS 좌표의 위도(latitude)와 경도(longitude)와 같은 지리정보를 말한다. 위도와 경도값을 좌표점으로 사용해서 맵에 표시할 수 있다.

개념 이해

프로젝트를 위해 필요한 개념을 살펴보도록 한다.

Tip GPS 좌표인 위도, 경도 구하기

Google 지도, Bing 지도와 같은 온라인 지도를 사용해서 주소위치를 위도와 경도값으로 구할 수 있다. X-Ray Map, 지오코딩, Geocoder-Xr과 같은 오픈소스 소프트웨어를 사용해서 주소를 위도와 경도로 변환해서 GPS 좌표를 구할 수도 있다.

GPS의 위도와 경도의 값을 구하기 위해 위에서 설명한 오픈소스 소프트웨어를 사용할 수도 있지만 '구글 스프레드시트'를 사용해서 위경도 변환 툴인 'Geocode by Awesome Table'에서 위도와 경도를 구하는 방법을 알아보자.

❶ 구글 드라이브에 접속 후 [+ 새로 만들기]를 클릭한 후 [Google 스프레드시트]를 클릭한다.

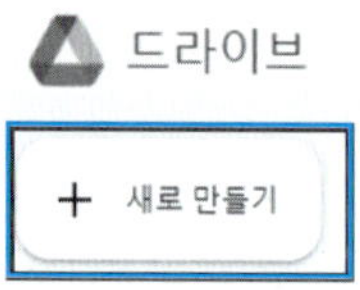

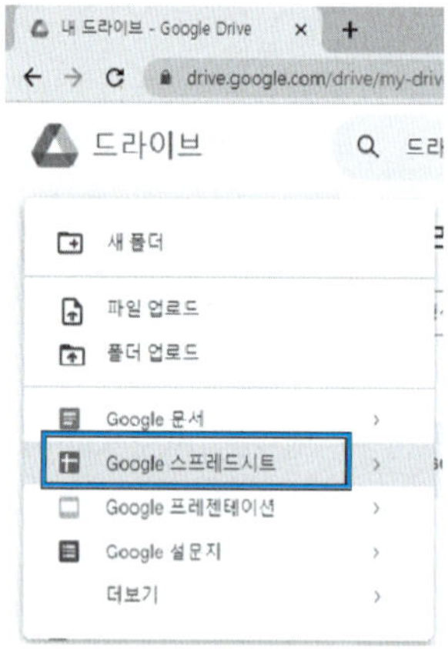

❷ 메뉴에서 [확장 프로그램]-[부가기능]-[부가기능 설치하기]를 클릭한다.

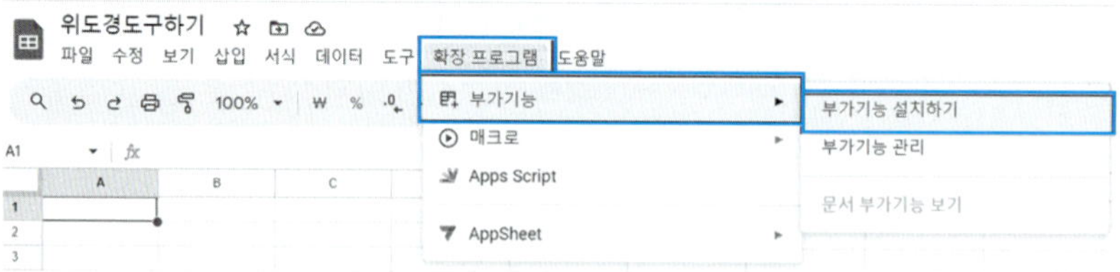

❸ 'Geocode by Awesome Table'로 검색한다.

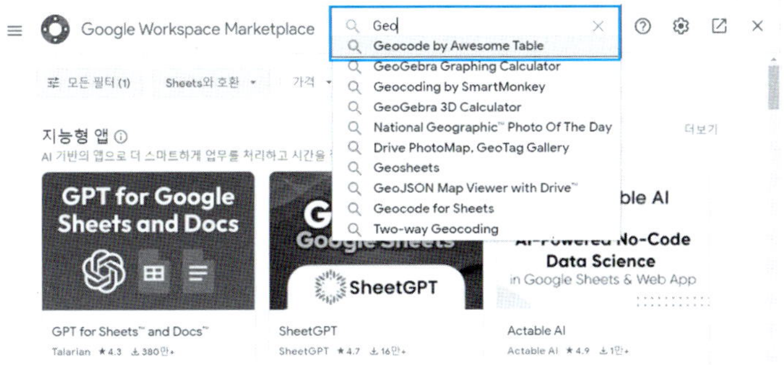

❹ Geocode by Awesome Table 앱을 클릭하여 설치한다. 설치가 완료되면 오른쪽 그림처럼 '설치됨'으로 표시된다.

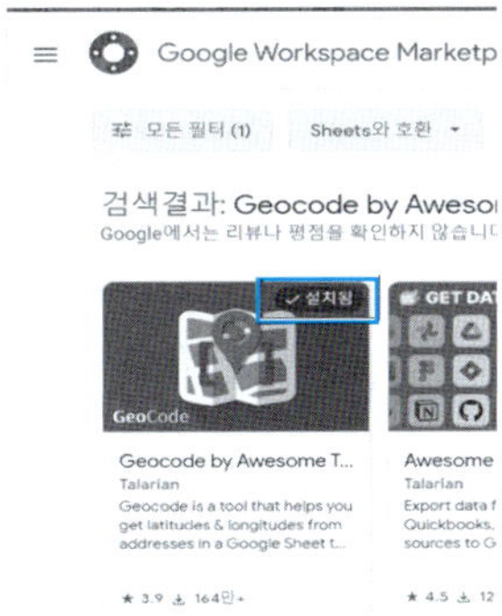

❺ 설치가 잘 되었다면 스프레드시트의 [확장 프로그램]에서 확인할 수 있다.

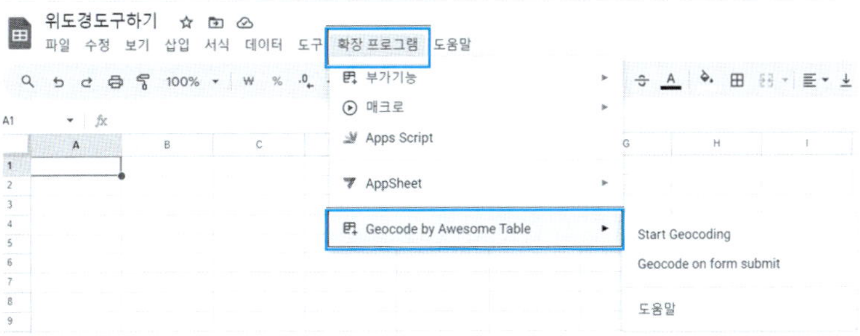

❻ 스프레드시트에서 주소를 입력 후 [확장 프로그램]-[Geocode by Awesome Table]-[Start Geocoding]을 선택한 후 'Address column'에서 '주소' 열을 선택하고 'Geocode!' 버튼을 클릭하면 주소의 위도와 경도값이 스프레드시트에 표시된다.

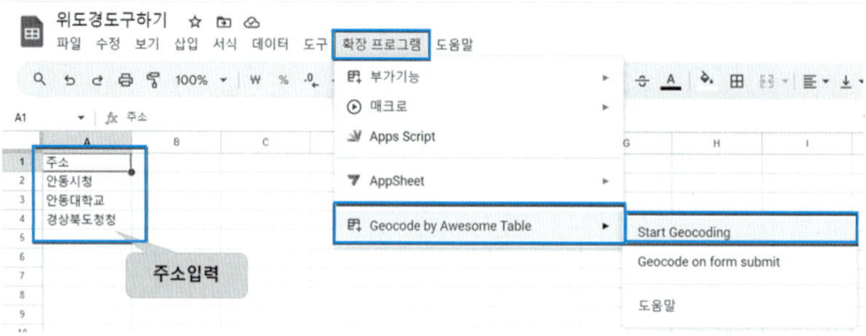

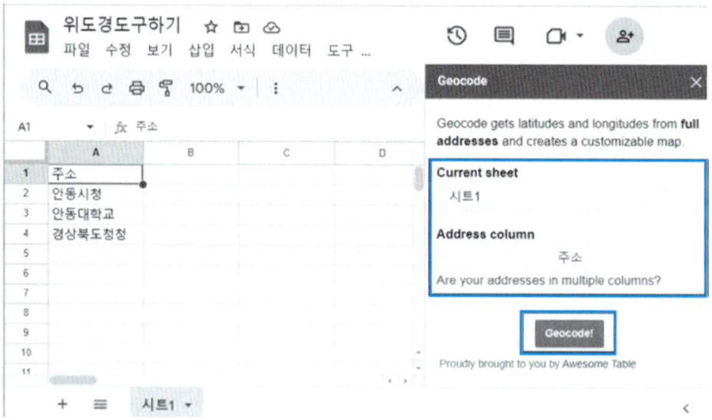

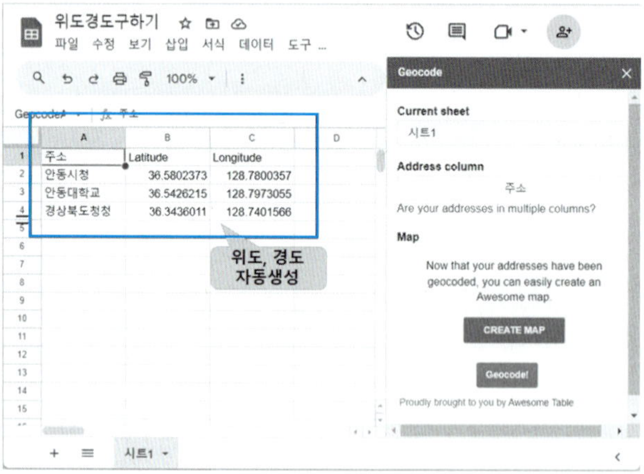

Tip 지도 시각화를 위한 라이브러리

파이썬을 사용하여 지도 시각화를 만들려면 매핑 기능을 제공하는 여러 라이브러리를 활용할 수 있다. 파이썬을 사용하여 지도 시각화에 사용할 수 있는 라이브러리에는 Folium, BaseMap, CartoPy, GeoPandas, Plotly, Bokeh, Plotnine, Pydeck 등 여러 가지가 있다. 폴리움(Folium) 라이브러리는 마지막 업데이트가 2021년 9월 기준으로 폴리움은 지리 공간 데이터를 시각화하는 데 사용된다. 폴리움 라이브러리의 주요 기능은 다음과 같다.

- 파이썬과의 손쉬운 통합: 친숙하고 간단한 파이썬 구문을 사용해서 지도를 간단하게 작성할 수 있으며, 파이썬 데이터 구조와 시각화 옵션의 조합을 사용하여 맵을 생성할 수 있다.
- 대화형 지도: 사용자가 확대/축소, 이동, 마커 및 폴리곤과 같은 지도 요소와 상호작용할 수 있다.
- 다양한 지도 타일: OpenStreetMap, Mapbox, Stamen 등 다양한 지도 타일 공급자를 지원함으로써 시각화 요구사항에 맞는 다양한 맵 스타일을 선택할 수 있다.
- 마커 및 팝업: 지도에 마커를 추가하여 특정 위치를 나타내고 팝업을 연결하여 클릭 시 추가 정보를 표시할 수 있다.
- 단계구분도(Choropleth): 색상을 사용하여 국가, 주 또는 카운티와 같은 다양한 지리적 영역에 대한 데이터 값을 나타내는 단계구분도 생성을 지원한다.
- 다각형 및 지오제이슨(GeoJSON) 데이터: 다각형을 그리고 맵에 오버레이하여 특정 지리적 영역 또는 경계를 강조 표시할 수 있으며, 지오제이슨 데이터 로딩을 지원해서 복잡한 모양과 경계를 나타낼 수 있다.
- 플러그인 및 확장: 사용자가 다양한 플러그인을 사용하여 기능을 확장하여 히트맵, 클러스터링 등과 같은 추가 기능을 사용할 수 있다.

폴리움을 사용하면 사용자가 파이썬 코드에서 직접 대화형 지도를 만들 수 있기 때문에 지리적 정보와 관련된 데이터 시각화 작업에 널리 사용된다. 우리는 폴리움 라이브러리를 사용해서 '경상북도 영덕군 수해대피장소'를 지도 시각화한다.

■ 데이터 수집

분석목표대로 분석을 하기 위해서는 지리정보인 위도와 경도값인 GPS 정보를 구할 수 있는 주소 데이터 또는 위도와 경도값이 저장된 데이터를 준비해야 한다. 데이터는 공공데이터포털(https://www.data.go.kr)에서 '경상북도 영덕군 수해대피장소'를 입력하여 검색한 후 CSV 파일을 다운받는다. '경상북도 영덕군 수해대피장소' 데이터는 2023년 5월 25일 업데이트된 데이터이다. 이 데이터는 No, 쉼터명칭, 도로명주소, 지번주소, 시설유형, 시설면적, 이용가능인원(명), 위도, 경도가 저장된 데이터이다.

	A	B	C	D	E	F	G	H	I
1	No	쉼터명칭	도로명주소	지번주소	시설유형	시설면적	이용가능인원(명)	위도	경도
2	1	윗천전 경로당겸마을회관	경상북도 영덕군 영덕읍 천전길 102-3	경상북도 영덕군 영덕읍 천전리 216	노인시설	71.75	18	36.4147573	129.3590612
3	2	아랫천전 경로당겸마을회관	경상북도 영덕군 영덕읍 천전2길 6-5	경상북도 영덕군 영덕읍 천전리 322-1	노인시설	54.3	14	36.4099792	129.3586082
4	3	남산1리 경로당겸마을회관	경상북도 영덕군 영덕읍 남산2길 16	경상북도 영덕군 영덕읍 남산리 232-1	노인시설	99	25	36.3949858	129.3700139
5	4	남산2리 경로당겸마을회관	경상북도 영덕군 영덕읍 신공업단지길 104-3	경상북도 영덕군 영덕읍 남산리 608	노인시설	83.88	21	36.395606	129.36094
6	5	우곡리 경로당겸마을회관	경상북도 영덕군 영덕읍 서원길 21-2	경상북도 영덕군 영덕읍 우곡리 401-3	노인시설	99.4	25	36.4079941	129.3772771
7	6	화수1리 경로당겸마을회관	경상북도 영덕군 영덕읍 화수1길 12	경상북도 영덕군 영덕읍 화수리 406-5	노인시설	68.75	17	36.4353937	129.3797939
8	7	삼계리 경로당겸마을회관	경상북도 영덕군 영덕읍 시걸길 194	경상북도 영덕군 영덕읍 삼계리 273	노인시설	35.06	9	36.4315214	129.4025957
9	8	매정1리 경로당겸마을회관	경상북도 영덕군 영덕읍 매정길 225	경상북도 영덕군 영덕읍 매정리 83-8	노인시설	68	17	36.4476233	129.4217492
10	9	매정2리 경로당겸마을회관	경상북도 영덕군 영덕읍 샛터길 3	경상북도 영덕군 영덕읍 매정리 1013	노인시설	75.52	19	36.4577605	129.4078255

■ 데이터 정제

저장된 데이터가 UTF-8로 설정되어 있지 않으면 한글이 깨질 수 있으니, 한글 깨짐 현상이 나타나면 메모장 프로그램을 열어서 '파일 – 다른 이름으로 저장 – 인코딩 방법을 UTF-8로 설정 – 저장'한다. 되도록 파일명도 한글에서 영문으로 변경한다. 여기에서는 'yd.csv'로 변경했다. 'yd.csv' 파일에 저장된 파일을 열어보면 한글로 된 컬럼명들이 설정되어 있으며, 한글 컬럼명들은 영문으로 변경해도 되며 그대로 한글명을 사용해도 된다.

❶ 데이터 정제에서 데이터 조작을 위한 판다스(Pandas) 라이브러리를 불러온다.

코드
```
import pandas as pd
```

❷ 구글 코랩(Google Colab)에서 작업을 하기 때문에 구글 드라이브에 데이터를 저장하고 데이터를 불러오기 위해 구글 드라이브를 연동(마운트)한다. 먼저 코랩에서 기본으로 설정된 폴더가 어디인지를 알기 위해 구글 드라이브를 마운트할 곳을 찾는다.

코드
```
pwd
```

결과
```
'/content'
```

데이터를 읽고 쓰기 위해 작업하고 있는 구글 드라이브와 연결한다. 코랩에서 기본 폴더를 'content' 안에서 해결하는 게 좋다. 왜냐하면 코랩은 결 때마다 설정이 리셋되기 때문에 복잡하게 설정할 필요가 없다.

아래 그림에서 색으로 표시된 폴더를 클릭한 후 구글 드라이브를 마운트한다. drive라는 폴더가 생성되면 마운트가 잘된 것이다. 'drive-MyDrive'가 현재 자신이 사용하고 있는 구글 드라이브이다.

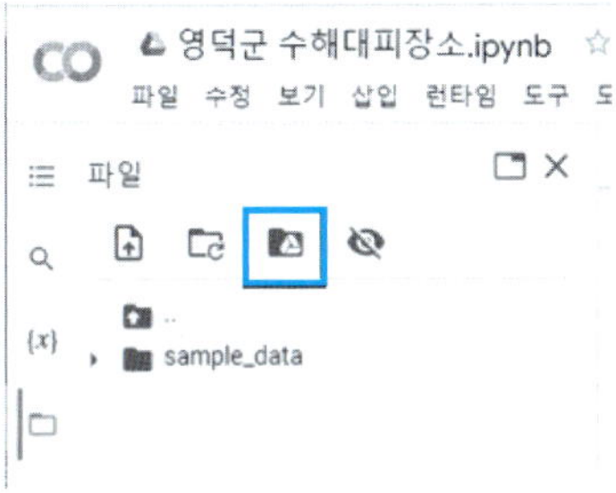

dirve 폴더를 코랩에서 마운트하기 위해서는 다음과 같은 코드를 입력한다.

코드
```
from google.colab import drive
drive.mount('/content/drive')
```

결과
```
Mounted at /content/drive
```

위 코드를 실행시키면 구글 드라이브 파일에 연결할 것을 묻는 물음이 뜨고 'Google Drive에 연결'을 선택하면 계정 선택 후 드라이브가 연동된다.

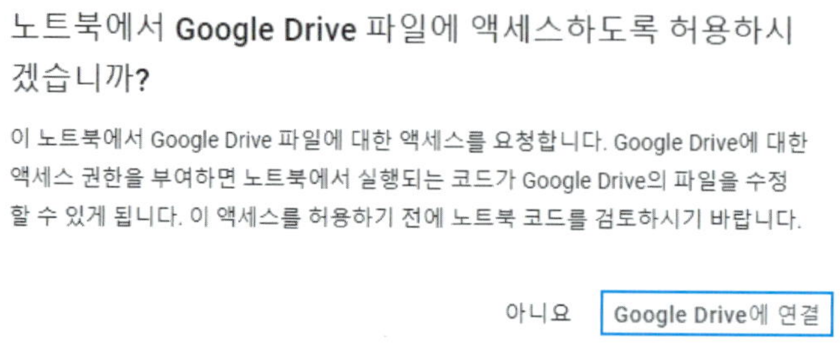

❸ 다음은 csv 파일을 불러온다. 파일의 경로는 불러올 파일에 마우스 오른쪽 버튼을 클릭하여 '경로 복사'를 선택하고 파일의 경로를 복사해서 가져온다.

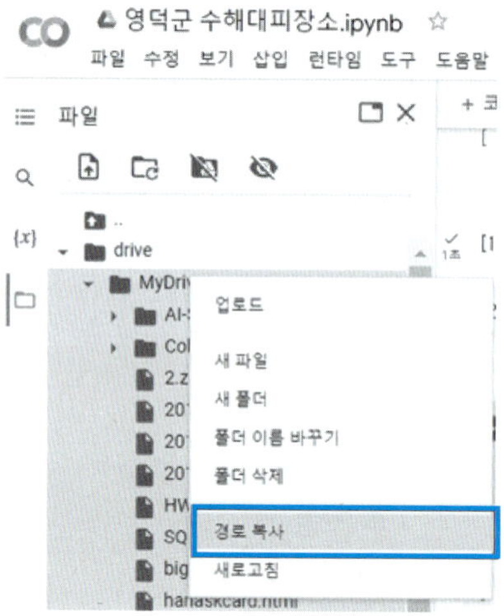

❹ csv 파일은 판다스로 불러올 수 있으며, 복사된 파일의 경로는 read_csv()에 붙여준다. 판다스에서 불러온 csv 파일은 data에 저장한다. 판다스에서 불러온 파일은 249개의 행과 9개의 컬럼으로 이루어진 데이터임을 알 수 있다. 'yd.csv' 파일을 읽어서 data로 저장한다.

코드

```
data = pd.read_csv('/content/drive/MyDrive/yd.csv')
data
```

결과

	No	쉼터명칭	도로명주소	지번주소	시설유형	시설면적	이용가능인원(명)	위도	경도
0	1	윗천전 경로당겸마을회관	경상북도 영덕군 영덕읍 천전길 102-3	경상북도 영덕군 영덕읍 천전리 216	노인시설	71.75	18	36.414757	129.359061
1	2	아랫천전 경로당겸마을회관	경상북도 영덕군 영덕읍 천전2길 6-5	경상북도 영덕군 영덕읍 천전리 322-1	노인시설	54.30	14	36.409979	129.358608
2	3	남산1리 경로당겸마을회관	경상북도 영덕군 영덕읍 남산2길 16	경상북도 영덕군 영덕읍 남산리 232-1	노인시설	99.00	25	36.394986	129.370014
3	4	남산2리 경로당겸마을회관	경상북도 영덕군 영덕읍 신공업단지길 104-3	경상북도 영덕군 영덕읍 남산리 608	노인시설	83.88	21	36.395606	129.360940
4	5	우곡리 경로당겸마을회관	경상북도 영덕군 영덕읍 서원길 21-2	경상북도 영덕군 영덕읍 우곡리 401-3	노인시설	99.40	25	36.407994	129.377277
...	...	...	...	...	...	...	...	...	...
244	245	영해중고등학교	경상북도 영덕군 영해면 예주길 135	경상북도 영덕군 영해면 예주길 135	학교	1700.00	653	36.542229	129.413028
245	246	영해초등학교	경상북도 영덕군 영해면 예주5길 22	경상북도 영덕군 영해면 예주5길 22	학교	813.00	313	36.538717	129.411186
246	247	병곡면사무소	경상북도 영덕군 병곡면 병곡길 72	경상북도 영덕군 병곡면 병곡길 72	관공서	604.00	232	36.602244	129.410601
247	248	인량1리경로당	경상북도 영덕군 창수면 인량2길 26	경상북도 영덕군 창수면 인량2길 26	경로당	90.00	34	36.554293	129.373172
248	249	창수면사무소	경상북도 영덕군 창수면 신기길 5	경상북도 영덕군 창수면 신기길 5	관공서	198.00	76	36.546275	129.348236

249 rows × 9 columns

❺ data의 '위도', '경도', '쉼터명칭'의 컬럼만 검색해본다.

코드

```
data[['위도', '경도', '쉼터명칭']]
```

결과

	위도	경도	쉼터명칭
0	36.414757	129.359061	윗천전 경로당겸마을회관
1	36.409979	129.358608	아랫천전 경로당겸마을회관
2	36.394986	129.370014	남산1리 경로당겸마을회관
3	36.395606	129.360940	남산2리 경로당겸마을회관
4	36.407994	129.377277	우곡리 경로당겸마을회관
...	...	...	...
244	36.542229	129.413028	영해중고등학교
245	36.538717	129.411186	영해초등학교
246	36.602244	129.410601	병곡면사무소
247	36.554293	129.373172	인량1리경로당
248	36.546275	129.348236	창수면사무소

249 rows × 3 columns

■ 데이터 분석 및 지도 시각화

지리정보를 분석하기 위해 폴리움 라이브러리를 사용한다. '경상북도 영덕군 수해 대피장소' 데이터를 활용해서 지리적 정보를 활용해 지도 시각화 작업을 한다.

❶ 다음 명령을 실행하여 폴리움 라이브러리를 설치한다.

코드
```
pip install folium
```

※ 설치된 폴리움 라이브러리의 정보를 확인한다.

코드
```
pip show folium
```

결과
```
Name: folium
Version: 0.14.0
Summary: Make beautiful maps with Leaflet.js & Python
Home-page: https://github.com/python-visualization/folium
Author: Rob Story
Author-email: wrobstory@gmail.com
License: MIT
Location: /usr/local/lib/python3.10/dist-packages
Requires: branca, jinja2, numpy, requests
Required-by: datascience
```

❷ 지도 시각화에 필요한 폴리움 라이브러리를 불러온다.

코드
```
import folium
```

❸ Map() 함수를 사용해 기본 지도 개체를 만든다. Map() 함수 안에 지도의 중심으로 지정할 위도와 경도를 location 값으로 입력해서 지정한 위도와 경도의 좌표 위치를 불러온다. location=[위도(latitude), 경도(longitude)]의 경우 위도와 경도값을 리스트로 지정하여 지도의 중심 좌표를 설정한다. 위도와 경도를 중심으로 원하는 좌표로 교체하여 지도 중앙에 배치할 수 있다. 경상북도 영덕군의 수해대피장소를 지도 시각화하기 위해서 기본 지도의 위치는 영덕군청을 중심으로 작성하기로 한다. 영덕군청의 위도는 36.415009, 경도는 129.3657269이다. location 값에 영덕군청의 위도와 경도값을 입력해서 경상북도 영덕군의 지도를 기본 지도로 불러온다.

코드

```
m = folium.Map(location=[36.415009, 129.3657269])
m                    #지도를 표시하려면 Map() 함수를 이용해 작성된 m 객체를 부른다.
```

결과

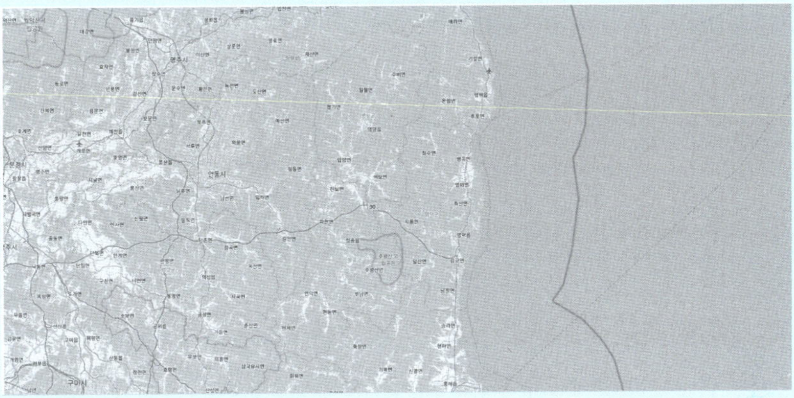

❹ 지도 표시의 확대축소는 zoom_start로 작성하며, zoom_start의 범위는 최대 18로 설정할 수 있다. zoom_start 값을 높게 입력할수록 지도의 확대비율은 높게 표시된다. zoom_start 값을 0으로 설정하면 전 세계적인 전체 지도를 나타낸다. 대략적으로 10~13 정도로 설정하면 대부분의 경우 하나의 광역시를 볼 수 있을 것이다. 경상북도의 영덕군 내의 지도를 설정하기 위해서 zoom_start 값을 11로 설정한다. 이 값은 예상치이며 실제로 원하는 지도의 범위를 얻기 위해서는 zoom_start 값을 조금씩 조정해가며 설정하는 것이 좋다.

코드

```
map = folium.Map(location=[latitude, longitude], zoom_start=11)
```

❺ 지도의 크기를 설정하려면 width, height의 매개변수로 설정해야 하며, width는 너비, height는 높이이다. 단위는 퍼센트(%) 또는 픽셀(px)단위로 설정할 수 있으며, 퍼센트(%)단위로 설정하면 화면의 크기에 비례해서 표시된다.

코드

```
m = folium.Map(location=[36.415009, 129.3657269],
               zoom_start=11,               #지도 크기는 11
               width=800,                   #너비는 800픽셀
               height=600)                  #높이는 600픽셀

m
```

결과

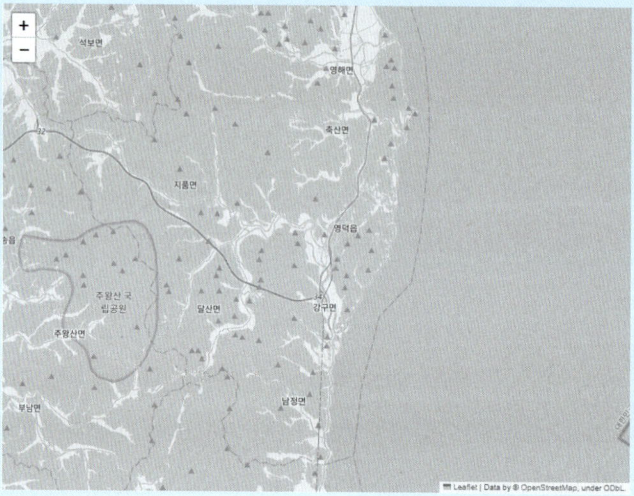

❻ 지도 타일을 변경할 수 있다. tiles 값을 지정하면 지정한 스타일로 지도의 타일을 바꿔 지도의 모양을 변경하거나 개선할 수 있다. 'Stamen Toner'는 출력한 지도의 결과가 흑백으로 간결하게 표현되며, 도로, 도시, 주요 지리적 특성 등을 명확하게 보여주는 특징이 있다.

코드

```
m = folium.Map(location=[36.415009, 129.3657269],
               zoom_start=11,
               width=800,
               height=600,
               tiles='Stamen Toner')

m
```

결과

기존 Map 객체를 생성한 후에 타일 레이어를 추가해서 생성할 수도 있다.

코드

```
m = folium.Map(location=[36.415009, 129.3657269],
               zoom_start=11,
               width=800,
               height=600)

folium.TileLayer('stamentoner').add_to(m)

m
```

❼ Marker() 함수를 사용해 구글맵(GoogleMap) 또는 네이버 지도에 위치를 나타내는 마커 표시처럼 지도에 원하는 좌표 데이터를 입력해 지도에 마커를 추가해서 특정 위치를 나타낼 수 있다. folium.Marker() 함수를 사용하고 표시하려는 위치의 위도와 경도를 지정해 기본 지도 객체를 생성한다. 마커를 사용하기 위해 기본 지도 객체를 정의한다.

코드

```
m = folium.Map(location=[36.415009, 129.3657269],
               zoom_start=16,
               width=800,
               height=600,
               tiles='OpenStreetMap')
m
```

❽ Marker() 함수는 팝업(popup)과 툴팁(tooltip)을 정의할 수 있는데, 팝업은 마커를 클릭했을 때 팝업창에서 추가 정보를 제공하는 메시지를 추가할 수도 있다. 툴팁은 마우스를 마커에 가져다 대면 정의된 세부 설명을 제공한다. Marker 객체에 add_to() 메서드를 사용해 지도 객체 m을 전달하면 지도에 마커가 추가된다.

코드

```
m = folium.Map(location=[36.415009, 129.3657269],
               zoom_start=16,
               width=800,
               height=600,
               tiles='OpenStreetMap')

folium.Marker([36.415009, 129.3657269], popup='여기는 영덕군청입니다.',
  tooltip='영덕군청').add_to(m)
m
```

결과

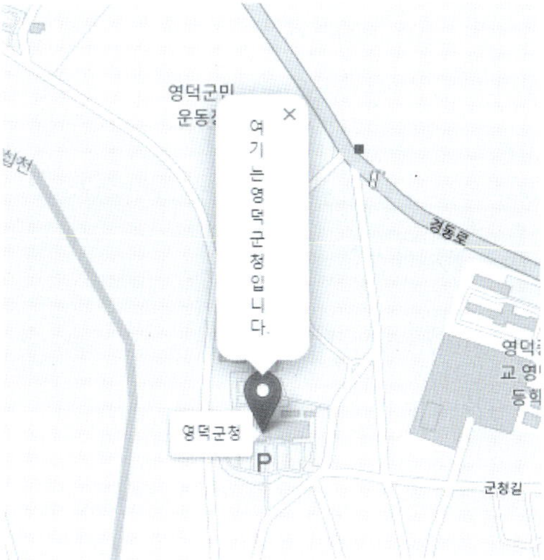

마우스를 마커에 가져다 대면 '영덕군청'이라는 메시지가 나타나고, 마커를 클릭하면 마커 위에 '여기는 영덕군청입니다'라는 문자열이 생성된다. 마커는 지도에 여러 개를 설정할 수도 있다. popup 매개변수는 일반적인 텍스트뿐만 아니라 HTML의 태그(tag)가 지원된다. 기울임(〈i〉〈/i〉), 진하게(〈b〉〈/b〉) 등의 텍스트 스타일링, 이미지, 링크 등의 다양한 스타일과 요소를 가진 태그를 이용해서 글씨의 스타일을 적용할 수 있다.

9 지도 객체에 수해대피장소 위치 표시하기

폴리움에서 플러그인하는 방법은 클래스 선언 형식으로 두 가지 방법이 있다.

- **방법1**: 'from folium import plugins'를 패키지 정의 후 plugins.MarkerCluster(...) 형식으로 사용되는 경우

```
import folium

from folium import plugins

plugins.MarkerCluster(location_data).add_to(m)          #plugins.함수명으로 실행
```

- 방법2: 'from folium.plugins import MakerCluster'를 정의한 후 MarkerCluster(...) 형식으로 사용되는 경우

```
import folium

from folium.plugins import MakerCluster

MarkerCluster(location_data).add_to(m)                    #함수명으로 실행
```

MarkerCluster를 이용해서 특정 지역 내에 수해대피장소 개수를 지도에 표시한다. 아래 그림은 수해대피장소를 지도 객체에 표시한 후 MarkerClustering을 했다. 위치 표시 후 주변의 수해대피장소를 일정 지역으로 묶어서(클러스터링) 표현했으며, 근처의 합계를 표시했다. 축소/확대에 따라 클러스터링 되는 숫자는 자동 변환이 된다. MakerCluster를 이용해서 특정 지역 내에 수해대피장소 개수를 지도에 표시할 수 있다. 기본 지도로 설정한 지도에 플러그인 관련한 소스만 추가하면 쉽게 지도 시각화가 가능하다.

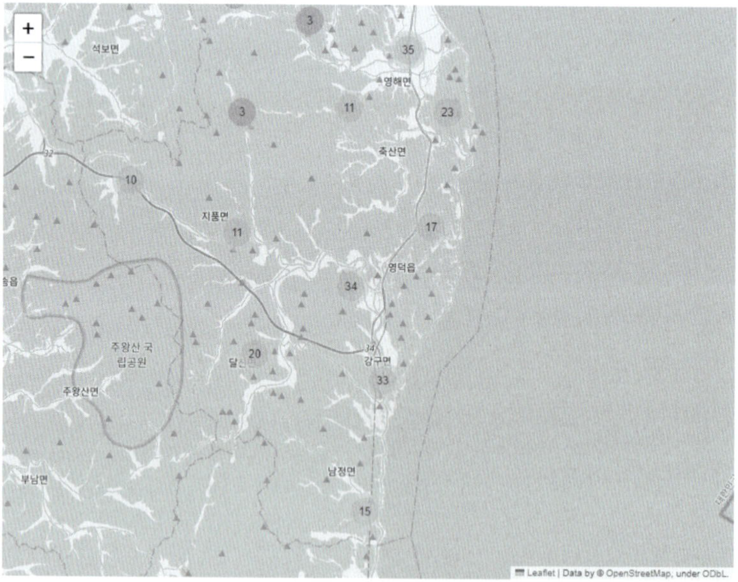

위도와 경도를 변수의 이름으로 사용하면 코드의 가독성과 유지보수성이 좋아지기 때문에 위도와 경도를 변수의 이름으로 사용한다.

```
latitude = 36.415009
longitude = 129.3657269
```

'위도'는 lat, '경도'는 long, '쉼터명칭'을 name으로 설정했으며, 툴팁은 'name'으로, 아이콘 색상은 'purple'로, 모양은 'star'로 나타냈다.

```
folium.Marker([lat,long],tooltip=name,icon= folium.Icon(color="purple",
  icon='star')).add_to(marker_cluster)
```

코드

```
#마커 클러스터링 플러그인 사용을 위한 라이브러리 추가
from folium.plugins import MarkerCluster

# 위도
latitude = 36.415009
# 경도
longitude = 129.3657269

# 기본 지도 객체 m 생성
m = folium.Map(
               location=[latitude, longitude],
               zoom_start=11,
               width=800,
               height=600,
               tiles='OpenStreetMap')

# data에서 '위도', '경도', '쉼터명칭'을 coords로 저장
coords = data[['위도', '경도', '쉼터명칭']]

# 마커 클러스터 추가하기
marker_cluster = MarkerCluster().add_to(m)
```

```
# for문을 이용해서 위치를 하나씩 추가하기
for lat, long, name in zip(coords['위도'], coords['경도'], coords['쉼터명칭']):
      folium.Marker([lat,long],tooltip=name,icon= folium.Icon(color="purple",
      icon='star')).add_to(marker_cluster)

m
```

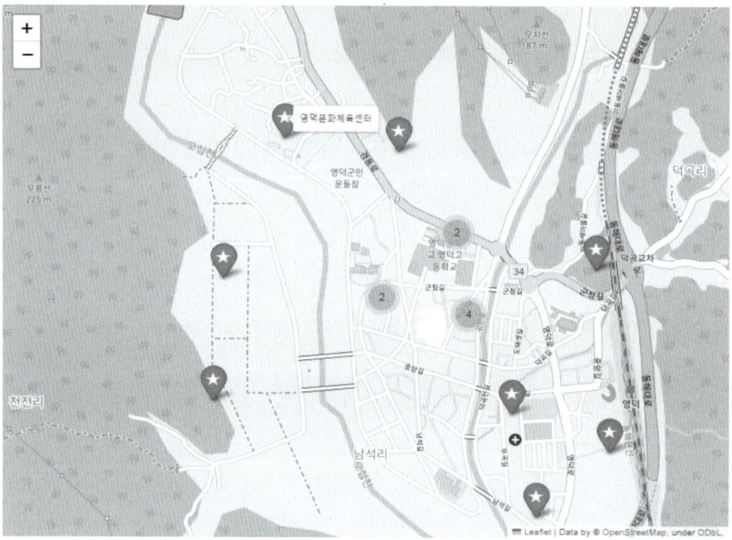

폴리움 라이브러리에는 폴리곤, 툴팁, 히트맵 등을 추가하는 것과 같이 더 많은 기능과 옵션을 제공하여 사용자 정의 지도를 만들고 이를 활용해서 지리 데이터를 시각화할 수 있다. 더 많은 정보는 공식 폴리움 문서(https://python-visualization.github. io /folium/)를 참고하길 바란다.

⑩ m.save('ydmap.html')를 사용해서 생성된 지도를 HTML 파일로 저장할 수 있다. 저장된 지도맵 파일을 웹 브라우저에서 열어서 확인한다. 화면을 드래그해서 보이는 지도 위치를 이동할 수도 있으며, 마커를 클릭하면 '수해대피장소'명이 툴팁으로 나타난다.

코드

```
#지도를 hmtl 파일로 저장하기
m.save('ydmap.html')

#저장된 hmtl 파일을 웹 브라우저에서 열기 위한 라이브러리 불러오기
import webbrowser

#html 파일이 저장된 경로 설정해서 웹 브라우저에서 열기
webbrowser.open('c:/Users/Downloads/ydmap.html')
```

■ 전체 코드 확인

다음은 데이터 분석 및 지도 시각화를 위한 전체 코드이다.

```
#판다스 설치(별명을 pd라 함)
import pandas as pd

#folium 라이브러리 설치
pip install folium

#기본 폴더 확인
pwd

#colab의 드라이브 마운트
from google.colab import drive
drive.mount('/content/drive')

# yd.csv 파일을 data로 가져옴. (사용자가 csv 파일을 저장한 폴더 설정)
data = pd.read_csv('/content/drive/MyDrive/yd.csv')

#data 열어서 확인
data

#data의 '위도', '경도', '쉼터명칭' 확인
data[['위도', '경도', '쉼터명칭']]
```

```
#folium 라이브러리 오픈
import folium

# 가까운 지역을 클러스터링하기 위해서 MarkerCluster 오픈
from folium.plugins import MarkerCluster

#기본 지도 객체 위도와 경도 설정, 위도, 경도를 변수로 설정해서 가독성, 유지보수성 높임
latitude = 36.415009                            #위도
longitude = 129.3657269                         #경도

#지도를 표시하려면 Map() 함수를 이용해 작성된 m 객체를 부른다.
m = folium.Map(
              location=[latitude, longitude],
              zoom_start=15,
              width=800,
              height=600,
              tiles='OpenStreetMap')
coords = data[['위도', '경도','쉼터명칭']]


marker_cluster = MarkerCluster().add_to(m)

for lat, long, name in zip(coords['위도'], coords['경도'], coords['쉼터명칭']):
    folium.Marker([lat, long],tooltip=name, icon=folium.Icon(color="purple",
  icon='star')).add_to(marker_cluster)

m# 지도를 hmtl 파일로 저장하기
m.save('ydmap.html')

#저장된 hmtl 파일을 웹 브라우저에서 열기 위한 라이브러리 불러오기
import webbrowser

#html 파일이 저장된 경로 설정해서 웹 브라우저에서 열기
webbrowser.open('c:/Users/Downloads/ydmap.html')
```

5.2 우리나라 인구 소멸위험지역 분석

'지역고용리뷰' 2020년 1호 보고서 "포스트 코로나19와 지역의 기회"에 따르면, 코로나19로 인해 수도권으로 인구 유입이 증가하고, 지방은 소멸위험이 가속화되고 있다는 분석 결과가 나왔다. 전국 228개 시군구 기준 소멸위험지역은 2019년 5월 93개(40.8%)에서 2020년 4월 105개(46.1%)로 12곳이나 증가하였다. 읍면동 기준 소멸위험지역 역시 2017년 5월 1,483곳(전체 3,459)에서 2020년 5월 1,702곳(전체 3,545곳)으로 증가하였다. 소멸위험지수는 한 지역의 20~39세 가임 여성 인구수를 해당 지역의 65세 이상 고령 인구수로 나눈 값으로, 0.5 미만이면 소멸위험지역에 속한다. 우리나라 인구 소멸위험지역이 얼마나 되는지 데이터 분석을 통해 확인해보자.

■ 데이터 다운로드

인구 소멸지수를 계산하기 위해 필요한 데이터는 국가통계포털의 공공데이터를 활용한다.

❶ 국가통계포털(https://kosis.kr/index/index.do)에 접속한다.

❷ [국내통계]-[주제별 통계]를 클릭한다.

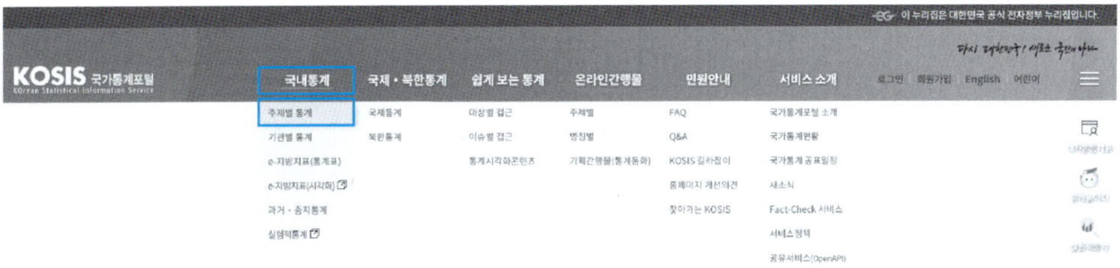

❸ [인구]-[인구총조사]-[인구부문]-[총조사인구(2015년 이후)]-[전수부문(등록센서스, 2015년 이후)]-[전수기본표]-[연령 및 성별 인구-읍면동(연도 끝자리 0.5), 시군구(그 외 연도)]를 선택한다.

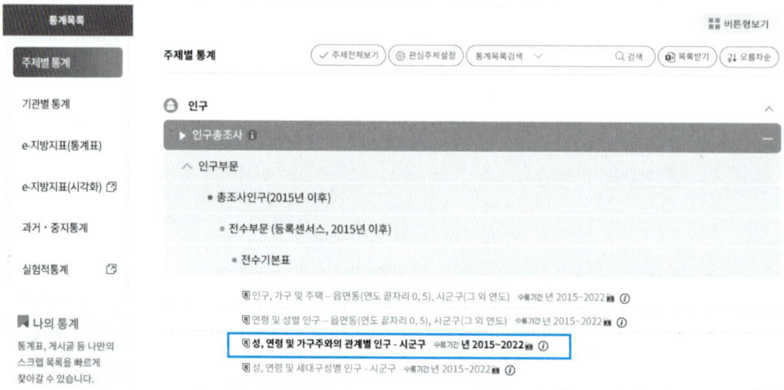

❹ 2022년도의 연령 및 성별 인구 데이터가 추출된다.

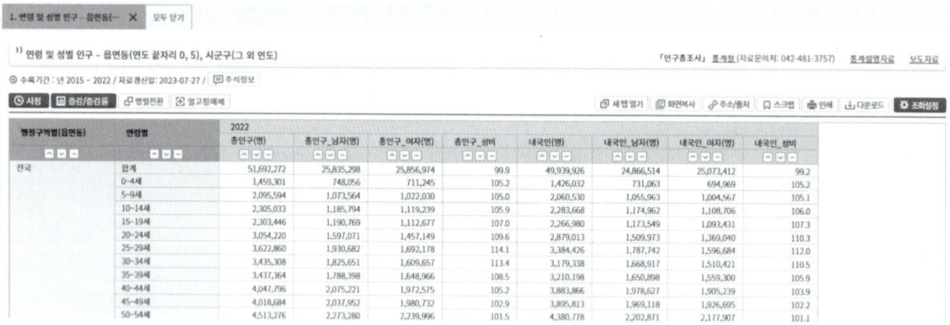

행정구역별(읍면동)	연령별	2022 총인구(명)	총인구_남자(명)	총인구_여자(명)	총인구_성비	내국인(명)	내국인_남자(명)	내국인_여자(명)	내국인_성비
전국	합계	51,692,272	25,835,298	25,856,974	99.9	49,939,926	24,866,514	25,073,412	99.2
	0~4세	1,459,301	748,056	711,245	105.2	1,426,032	731,063	694,969	105.2
	5~9세	2,095,594	1,073,564	1,022,030	105.0	2,060,530	1,055,963	1,004,567	105.1
	10~14세	2,305,033	1,185,794	1,119,239	105.9	2,283,668	1,174,962	1,108,706	106.0
	15~19세	2,303,446	1,190,769	1,112,677	107.0	2,266,980	1,173,549	1,093,431	107.3
	20~24세	3,054,220	1,597,071	1,457,149	109.6	2,879,013	1,509,973	1,369,040	110.3
	25~29세	3,622,860	1,930,682	1,692,178	114.1	3,384,426	1,787,742	1,596,684	112.0
	30~34세	3,435,308	1,825,651	1,609,657	113.4	3,179,338	1,668,917	1,510,421	110.5
	35~39세	3,437,364	1,788,398	1,648,966	108.5	3,210,198	1,650,898	1,559,300	105.9
	40~44세	4,047,796	2,075,221	1,972,575	105.2	3,883,866	1,978,627	1,905,239	103.9
	45~49세	4,018,684	2,037,952	1,980,732	102.9	3,895,813	1,969,118	1,926,695	102.2
	50~54세	4,513,276	2,273,280	2,239,996	101.5	4,380,778	2,202,871	2,177,907	101.1

❺ [조회조건] 버튼을 눌러 항목 탭에서 '총인구(명), '총인구_남자(명)', '총인구_여자(명)'를 선택한다.

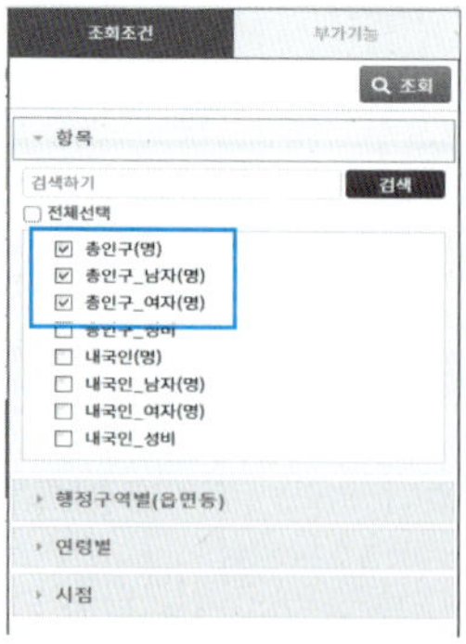

❻ [행정구역별(읍면동)]을 눌러 '1, 2레벨'을 선택한다.

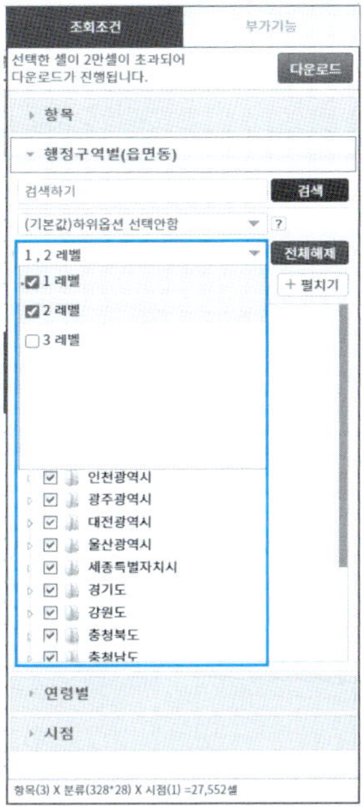

❼ [연령별] 탭을 눌러 '합계', '20~24세', '25~29세', '30~34세', '35~39세', '65세 이상'을 선택한다.

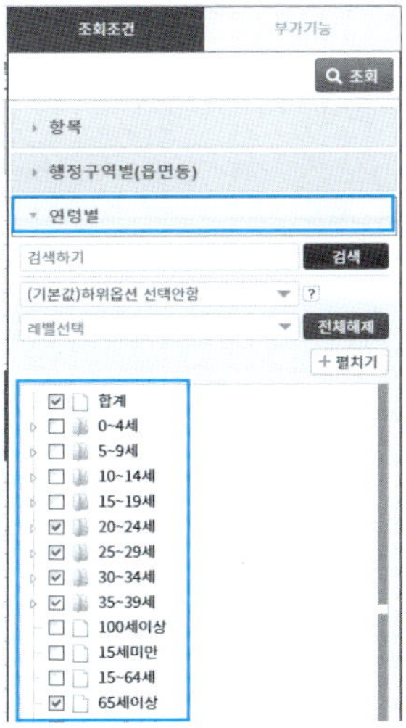

❽ [조회조건]을 눌러 [조회] 버튼을 클릭한다.

❾ 연령별 데이터를 열 데이터로 바꾸기 위해 [행렬전환] 버튼을 눌러 데이터의 행과 열을 바꾼 후 [적용] 버튼을 클릭한다.

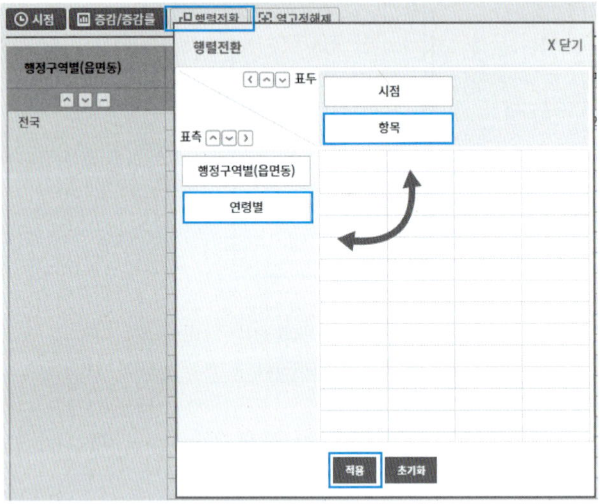

❿ 행 데이터에는 행정구역과 항목이, 열 데이터에는 시점과 연령이 나왔는지 확인한 후 [다운로드] 버튼을 눌러 엑셀 파일로 다운로드한다. 다운로드된 파일은 파일명을 data.txt로 변경한 후 구글 드라이브의 Colab Notebooks 폴더 안에 업로드한다.

시점 | 증감/증감률 | 행렬전환 | 열고정해제 | 새 탭 열기 | 화면복사 | 주소/출처 | 스크랩 | 인쇄 | 다운로드

행정구역별(읍면동)	항목	2021					
		합계	20~24세	25~29세	30~34세	35~39세	65세이상
전국	총인구(명)	51,738,071	3,223,654	3,663,127	3,332,272	3,622,347	8,706,561
	총인구_남자(명)	25,850,044	1,681,183	1,954,718	1,759,768	1,877,724	3,788,353
	총인구_여자(명)	25,888,027	1,542,471	1,708,409	1,572,504	1,744,623	4,918,208
읍부	총인구(명)	5,183,834	292,784	309,699	302,753	361,552	908,566
	총인구_남자(명)	2,658,474	163,952	179,610	167,899	192,041	389,927
	총인구_여자(명)	2,525,360	128,832	130,089	134,854	169,511	518,639
면부	총인구(명)	4,534,456	194,940	228,286	217,383	228,725	1,420,931
	총인구_남자(명)	2,352,247	117,263	146,419	133,917	134,621	608,462
	총인구_여자(명)	2,182,209	77,677	81,867	83,466	94,104	812,469
동부	총인구(명)	42,019,781	2,735,930	3,125,142	2,812,136	3,032,070	6,377,064
	총인구_남자(명)	20,839,323	1,399,968	1,628,689	1,457,952	1,551,062	2,789,964
	총인구_여자(명)	21,180,458	1,335,962	1,496,453	1,354,184	1,481,008	3,587,100
서울특별시	총인구(명)	9,472,127	638,048	832,518	736,967	706,701	1,564,390
	총인구_남자(명)	4,584,251	293,222	402,877	367,728	355,541	693,229
	총인구_여자(명)	4,887,876	344,826	429,641	369,239	351,160	871,161

■ 필요한 라이브러리를 임포트한다.

코드
```
import numpy as np
import pandas as pd
import os
```

■ **데이터 불러오기**

먼저 파일을 구글 드라이브에서 읽어오기 위해 마운트한다.

코드
```
from google.colab import drive    # Google Drive 패키지 불러오기
drive.mount('/gdrive', force_remount=True)
```

결과
```
Mounted at /gdrive
```

os.chdir() 함수를 이용해 구글 드라이브의 Colab Notebooks 위치로 디렉토리를 변경한다.

!pwd를 이용해 현재 디렉토리를 확인한다.

코드
```
os.chdir('/gdrive/My Drive/Colab Notebooks/')
!pwd
```

결과
```
/gdrive/My Drive/Colab Notebooks/
```

pd.read_excel()을 이용해 data.xlsx 파일을 불러와 df에 할당한다. 이때 header=1이라는 옵션을 주어 열 인덱스로 사용할 행번호를 지정한다. df.head()을 이용해 상위 5개의 데이터를 확인한다.

코드
```
df=pd.read_excel('data.xlsx',header=1)
df.head()
```

결과

	행정구역별(읍면동)	항목	합계	20~24세	25~29세	30~34세	35~39세	65세이상
0	전국	총인구(명)	51829136	3364804	3666212	3301331	3805470	8287243
1	NaN	총인구_남자(명)	25915207	1762135	1959723	1742483	1970249	3584929
2	NaN	총인구_여자(명)	25913929	1602669	1706489	1558848	1835221	4702314
3	서울특별시	총인구(명)	9586195	664188	835286	734952	745117	1499448
4	NaN	총인구_남자(명)	4647733	308209	406953	367172	375820	664003

■ 데이터 전처리

pandas.rename()을 이용하면 데이터프레임의 열이름을 바꿀 수 있다. 데이터프레임 원본에서 복사된 새 데이터프레임을 반환하며, 복사하지 않고 내부에서 데이터프레임을 수정하려면 inplace=True 매개변수를 사용해야 한다. 불러온 데이터프레임의 컬럼명을 다음과 같이 수정하고 내용을 확인한다.

코드

```
df.rename(columns={'행정구역별(읍면동)':'시도','항목':'구분','합계':'인구수'},
                   inplace=True)
df
```

결과

	시도	구분	인구수	20~24세	25~29세	30~34세	35~39세	65세이상
0	전국	총인구(명)	51829136	3364804	3666212	3301331	3805470	8287243
1	NaN	총인구_남자(명)	25915207	1762135	1959723	1742483	1970249	3584929
2	NaN	총인구_여자(명)	25913929	1602669	1706489	1558848	1835221	4702314
3	서울특별시	총인구(명)	9586195	664188	835286	734952	745117	1499448
4	NaN	총인구_남자(명)	4647733	308209	406953	367172	375820	664003

판다스에서 빈 값이 포함된 데이터를 가져오면 'NaN'을 채워 넣는다. 이러한 NaN 데이터를 결측값이라고 한다. 결측값을 확인하는 함수는 isnull()를 사용한다. isnull() 함수는 데이터가 있으면 False, 없으면 True를 반환한다. isnull() 함수를 이용해 합계를 구해보면 608개의 빈 셀이 존재하는 것을 확인할 수 있다.

코드

```
df.isnull().sum()
```

결과

```
시도        608
구분          0
인구수        0
20~24세       0
25~29세       0
30~34세       0
35~39세       0
65세이상      0
dtype: int64
```

판다스에서는 결측값 데이터를 처리하기 위해 dropna()와 fillna() 함수를 제공한다.

코드	설명
dropna(how='all')	행의 요소가 모두 NaN일 때 해당 행 제거
dropna(how='any')	행의 요소 중 하나라도 NaN이 있으면 해당 행 제기
fillna(value=5.0)	NaN 셀을 5.0으로 대체
fillna(method='pad') fillna(method='ffill')	NaN 데이터를 앞에 있는 데이터로 채움
fillna(method='bfill') fillna(method='backfill')	NaN 데이터를 뒤에 있는 데이터로 채움

NaN 데이터를 위에 있는 데이터로 채우기한 후 데이터프레임의 상위 5개 데이터를 확인한다.

코드

```
df.fillna(method='pad',inplace=True)
df.head()
```

결과

	시도	구분	인구수	20~24세	25~29세	30~34세	35~39세	65세이상
0	전국	총인구(명)	51829136	3364804	3666212	3301331	3805470	8287243
1	전국	총인구_남자(명)	25915207	1762135	1959723	1742483	1970249	3584929
2	전국	총인구_여자(명)	25913929	1602669	1706489	1558848	1835221	4702314
3	서울특별시	총인구(명)	9586195	664188	835286	734952	745117	1499448
4	서울특별시	총인구_남자(명)	4647733	308209	406953	367172	375820	664003

해당 구가 속한 광역시를 알아보기 위해 시도 데이터를 이용하여 '광역시도' 열을 추가한다.

'시도' 열의 값을 그대로 넣어서 '광역시도' 컬럼을 추가한다.

코드

```
df['광역시도']=df['시도']
df.head()
```

결과

	시도	구분	인구수	20~24세	25~29세	30~34세	35~39세	65세이상	광역시도
0	전국	총인구(명)	51829136	3364804	3666212	3301331	3805470	8287243	전국
1	전국	총인구_남자(명)	25915207	1762135	1959723	1742483	1970249	3584929	전국
2	전국	총인구_여자(명)	25913929	1602669	1706489	1558848	1835221	4702314	전국
3	서울특별시	총인구(명)	9586195	664188	835286	734952	745117	1499448	서울특별시
4	서울특별시	총인구_남자(명)	4647733	308209	406953	367172	375820	664003	서울특별시

'광역시도' 열에서 ['전국', '서울특별시', '인천광역시', '대전광역시', '대구광역시', '부산광역시', '광주광역시', '울산광역시', '세종특별자치시', '강원도', '경기도', '충청북도', '충청남도', '경상북도', '경상남도', '전라북도', '전라남도', '제주특별자치도']를 제외한 데이터를 삭제하고, head()에 인수 30을 넣어 데이터를 확인한다.

코드

```
citys=['전국', '서울특별시', '인천광역시', '대전광역시', '대구광역시', '부산광역시',
       '광주광역시', '울산광역시', '세종특별자치시', '강원도', '경기도', '충청북도',
       '충청남도', '경상북도', '경상남도', '전라북도', '전라남도', '제주특별자치도']
#citys에 있는 광역시도를 제외한 데이터를 None으로 대체한다.
df['광역시도']=[ city if city in citys else None for city in df['광역시도']]
df.head(30)
```

결과

	시도	구분	인구수	20~24세	25~29세	30~34세	35~39세	65세이상	광역시도
0	전국	총인구(명)	51829136	3364804	3666212	3301331	3805470	8287243	전국
1	전국	총인구_남자(명)	25915207	1762135	1959723	1742483	1970249	3584929	전국
2	전국	총인구_여자(명)	25913929	1602669	1706489	1558848	1835221	4702314	전국
3	서울특별시	총인구(명)	9586195	664188	835286	734952	745117	1499448	서울특별시
4	서울특별시	총인구_남자(명)	4647733	308209	406953	367172	375820	664003	서울특별시
5	서울특별시	총인구_여자(명)	4938462	355979	428333	367780	369297	835445	서울특별시
6	종로구	총인구(명)	151291	14111	13997	10662	10065	25353	None
7	종로구	총인구_남자(명)	73062	6221	7205	5391	5023	11154	None
8	종로구	총인구_여자(명)	78229	7890	6792	5271	5042	14199	None

광역시도 열의 None 데이터를 위에 있는 데이터로 채우고 확인한다.

코드

```
df.fillna(method='pad',inplace=True)
df.head(15)
```

결과

	시도	구분	인구수	20~24세	25~29세	30~34세	35~39세	65세이상	광역시도
0	전국	총인구(명)	51829136	3364804	3666212	3301331	3805470	8287243	전국
1	전국	총인구_남자(명)	25915207	1762135	1959723	1742483	1970249	3584929	전국
2	전국	총인구_여자(명)	25913929	1602669	1706489	1558848	1835221	4702314	전국
3	서울특별시	총인구(명)	9586195	664188	835286	734952	745117	1499448	서울특별시
4	서울특별시	총인구_남자(명)	4647733	308209	406953	367172	375820	664003	서울특별시
5	서울특별시	총인구_여자(명)	4938462	355979	428333	367780	369297	835445	서울특별시
6	종로구	총인구(명)	151291	14111	13997	10662	10065	25353	서울특별시
7	종로구	총인구_남자(명)	73062	6221	7205	5391	5023	11154	서울특별시
8	종로구	총인구_여자(명)	78229	7890	6792	5271	5042	14199	서울특별시

마지막에 있는 광역시도 열을 첫 번째 열로 옮겨보자. 열 순서를 변경하기 위해 컬럼명을 tolist() 함수를 이용해 리스트로 만들어보자.

코드

```
#컬럼들을 리스트로 생성
t=df.columns.tolist()
t
```

결과

```
['시도', '구분', '인구수', '20~24세', '25~29세', '30~34세', '35~39세',
  '65세이상', '광역시도']
```

t에 열 이름이 리스트 형태로 저장되어 있는 것을 확인했다. t 리스트의 순서를 '광역시도'가 첫 번째에 오도록 조정한 후 데이터프레임을 리스트 순서대로 재구성한다.

코드

```
print(t[-1:]) #리스트 마지막 항목 출력
print(t[:-1]) #리스트에서 마지막 값을 제외하고 첫 항목부터 출력
#마지막 항목('광역시도')을 첫 번째 항목에 오도록 t 리스트 재구성
t=t[-1:]+[:-1]
print(t)
```

결과

```
['광역시도']
['시도', '구분', '인구수', '20~24세', '25~29세', '30~34세', '35~39세',
  '65세이상']
['광역시도', '시도', '구분', '인구수', '20~24세', '25~29세', '30~34세',
  '35~39세', '65세이상']
```

코드

```
# 리스트 순서대로 데이터프레임에서 데이터를 추출해서 df 갱신
df=df[t]
df.head(20)
```

결과

	광역시도	시도	구분	인구수	20~24세	25~29세	30~34세	35~39세	65세이상
0	전국	전국	총인구(명)	51829136	3364804	3666212	3301331	3805470	8287243
1	전국	전국	총인구_남자(명)	25915207	1762135	1959723	1742483	1970249	3584929
2	전국	전국	총인구_여자(명)	25913929	1602669	1706489	1558848	1835221	4702314
3	서울특별시	서울특별시	총인구(명)	9586195	664188	835286	734952	745117	1499448
4	서울특별시	서울특별시	총인구_남자(명)	4647733	308209	406953	367172	375820	664003

'구분' 열의 데이터 이름을 다음과 같이 변경해보자.

코드

```
#'총인구(명)'->'합계'
#'총인구_남자(명)'->'남자'
#'총인구_여자(명)'->'여자'
df.loc[df['구분']=='총인구(명)', '구분']='합계'
df.loc[df['구분']=='총인구_남자(명)', '구분']='남자'
df.loc[df['구분']=='총인구_여자(명)', '구분']='여자'
df
```

결과

	광역시도	시도	구분	인구수	20~24세	25~29세	30~34세	35~39세	65세이상
0	전국	전국	합계	51829136	3364804	3666212	3301331	3805470	8287243
1	전국	전국	남자	25915207	1762135	1959723	1742483	1970249	3584929
2	전국	전국	여자	25913929	1602669	1706489	1558848	1835221	4702314
3	서울특별시	서울특별시	합계	9586195	664188	835286	734952	745117	1499448
4	서울특별시	서울특별시	남자	4647733	308209	406953	367172	375820	664003
...	...	...	...	...	...	...	...	...	...
958	제주특별자치도	제주시	남자	247474	16987	17870	15077	18980	29233
959	제주특별자치도	제주시	여자	244832	14409	15597	14222	18484	39930
960	제주특별자치도	서귀포시	합계	178552	8522	10027	9352	12447	33817
961	제주특별자치도	서귀포시	남자	90699	4763	5562	4978	6420	14368
962	제주특별자치도	서귀포시	여자	87853	3759	4465	4374	6027	19449

963 rows × 9 columns

'시도' 열에서 광역시도(citys)인 행을 삭제한다. 먼저 strip() 함수는 공백을 제거하는 함수이다. '시도' 데이터에 공백을 제거해 조건처리에 문제가 없게 한다.

광역시도의 문자열 규칙을 파악하여 문자열이 포함된 행을 삭제한다.

코드

```
#str.strip()함수를 이용해 '시도'의 데이터 공백을 제거
df['시도']=df['시도'].str.strip()
#'특별'이 포함된 인덱스(행) 삭제
df=df.drop(df[df['시도'].str.contains('특별')].index)
df=df.drop(df[df['시도'].str.contains('전국')].index)
df=df.drop(df[df['시도'].str.contains('북도')].index)
df=df.drop(df[df['시도'].str.contains('남도')].index)
df=df.drop(df[df['시도'].str.contains('경기도')].index)
df=df.drop(df[df['시도'].str.contains('강원도')].index)
df
```

결과

	광역시도	시도	구분	인구수	20~24세	25~29세	30~34세	35~39세	65세이상
6	서울특별시	종로구	합계	151291	14111	13997	10662	10065	25353
7	서울특별시	종로구	남자	73062	6221	7205	5391	5023	11154
8	서울특별시	종로구	여자	78229	7890	6792	5271	5042	14199
9	서울특별시	중구	합계	128744	10206	12010	11031	10474	21779
10	서울특별시	중구	남자	62147	4591	5887	5470	5337	9496
...	...	...	...	...	...	...	...	...	...
958	제주특별자치도	제주시	남자	247474	16987	17870	15077	18980	29233
959	제주특별자치도	제주시	여자	244832	14409	15597	14222	18484	39930
960	제주특별자치도	서귀포시	합계	178552	8522	10027	9352	12447	33817
961	제주특별자치도	서귀포시	남자	90699	4763	5562	4978	6420	14368
962	제주특별자치도	서귀포시	여자	87853	3759	4465	4374	6027	19449

927 rows × 9 columns

'시도' 데이터의 읍부, 면부, 동부 자료가 포함되어 있다. 이 행도 삭제한다.

코드

```
#읍부, 면부, 동부 데이터 삭제하고 데이터프레임(df) 구성
df=df[df['시도']!='읍부']
df=df[df['시도']!='면부']
df=df[df['시도']!='동부']
df.tail(20)
```

결과

	광역시도	시도	구분	인구수	20~24세	25~29세	30~34세	35~39세	65세이상
940	경상남도	하동군	남자	19848	770	751	697	685	6033
941	경상남도	하동군	여자	20319	411	568	534	628	8720
942	경상남도	산청군	합계	33014	931	1102	1001	1064	12673
943	경상남도	산청군	남자	16035	583	601	535	553	5177
944	경상남도	산청군	여자	16979	348	501	466	511	7496
945	경상남도	함양군	합계	36541	1109	1290	1091	1394	12896
946	경상남도	함양군	남자	17704	701	731	593	701	5109
947	경상남도	함양군	여자	18837	408	559	498	693	7787

20~39세의 인구수를 구하기 위해 '20~24세', '25~29세', '30~34세', '35~39세' 열을 모두 더해서 새로운 컬럼을 추가해보자.

코드

```
#20~39세 인구수를 구하여 새로운 컬럼 추가
df['20-39세']=df['20~24세']+df['25~29세']+df['30~34세']+df['35~39세']
df
```

결과

	광역시도	시도	구분	인구수	20~24세	25~29세	30~34세	35~39세	65세이상	20-39세
6	서울특별시	종로구	합계	151291	14111	13997	10662	10065	25353	48835
7	서울특별시	종로구	남자	73062	6221	7205	5391	5023	11154	23840
8	서울특별시	종로구	여자	78229	7890	6792	5271	5042	14199	24995
9	서울특별시	중구	합계	128744	10206	12010	11031	10474	21779	43721
10	서울특별시	중구	남자	62147	4591	5887	5470	5337	9496	21285
...	...	...	...	...	...	...	...	...	...	...
958	제주특별자치도	제주시	남자	247474	16987	17870	15077	18980	29233	68914
959	제주특별자치도	제주시	여자	244832	14409	15597	14222	18484	39930	62712
960	제주특별자치도	서귀포시	합계	178552	8522	10027	9352	12447	33817	40348
961	제주특별자치도	서귀포시	남자	90699	4763	5562	4978	6420	14368	21723
962	제주특별자치도	서귀포시	여자	87853	3759	4465	4374	6027	19449	18625

801 rows × 10 columns

판다스는 피벗테이블을 만들 수 있는 기능을 제공한다. 피벗테이블(Pivot Table)이란 데이터 열을 행과 열로 사용하여 데이터를 재조합하여 데이터프레임을 형성하는 것이다.

- **형식**: pandas.pivot_table(데이터, 값, 색인, 열, 함수, 대체할 값, 여백, NaN 값 포함 여부, 여백 이름)

index로 ['광역시도', '시도'], columns으로는 ['구분'], 값으로는 ['인구수', '20~39세', '65세이상']을 사용하여 피벗테이블을 만들어 p에 할당한다.

코드

```
#피벗테이블
p=pd.pivot_table(df,index=['광역시도', '시도'],
                 columns=['구분'],
                 values=['인구수', '20~39세', '65세이상'])
p
```

결과

		20-39세			65세이상			인구수		
	구분	남자	여자	합계	남자	여자	합계	남자	여자	합계
광역시도	시도									
강원도	강릉시	28870	23469	52339	18814	25407	44221	108540	108002	216542
	고성군	3960	2053	6013	3162	4411	7573	14056	12516	26572
	동해시	10132	7581	17713	7780	10178	17958	44707	43094	87801
	삼척시	8803	6202	15005	6676	9082	15758	34186	31753	65939
	속초시	9731	7698	17429	6547	8996	15543	39893	40161	80054
...	...	...	...	...	...	...	...	...	...	...
충청북도	진천군	14864	9984	24848	5752	7751	13503	48190	41324	89514
	청원구	33363	27465	60828	10419	14246	24665	101403	96156	197559
	청주시	133720	115724	249444	47923	63956	111879	431319	424007	855326
	충주시	32809	24005	56814	17456	23615	41071	112015	106397	218412
	흥덕구	46016	40351	86367	12725	16599	29324	137094	133496	270590

267 rows × 9 columns

피벗테이블을 이용해 소멸지수를 구해보자. 소멸지수는 한 지역의 20~39세 여성 인구수를 해당 지역의 65세 이상 고령 인구수로 나눈 값이다. 피벗테이블(p)에 소멸비율 열을 추가해보자.

코드

```
p['소멸비율']=p['20-39세', '여자']/p['65세이상', '합계']
p
```

결과

		20-39세			65세이상			인구수			소멸비율
	구분	남자	여자	합계	남자	여자	합계	남자	여자	합계	
광역시도	시도										
강원도	강릉시	28870	23469	52339	18814	25407	44221	108540	108002	216542	0.530721
	고성군	3960	2053	6013	3162	4411	7573	14056	12516	26572	0.271095
	동해시	10132	7581	17713	7780	10178	17958	44707	43094	87801	0.422152
	삼척시	8803	6202	15005	6676	9082	15758	34186	31753	65939	0.393578
	속초시	9731	7698	17429	6547	8996	15543	39893	40161	80054	0.495271
...	...	...	...	...	...	...	...	...	...	...	...
충청북도	진천군	14864	9984	24848	5752	7751	13503	48190	41324	89514	0.739391
	청원구	33363	27465	60828	10419	14246	24665	101403	96156	197559	1.113521
	청주시	133720	115724	249444	47923	63956	111879	431319	424007	855326	1.034367
	충주시	32809	24005	56814	17456	23615	41071	112015	106397	218412	0.584476
	흥덕구	46016	40351	86367	12725	16599	29324	137094	133496	270590	1.376040

267 rows × 10 columns

소멸위험지역을 알 수 있는 '소멸판단' 열을 추가해보자. 소멸비율이 0.5 미만이면 소멸위험지역에 속한다.

코드

```
#소멸위험지역을 알 수 있는 컬럼 추가
p['소멸판단']=p['소멸비율']<0.5
p
```

결과

		20-39세			65세이상			인구수			소멸비율	소멸판단
	구분	남자	여자	합계	남자	여자	합계	남자	여자	합계		
광역시도	시도											
강원도	강릉시	28870	23469	52339	18814	25407	44221	108540	108002	216542	0.530721	False
	고성군	3960	2053	6013	3162	4411	7573	14056	12516	26572	0.271095	True
	동해시	10132	7581	17713	7780	10178	17958	44707	43094	87801	0.422152	True
	삼척시	8803	6202	15005	6676	9082	15758	34186	31753	65939	0.393578	True
	속초시	9731	7698	17429	6547	8996	15543	39893	40161	80054	0.495271	True
...	...	...	...	...	...	...	...	...	...	...	...	...
충청북도	진천군	14864	9984	24848	5752	7751	13503	48190	41324	89514	0.739391	False
	청원구	33363	27465	60828	10419	14246	24665	101403	96156	197559	1.113521	False
	청주시	133720	115724	249444	47923	63956	111879	431319	424007	855326	1.034367	False
	충주시	32809	24005	56814	17456	23615	41071	112015	106397	218412	0.584476	False
	흥덕구	46016	40351	86367	12725	16599	29324	137094	133496	270590	1.376040	False

267 rows × 11 columns

소멸위험지역을 확인하기 위해 '소멸판단'이 True인 데이터를 추출하고 index만 추출한다. 결과를 보면 MultiIndex 튜플로 구성되어 있다.

코드

```
#소멸위험 (index) 추출
res=p.loc[(p.소멸판단==True)].index
res
```

결과

```
MultiIndex([( '강원도', '고성군'),
            ( '강원도', '동해시'),
            ( '강원도', '삼척시'),
            ( '강원도', '속초시'),
            ( '강원도', '양구군'),
            ( '강원도', '양양군'),
            ( '강원도', '영월군'),
            ( '강원도', '인제군'),
            ( '강원도', '정선군'),
            ( '강원도', '철원군'),
            ...
            ('충청남도', '예산군'),
            ('충청남도', '청양군'),
            ('충청남도', '태안군'),
            ('충청남도', '홍성군'),
            ('충청북도', '괴산군'),
            ('충청북도', '단양군'),
            ('충청북도', '보은군'),
            ('충청북도', '영동군'),
            ('충청북도', '옥천군'),
            ('충청북도', '제천시')],
           names=['광역시도', '시도'], length=103)
```

소멸위험지역명과 총 몇 개의 지역이 인구 소멸 도시인지 확인해보자. 2021년 기준으로 총 103개 도시가 소멸위험지역으로 분석되었다.

코드	`#소멸위험지역 확인`
	`count=0`
	`for t in res:`
	`  print(t[0],t[1])`
	`  count+=1`
	`print('인구 소멸 도시 수',count)`

결과	강원도 고성군 .... 강원도 평창군 강원도 홍천군 강원도 화천군 강원도 횡성군 경기도 가평군 ...... 경상남도 창녕군 ..... 경상북도 안동시 경상북도 영덕군 경상북도 영양군 경상북도 영주시 ... 전라남도 장흥군 ..... 충청북도 단양군 충청북도 보은군 충청북도 영동군 충청북도 옥천군 충청북도 제천시 인구 소멸 도시 수 103

5.3 알코올 및 약물류 중독 진단 통계

실습자료는 공공데이터포텔(https://www.data.go.kr/)에서 '국립부곡병원 알코올 및 약물류 중독 진단 통계'(2021년) 데이터 현황(분류, 진단명, 년도, 건수, 주체, 남성, 여성, 연령, (검사결과), 지역)을 이용한다.

국립부곡병원에서 2021년에 발표한 알코올 및 약물류 중독 진단 통계 데이터 파일의 이름은 addiction이다. head() 괄호에 숫자를 입력하면 입력한 행의 개수만큼 데이터를 출력한다.

데이터 불러오기 경로는 자신의 경로에 따라 변경이 된다.

코드

```
# 패키지 설치 및 로드
import pandas as pd
import numpy as np
import matplotlib.pyplot as plt
import seaborn as sns
# 데이터 불러오기
df_addiction=pd.read_csv('/content/addiction.csv', encoding='cp949')
# 앞에서부터 5행까지 출력
df_addiction.head()
```

결과

	분류	진단명	년도	주체	건수	남성	여성	10대이하	20대	30대	...	부산	울산	대구	경북	경남	광주	전북	전남	제주	기타
0	알코올	AUDIT-K	2018	본인	1585	956	629	13	370	460	...	95	27	52	51	174	42	60	18	0	0
1	알코올	중독치료 필요여부 진단	2018	본인	431	240	191	3	69	142	...	0	0	0	0	0	0	0	0	0	0
2	알코올	AUDIT-K	2018	가족/지인	39	32	7	0	5	6	...	1	0	1	0	9	1	1	2	0	0
3	알코올	알코올 중독 진단	2018	가족/지인	90	67	23	2	10	24	...	6	0	5	0	12	3	3	4	0	0
4	약물류	약물 사용장애 선별검사	2018	본인	181	101	80	7	43	71	...	7	5	7	2	20	3	2	0	1	0

5 rows × 38 columns

addiction 데이터프레임의 복사본을 만들고, addiction 데이터프레임의 뒤에서부터 5행을 출력한다.

코드

```
# 복사본 만들기
addiction=df_addiction.copy()
# 뒤에서부터 5행까지 출력
addiction.tail()
```

결과

	분류	진단명	년도	주체	건수	남성	여성	10대이하	20대	30대	...	부산	울산	대구	경북	경남	광주	전북	전남	제주	기타
27	알코올	알코올 중독 진단	2021	가족/지인	133	92	41	4	20	19	...	6	3	3	3	27	1	1	5	1	0
28	약물류	약물 사용장애 선별검사	2021	본인	491	241	250	53	171	119	...	32	3	15	16	27	4	3	8	8	0
29	약물류	DAST-10 약물 사용 선별검사	2021	본인	107	51	56	8	46	26	...	8	3	3	4	9	2	2	0	1	0
30	약물류	약물 중독 진단	2021	가족/지인	79	38	41	1	12	17	...	10	2	4	3	10	1	1	1	1	0
31	약물류	DAST-10 약물 사용 선별검사	2021	가족/지인	35	16	19	1	9	9	...	5	2	1	2	1	1	0	1	2	0

5 rows × 38 columns

이는 df_addiction 변수가 32개의 행과 38개의 열을 가지고 있다는 것을 의미한다. 즉 df_addiction 변수는 분류, 진단명, 년도, 건수, 주체, 남성, 여성, 연령, (검사결과), 지역 등에 대한 정보가 포함되어 있다.

코드

```
addiction.shape                                    #행, 열 개수 출력
```

결과

```
(32, 38)
```

데이터프레임의 행은 각 환자에 대한 정보를 나타낸다. 열은 각 환자의 특성을 나타내며, 특성에는 나이, 성별, 알코올 중독 진단 여부, 약물 중독 진단 여부 등이 포함된다. 열의 데이터 타입은 float64(5), int64(30), object(3)이다.

코드	addiction.info() #변수 속성 출력

결과

```
<class 'pandas.core.frame.DataFrame'>
RangeIndex: 32 entries, 0 to 31
Data columns (total 38 columns):
 #   Column          Non-Null Count  Dtype
---  ------          --------------  -----
 0   분류             32 non-null     object
 1   진단명            32 non-null     object
 2   년도             32 non-null     int64
 3   주체             32 non-null     object
 4   건수             32 non-null     int64
 5   남성             32 non-null     int64
 6   여성             32 non-null     int64
 7   10대이하          32 non-null     int64
 8   20대             32 non-null     int64
 9   30대             32 non-null     int64
 10  40대             32 non-null     int64
 11  50대             32 non-null     int64
 12  60대             32 non-null     int64
 13  70대             32 non-null     int64
 14  80대             32 non-null     int64
 15  (검사결과)문제없음   32 non-null     float64
 16  (검사결과)문제있음   32 non-null     float64
 17  (검사결과)저위험군   32 non-null     float64
 18  (검사결과)중위험군   32 non-null     float64
 19  (검사결과)고위험군   32 non-null     float64
 20  서울             32 non-null     int64
 21  경기             32 non-null     int64
 22  인천             32 non-null     int64
 23  강원             32 non-null     int64
 24  세종             32 non-null     int64
 25  대전             32 non-null     int64
 26  충북             32 non-null     int64
 27  충남             32 non-null     int64
 28  부산             32 non-null     int64
 29  울산             32 non-null     int64
 30  대구             32 non-null     int64
 31  경북             32 non-null     int64
 32  경남             32 non-null     int64
 33  광주             32 non-null     int64
 34  전북             32 non-null     int64
 35  전남             32 non-null     int64
 36  제주             32 non-null     int64
 37  기타             32 non-null     int64
dtypes: float64(5), int64(30), object(3)
memory usage: 9.6+ KB
```

분류 열에는 32개의 데이터가 있고, 2개의 고유값이 있으며, 최빈값은 알코올 중독이다. 알코올 중독의 빈도는 16이다.

코드	addiction['분류'].describe() #요약 통계량 구하기

결과

```
count      32
unique      2
top       알코올
freq       16
Name: 분류, dtype: object
```

아래의 코드를 실행하면 0이 출력된다. 이는 분류 열에 결측치가 없다는 것을 의미한다.

코드
```
addiction['분류'].isna().sum()# 결측치 확인
```

다음은 분류 열의 빈도를 나타냈다. 알코올 중독의 빈도가 약물 중독의 빈도와 동일하다.

코드
```
# 빈도 막대그래프 만들기
sns.countplot(data=addiction, x='분류')
```

결과

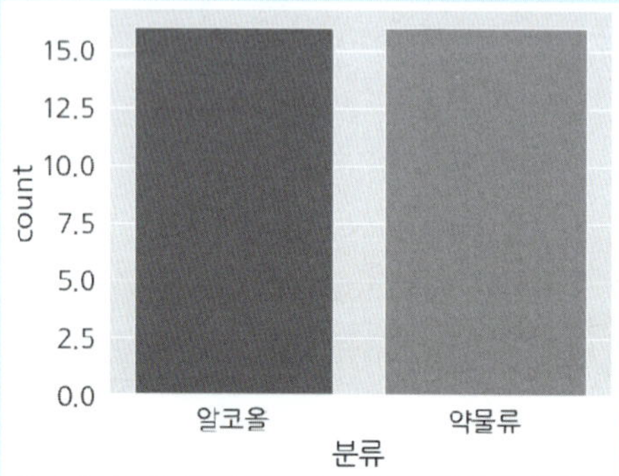

진단명 중 가장 빈도가 높은 것은 AUDIT-K이다.

코드
```
# 진단명이 가장 높은 것 요약 통계량 구하기
addiction['진단명'].describe()
```

결과
```
count         32
unique         6
top       AUDIT-K
freq           8
Name: 진단명, dtype: object
```

진단명의 AUDIT-K 8, DAST-10 약물 사용 선별검사 8, 중독치료 필요여부 진단 4, 알코올 중독 진단 4 , 약물 사용장애 선별검사 4, 약물 중독 진단 4건을 확인할 수 있다.

코드

```
addiction['진단명']. value_counts()
```

결과

```
AUDIT-K             8
DAST-10 약물 사용 선별검사    8
중독치료 필요여부 진단          4
알코올 중독 진단            4
약물 사용장애 선별검사          4
약물 중독 진단             4
Name: 진단명, dtype: int64
```

건수 열을 기준으로 오름차순으로 정렬하였다.

코드

```
# 순서대로 정렬하기
addiction.sort_values('건수')                #오름차순 정렬
```

결과

	분류	진단명	년도	주체	건수	남성	여성	10대이하	20대	30대	...	부산	울산	대구	경북	경남	광주	전북	전남	제주	기타
7	약물류	DAST-10 약물 사용 선별검사	2018	가족/지인	12	9	3	1	3	1	...	1	0	0	0	2	0	0	0	0	0
15	약물류	DAST-10 약물 사용 선별검사	2019	가족/지인	24	14	10	0	5	7	...	5	0	0	0	2	0	1	1	0	0
6	약물류	약물 중독 진단	2018	가족/지인	32	19	13	2	7	6	...	1	0	0	0	6	0	0	0	0	0
31	약물류	DAST-10 약물 사용 선별검사	2021	가족/지인	35	16	19	1	9	9	...	5	2	1	2	1	1	0	1	2	0
23	약물류	DAST-10 약물 사용 선별검사	2020	가족/지인	36	27	9	1	15	7	...	4	0	0	2	5	0	0	0	0	0
2	알코올	AUDIT-K	2018	가족/지인	39	32	7	0	5	6	...	1	0	1	0	9	1	1	2	0	0
10	알코올	AUDIT-K	2019	가족/지인	46	33	13	0	5	5	...	3	1	2	3	18	0	0	0	0	0
18	알코올	AUDIT-K	2020	가족/지인	49	35	14	0	4	9	...	5	2	5	1	14	1	1	1	0	0
5	약물류	DAST-10 약물 사용 선별검사	2018	본인	50	21	29	3	13	18	...	1	0	1	1	8	2	0	0	0	0

2018년부터 2021년까지 건수 열을 기준으로 내림차순으로 정렬하면, 2018년도에 건수가 가장 많은 것으로 나타난다. 하지만 2021년에 알코올 중독 진단을 받은 환자의 수가 가장 많고, 그다음으로 2020년, 2019년 순으로 많았다. 이는 알코올 중독이 최근 들어 증가하고 있음을 시사한다.

코드

```
addiction.sort_values('건수', ascending=False)          #내림차순 정렬
```

결과

	분류	진단명	년도	주체	건수	남성	여성	10대이하	20대	30대	...	부산	울산	대구	경북	경남	광주	전북	전남	제주	기타
0	알코올	AUDIT-K	2018	본인	1585	956	629	13	370	460	...	95	27	52	51	174	42	60	18	0	0
24	알코올	AUDIT-K	2021	본인	1447	902	545	51	489	374	...	96	39	63	257	166	21	19	17	17	0
16	알코올	AUDIT-K	2020	본인	882	501	381	10	330	205	...	79	22	26	24	242	4	9	10	2	0
28	약물류	약물 사용장애 선별검사	2021	본인	491	241	250	53	171	119	...	32	3	15	16	27	4	3	8	8	0
1	알코올	중독치료 필요여부 진단	2018	본인	431	240	191	3	69	142	...	0	0	0	0	0	0	0	0	0	0
8	알코올	AUDIT-K	2019	본인	405	242	163	10	149	90	...	20	7	13	20	55	3	11	12	2	0
20	약물류	약물 사용장애 선별검사	2020	본인	256	142	114	15	85	63	...	18	6	19	9	28	2	3	2	1	0
12	약물류	약물 사용장애 선별검사	2019	본인	253	125	128	20	85	69	...	19	5	12	6	29	2	4	3	6	0

년도, 10대 이하, 20대, 30대, 40대 순으로 정렬한다. 년도는 오름차순으로 정렬하고, 나머지 열은 내림차순으로 정렬한다. 알코올 중독 진단을 받은 환자의 수가 40대에서 가장 많고, 그다음으로 30대, 20대, 10대 이하 순으로 많다. 이는 알코올 중독이 중년층에서 가장 많이 발생하고 있음을 시사한다.

코드

```
# 여러 변수 기준 정렬
addiction.sort_values(['년도', '10대이하', '20대', '30대', '40대'],
   ascending=[True, False, False, False, False])
```

결과

	분류	진단명	년도	주체	건수	남성	여성	10대이하	20대	30대	...	부산	울산	대구	경북	경남	광주	전북	전남	제주	기타
0	알코올	AUDIT-K	2018	본인	1585	956	629	13	370	460	...	95	27	52	51	174	42	60	18	0	0
4	약물류	약물 사용장애 선별검사	2018	본인	181	101	80	7	43	71	...	7	5	7	2	20	3	2	0	1	0
1	알코올	중독치료 필요여부 진단	2018	본인	431	240	191	3	69	142	...	0	0	0	0	0	0	0	0	0	0
5	약물류	DAST-10 약물 사용 선별검사	2018	본인	50	21	29	3	13	18	...	1	0	1	1	8	2	0	0	0	0
3	알코올	알코올 중독 진단	2018	가족/지인	90	67	23	2	10	24	...	6	0	5	0	12	3	3	4	0	0

5 rows × 38 columns

'년도'와 '진단명'에 따른 '남성'의 합계가 각각 나타난다. 데이터에 있는 모든 '년도'와 '진단명'에 대한 합계가 표시한다.

알코올 중독 진단을 받은 남성의 수가 약물 중독 진단을 받은 남성의 수보다 많다. 또한 알코올 중독 진단을 받은 남성의 수는 2018년부터 2021년까지 지속적으로 증가하고 있다. 이는 알코올 중독이 우리나라에서 심각한 사회문제로 자리 잡고 있음을 시사한다.

코드

```
# 년도별로 다시 진단명으로 집단 나누기
addiction.groupby(['년도', '진단명']).agg(mean_count=('남성', 'sum'))
```

결과

년도	진단명	mean_count
2018	AUDIT-K	988
	DAST-10 약물 사용 선별검사	30
	알코올 중독 진단	67
	약물 사용장애 선별검사	101
	약물 중독 진단	19
	중독치료 필요여부 진단	240
2019	AUDIT-K	275
	DAST-10 약물 사용 선별검사	37
	알코올 중독 진단	59
	약물 사용장애 선별검사	125
	약물 중독 진단	36
	중독치료 필요여부 진단	47
2020	AUDIT-K	536
	DAST-10 약물 사용 선별검사	62
	알코올 중독 진단	65
	약물 사용장애 선별검사	142
	약물 중독 진단	41
	중독치료 필요여부 진단	57
2021	AUDIT-K	951
	DAST-10 약물 사용 선별검사	67
	알코올 중독 진단	92
	약물 사용장애 선별검사	241
	약물 중독 진단	38
	중독치료 필요여부 진단	79

다음 결과는 알코올 중독과 약물 중독이 여성에게 미치는 영향이 남성보다 크다는 것을 시사한다. 알코올 중독과 약물 중독은 여성의 건강, 가정, 사회생활에 심각한 문제를 일으킬 수 있다. 따라서 알코올 중독과 약물 중독 예방과 치료를 위한 정책과 프로그램 개발이 필요하다.

코드

```
# 년도별로 다시 진단명으로 집단 나누기
addiction.groupby(['년도', '진단명']).agg(mean_count=('여성', 'sum'))
```

결과

년도	진단명	mean_count
2018	AUDIT-K	636
	DAST-10 약물 사용 선별검사	32
	알코올 중독 진단	23
	약물 사용장애 선별검사	80
	약물 중독 진단	13
	중독치료 필요여부 진단	191
2019	AUDIT-K	176
	DAST-10 약물 사용 선별검사	38
	알코올 중독 진단	18
	약물 사용장애 선별검사	128
	약물 중독 진단	26
	중독치료 필요여부 진단	37
2020	AUDIT-K	395
	DAST-10 약물 사용 선별검사	35
	알코올 중독 진단	28
	약물 사용장애 선별검사	114
	약물 중독 진단	30
	중독치료 필요여부 진단	49
2021	AUDIT-K	574
	DAST-10 약물 사용 선별검사	75
	알코올 중독 진단	41
	약물 사용장애 선별검사	250
	약물 중독 진단	41
	중독치료 필요여부 진단	72

알코올 중독 진단을 받은 환자의 수는 2018년부터 2021년까지 지속적으로 증가하고 있다. 이는 알코올 중독이 우리나라에서 심각한 사회문제로 자리 잡고 있음을 시사한다.

코드

```
# 년도별로 요약하기
addiction.groupby('년도').agg(mean_count=('건수', 'sum'))
```

결과

	mean_count
년도	
2018	2420
2019	1002
2020	1554
2021	2521

아래는 알코올과 약물류로 분류하여 각각에 중독된 남성의 수를 산점도로 표시하였다.

코드

```
sns.scatterplot(data=addiction, x='년도', y='남성', hue='분류')
```

결과

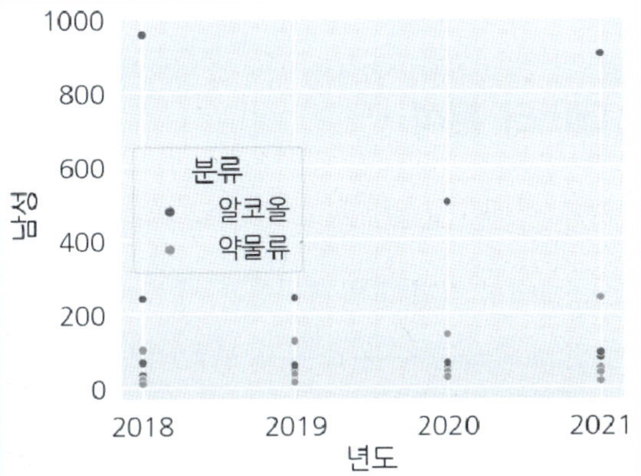

알코올 중독 진단을 받은 남성의 수가 2018년부터 2021년까지 지속적으로 증가하고 있다. 또한 알코올 중독 진단을 받은 남성의 수가 알코올 중독 진단을 받은 여성의 수보다 많다. 하지만 여성도 많은 숫자가 알코올 중독을 나타내고 있다.

아래는 알코올과 약물류로 분류하여 각각에 중독된 여성의 수를 산점도로 표시하였다.

코드	`sns.scatterplot(data=addiction, x='년도', y='여성', hue='분류')`
결과	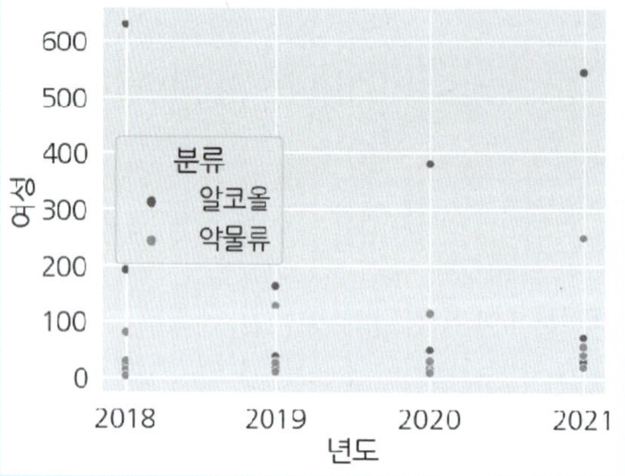

5.4 자동차 리콜 데이터 분석

리콜은 제품의 설계, 제조 단계에서 결함이 발견되었을 시 문제 예방의 차원에서 판매자가 무상으로 수리, 점검 및 교환을 해주는 소비자 보호 제도이다. 자동차 리콜은 제조한 자동차 제품 중에서 결함이나 안전에 관련된 문제가 발견될 경우, 해당 제품들을 시장에서 철수하거나 수정하여 안전한 상태로 만드는 작업을 포함한다. 따라서 한국교통안전공단에서 제공한 2022년 자동차 결함 리콜 데이터를 활용하여 해당 연도의 리콜 동향, 주요 결함 유형, 제조사별 리콜 비율 등을 데이터 분석을 통해 알아보고 시각화한다.

■ 데이터 다운로드

필요한 데이터는 공공데이터포털에서 활용한다.

❶ 공공데이터포털(https://www.data.go.kr)에 접속한다.

❷ '자동차 리콜'을 입력하여 검색한다.

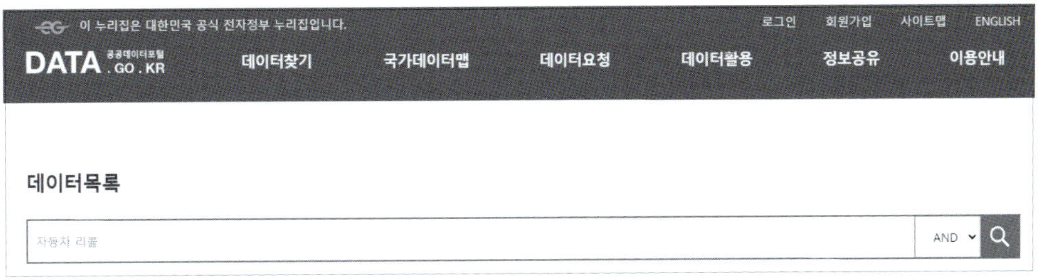

❸ CSV 파일을 다운로드한다.

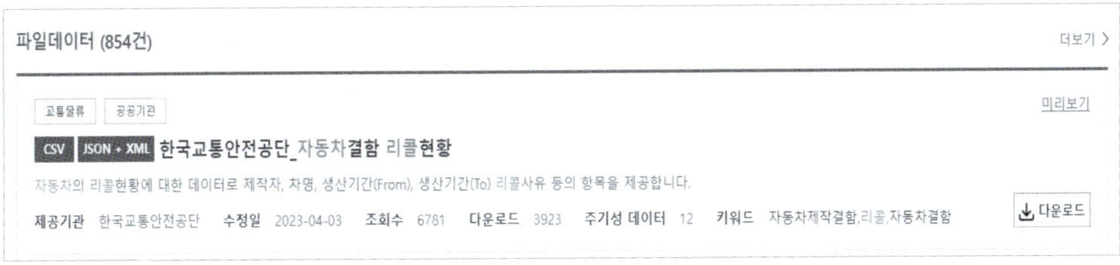

■ 패키지 설치 및 임포트

코드

```
import numpy as np
import pandas as pd
import seaborn as sns
import matplotlib.pyplot as plt
```

■ 데이터 불러오기

다음 그림에 표시된 폴더를 클릭하면 구글 드라이브를 마운트한다. drive라는 폴더가 생성되면 마운트가 되었다. 'drive-MyDrive'가 현재 자신이 사용하고 있는 구글 드라이브이다.

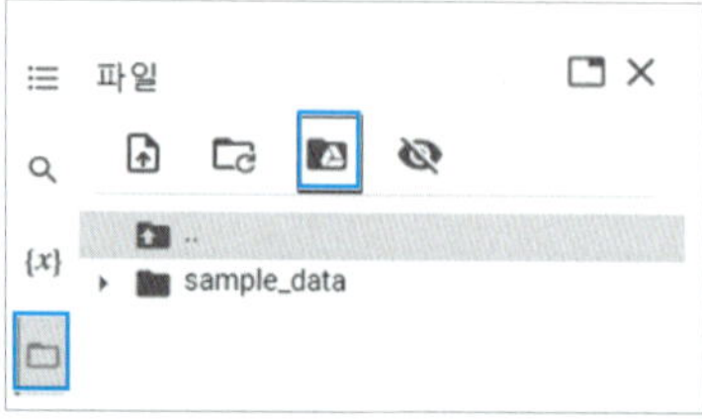

파일을 구글 드라이브에서 읽어오기 위해 마운트한다.

코드

```
from google.colab import drive
drive.mount('/content/drive')
```

결과

```
Mounted at /content/drive
```

위 코드를 실행시키면 '드라이브를 연결하겠습니까?'라는 물음이 뜨고 'Google Drive에 연결'을 선택하면 계정 선택된 후 드라이브가 연동된다. 파일의 경로는 불러올 파일에 마우스 오른쪽 버튼을 클릭하여 '경로복사'를 선택하면 된다.

pd.read_csv()를 사용하여 '한국교통안전공단_자동차결함 리콜현황.csv' 파일을 불러와 data에 저장한다. data.head()를 사용하여 상위 5개의 데이터를 확인한다.

코드

```
data = pd.read_csv("/content/drive/MyDrive/한국교통안전공단_자동차결함
   리콜현황.csv",encoding='euc-kr')
data.head()
```

결과

	제작자	차명	생산기간(부터)	생산기간(까지)	리콜개시일	리콜사유
0	혼다코리아(주)	CBR1000RR-R	2021-04-29	2021-05-12	2022-01-03	제작 공정 중 라디에이터 캡의 제조 불량으로 라디에이터 캡과 필러넥이 제대로 밀착되...
1	폭스바겐그룹코리아 주식회사	Polo 5 FL 1.4 TDI BMT	2014-11-17	2014-11-25	2022-01-05	특정 기간 내에 특정 공급 업체(이드낙)의 생산 공정 불량으로 인해, 메카트로닉스 ...
2	폭스바겐그룹코리아 주식회사	Jetta 6 FL 2.0 TDI 110PS	2014-11-05	2015-02-26	2022-01-05	특정 기간 내에 특정 공급 업체(이드낙)의 생산 공정 불량으로 인해, 메카트로닉스 ...
3	폭스바겐그룹코리아 주식회사	Jetta 1.6 TDI BMT	2011-02-28	2012-09-25	2022-01-05	특정 기간 내에 특정 공급 업체(이드낙)의 생산 공정 불량으로 인해, 메카트로닉스 ...
4	폭스바겐그룹코리아 주식회사	Golf A7 1.6 TDI BMT	2014-12-19	2015-02-26	2022-01-05	특정 기간 내에 특정 공급 업체(이드낙)의 생산 공정 불량으로 인해, 메카트로닉스 ...

data.tail()을 사용하여 하위 5개의 데이터를 확인한다.

코드

```
data.tail()
```

결과

	제작자	차명	생산기간(부터)	생산기간(까지)	리콜개시일	리콜사유
1414	비엠더블유코리아(주)	BMW i4 M50	2021-11-22	2022-10-24	2022-12-26	배터리 관리 모듈(SME)*과 관련한 제작 결함이 발견되었습니다. *배터리 관리 모...
1415	비엠더블유코리아(주)	BMW i4 eDrive40	2021-11-23	2022-10-24	2022-12-26	배터리 관리 모듈(SME)*과 관련한 제작 결함이 발견되었습니다. *배터리 관리 모...
1416	(주)스포츠모터사이클코리아	1290 SUPER DUKE R	2020-02-11	2022-04-29	2022-12-27	메인 와이어링 하네스와 차체 구성 부품 간의 간섭으로 인한 피복 손상으로 배선 단선...
1417	화창상사(주)	SPRINGFIELD	2019-10-28	2020-06-03	2022-12-27	차량제어모듈(VEHICLE CONTROL MODULE) 및 커넥터 접촉 불량(헐거움...
1418	화창상사(주)	CHIEF VINTAGE	2019-08-02	2020-06-04	2022-12-27	차량제어모듈(VEHICLE CONTROL MODULE) 및 커넥터 접촉 불량(헐거움...

■ 데이터 전처리

각 열별로 결측치(missing data) 개수를 확인하기 위하여 isna() 함수를 이용하여 결측치를 확인한다.

코드

```
data.isna().sum()
```

결과

```
제작자        0
차명          0
생산기간(부터)   0
생산기간(까지)   0
리콜개시일      0
리콜사유       0
dtype: int64
```

duplicated() 함수를 이용하여 중복값을 확인한다.

코드

```
data[data.duplicated(keep=False)]
```

결과

	제작자	차명	생산기간(부터)	생산기간(까지)	리콜개시일	리콜사유
303	대전기계공업(주)	W800	2019-02-21	2022-02-10	2022-03-28	경음기에 전기 배선을 연결하는 단자의 내구성 부족으로 주행 중 특정한 엔진 회전 영...
304	대전기계공업(주)	W800	2019-02-21	2022-02-10	2022-03-28	경음기에 전기 배선을 연결하는 단자의 내구성 부족으로 주행 중 특정한 엔진 회전 영...
392	메르세데스벤츠코리아(주)	A 220	2021-09-16	2021-09-16	2022-04-08	비상 통신 시스템(eCall)을 위한 통신 모듈 소프트웨어가 사양에 맞지 않아 차량...
393	메르세데스벤츠코리아(주)	A 220	2021-09-16	2021-09-16	2022-04-08	비상 통신 시스템(eCall)을 위한 통신 모듈 소프트웨어가 사양에 맞지 않아 차량...
527	(주)재규어랜드로버코리아	레인지로버 이보크 2.0D	2015-05-14	2017-07-27	2022-05-02	엔진오일오염도 증가에 따른 엔진오일펌프, 타이밍체인의 마모 및 파손 엔진오일 서비스...
528	(주)재규어랜드로버코리아	레인지로버 이보크 2.0D	2015-05-14	2017-07-27	2022-05-02	엔진오일오염도 증가에 따른 엔진오일펌프, 타이밍체인의 마모 및 파손 엔진오일 서비스...
1144	스카니아코리아그룹(주)	스카니아카고	2021-02-15	2021-02-16	2022-10-11	타이로드 끝 부분에 슬롯이 없는 타이로드가 장착되어 있을 가능성이 있습니다.
1145	스카니아코리아그룹(주)	스카니아카고	2021-02-15	2021-02-16	2022-10-11	타이로드 끝 부분에 슬롯이 없는 타이로드가 장착되어 있을 가능성이 있습니다.
1216	(주)재규어랜드로버코리아	레인지로버 이보크 2.0D	2015-05-14	2017-07-27	2022-11-01	엔진오일오염도 증가에 따른 엔진오일펌프, 타이밍체인의 마모 및 파손 엔진오일 서비스...
1217	(주)재규어랜드로버코리아	레인지로버 이보크 2.0D	2015-05-14	2017-07-27	2022-11-01	엔진오일오염도 증가에 따른 엔진오일펌프, 타이밍체인의 마모 및 파손 엔진오일 서비스...

drop_duplicated() 함수를 이용하여 중복값을 제거한다.

코드
```
print("중복 전 개수:",len(data))
```

결과
```
중복 전 개수: 1419
```

코드
```
data=data.drop_duplicates()
print("중복 제거 후 개수:",len(data))
```

결과
```
중복 제거 후 개수: 1414
```

현재 생산기간(부터), 생산기간(까지), 리콜개시일 열은 모두 문자열로 인식하고 있기 때문에 분석을 위해서 연, 월, 일을 각각 정수형으로 저장하도록 한다. year는 문자열에서 시작~4번째, month는 5~7번째, day는 8번째~끝까지 가져온다.

코드
```
def year(s):
  return int(s[:4])
def month(s):
  return int(s[5:7])
def day(s):
  return int(s[8:])

data['start_year']=data['생산기간(부터)'].apply(year)
data['start_month']=data['생산기간(부터)'].apply(month)
data['start_day']=data['생산기간(부터)'].apply(day)

data['end_year']=data['생산기간(까지)'].apply(year)
data['end_month']=data['생산기간(까지)'].apply(month)
data['end_day']=data['생산기간(까지)'].apply(day)

data['recall_year']=data['리콜개시일'].apply(year)
data['recall_month']=data['리콜개시일'].apply(month)
data['recall_day']=data['리콜개시일'].apply(day)

data.head()
```

결과

	제작자	차명	생산기간(부터)	생산기간(까지)	리콜개시일	리콜사유	start_year	start_month	start_day	end_year	end_month	end_day	recall_year	recall_month	recall_day
0	혼다코리아(주)	CBR1000RR-R	2021-04-29	2021-05-12	2022-01-03	제작 공정 중 라디에이터 캡의 제조 불량으로 라디에이터 캡과 필러넥이 제대로 밀착되...	2021	4	29	2021	5	12	2022	1	3
1	폭스바겐그룹코리아 주식회사	Polo 5 FL 1.4 TDI BMT	2014-11-17	2014-11-25	2022-01-05	특정 기간 내에 특정 공급 업체(이드낙)의 생산 공정 불량으로 인해, 메카트로닉스 ...	2014	11	17	2014	11	25	2022	1	5
2	폭스바겐그룹코리아 주식회사	Jetta 6 FL 2.0 TDI 110PS	2014-11-05	2015-02-26	2022-01-05	특정 기간 내에 특정 공급 업체(이드낙)의 생산 공정 불량으로 인해, 메카트로닉스 ...	2014	11	5	2015	2	26	2022	1	5
3	폭스바겐그룹코리아 주식회사	Jetta 1.6 TDI BMT	2011-02-28	2012-09-25	2022-01-05	특정 기간 내에 특정 공급 업체(이드낙)의 생산 공정 불량으로 인해, 메카트로닉스 ...	2011	2	28	2012	9	25	2022	1	5
4	폭스바겐그룹코리아 주식회사	Golf A7 1.6 TDI BMT	2014-12-19	2015-02-26	2022-01-05	특정 기간 내에 특정 공급 업체(이드낙)의 생산 공정 불량으로 인해, 메카트로닉스 ...	2014	12	19	2015	2	26	2022	1	5

2022년 4분기(10월, 11월, 12월) 제조사별 리콜 현황을 확인한다.

코드

```
data[data.recall_month.isin([10,11,12])].head()
```

결과

	제작자	차명	생산기간(부터)	생산기간(까지)	리콜개시일	리콜사유	start_year	start_month	start_day	end_year	end_month	end_day	recall_year	recall_month	recall_day
1080	(주)에프엠케이	페라리Roma	2020-01-01	2022-06-30	2022-10-04	브레이크 오일 리저버 탱크 캡에서 대기압을 유지하기 위한 공기통로의 불량으로 브레이...	2020	1	1	2022	6	30	2022	10	4
1081	(주)에프엠케이	페라리 F8Spider	2020-01-01	2022-06-30	2022-10-04	브레이크 오일 리저버 탱크 캡에서 대기압을 유지하기 위한 공기통로의 불량으로 브레이...	2020	1	1	2022	6	30	2022	10	4
1082	(주)에프엠케이	페라리 F8Tributo	2019-01-01	2022-06-30	2022-10-04	브레이크 오일 리저버 탱크 캡에서 대기압을 유지하기 위한 공기통로의 불량으로 브레이...	2019	1	1	2022	6	30	2022	10	4
1083	(주)에프엠케이	페라리 PortofinoM	2021-01-01	2022-06-30	2022-10-04	브레이크 오일 리저버 탱크 캡에서 대기압을 유지하기 위한 공기통로의 불량으로 브레이...	2021	1	1	2022	6	30	2022	10	4
1084	(주)에프엠케이	페라리 Portofino	2018-01-01	2020-12-31	2022-10-04	브레이크 오일 리저버 탱크 캡에서 대기압을 유지하기 위한 공기통로의 불량으로 브레이...	2018	1	1	2020	12	31	2022	10	4

2022년 상반기(1월~6월) 리콜 현황을 확인한다.

코드

```
data[data.recall_month<=6].head()
```

결과

	제작자	차명	생산기간(부터)	생산기간(까지)	리콜개시일	리콜사유	start_year	start_month	start_day	end_year	end_month	end_day	recall_year	recall_month	recall_day
0	혼다코리아(주)	CBR1000RR-R	2021-04-29	2021-05-12	2022-01-03	제작 공정 중 라디에이터 캡의 제조 불량으로 라디에이터 캡과 필러넥이 제대로 밀착되...	2021	4	29	2021	5	12	2022	1	3
1	폭스바겐그룹코리아 주식회사	Polo 5 FL 1.4 TDI BMT	2014-11-17	2014-11-25	2022-01-05	특정 기간 내에 특정 공급 업체(이드낙)의 생산 공정 불량으로 인해, 메카트로닉스 ...	2014	11	17	2014	11	25	2022	1	5
2	폭스바겐그룹코리아 주식회사	Jetta 6 FL 2.0 TDI 110PS	2014-11-05	2015-02-26	2022-01-05	특정 기간 내에 특정 공급 업체(이드낙)의 생산 공정 불량으로 인해, 메카트로닉스 ...	2014	11	5	2015	2	26	2022	1	5
3	폭스바겐그룹코리아 주식회사	Jetta 1.6 TDI BMT	2011-02-28	2012-09-25	2022-01-05	특정 기간 내에 특정 공급 업체(이드낙)의 생산 공정 불량으로 인해, 메카트로닉스 ...	2011	2	28	2012	9	25	2022	1	5
4	폭스바겐그룹코리아 주식회사	Golf A7 1.6 TDI BMT	2014-12-19	2015-02-26	2022-01-05	특정 기간 내에 특정 공급 업체(이드낙)의 생산 공정 불량으로 인해, 메카트로닉스 ...	2014	12	19	2015	2	26	2022	1	5

현대자동차(주) 제품 중 가장 최근에 리콜이 개시된 제품의 차명을 확인한다.

코드

```
data[data['제작자']="현대자동차(주)"].sort_values(by=["recall_month","
  recall_day"],ascending=False).iloc[0]["차명"]
```

결과

```
'카운티 일렉트릭(MF)'
```

■ 데이터 시각화

제조사별 리콜 개수 분포를 막대그래프로 확인한다.

코드

```
pd.DataFrame(data.groupby("제작자").count()["차명"].sort_values(ascending
  =False)).rename(columns={"차명":"count"})
```

결과

제작자	count
비엠더블유코리아(주)	432
메르세데스벤츠코리아(주)	329
폭스바겐그룹코리아 주식회사	216
현대자동차(주)	61
만트럭버스코리아(주)	41
기아주식회사	38
포드세일즈서비스코리아(유)	37
(주)에프엠케이	31
스텔란티스코리아주식회사	31
(주)재규어랜드로버코리아	24
(유)기흥모터스	21
포르쉐코리아 주식회사	20
테슬라코리아 유한회사	20

코드

```
temp=pd.DataFrame(data.groupby("제작자").count()["차명"].sort_values
  (ascending=False)).rename(columns={"차명":"count"})

plt.rc('font', family='NanumBarunGothic')
plt.figure(figsize=(20,10))
sns.countplot(x="제작자",data=data, palette="Set2",order=temp.index)
plt.xticks(rotation=270)
plt.show()
```

결과

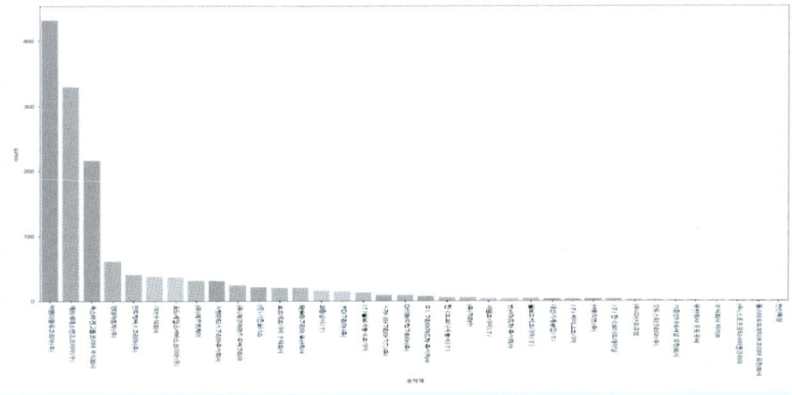

차량 모델별 리콜 개수 분포를 상위 30개를 뽑아서 막대그래프로 확인한다.

코드

```
temp=pd.DataFrame(data.groupby("차명").count()["제작자"].sort_values
  (ascending=False))
temp=temp.rename(columns={"제작자":"count"}).iloc[:30]

plt.rc('font', family='NanumBarunGothic')
plt.figure(figsize=(20,10))
sns.countplot(x="차명",data=data, palette="Set2",order=temp.index)
plt.xticks(rotation=90)
plt.show()
```

결과

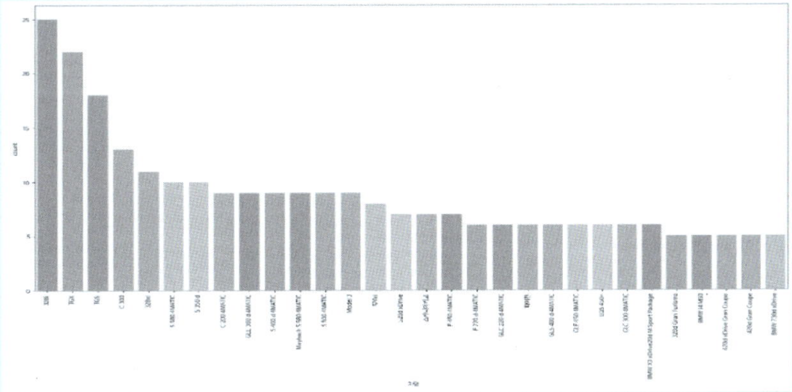

월별 리콜 개수 분포를 막대그래프로 확인한다.

코드	`plt.figure(figsize=(10,5))`
	`sns.countplot(x="recall_month",data=data,palette="Set3")`
	`plt.show()`

결과	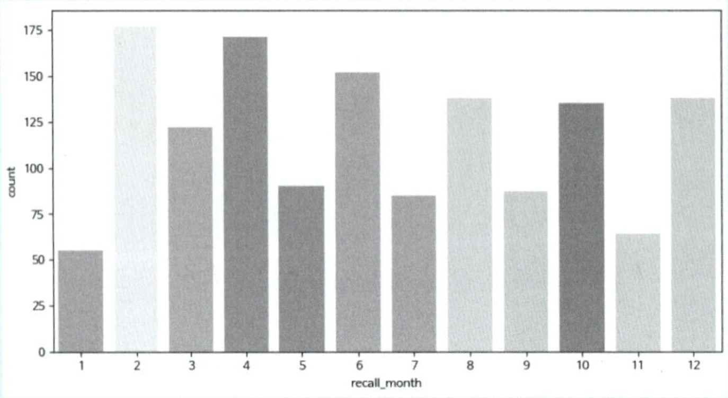

생산연도별 리콜 현황을 그래프로 확인한다.

코드	`temp=pd.DataFrame(data.groupby("start_year").count()["차명"]).rename`
	`(columns={"차명":"count"})`
	`plt.figure(figsize=(10,5))`
	`sns.lineplot(x="start_year",y="count",data=temp)`
	`plt.show()`

결과	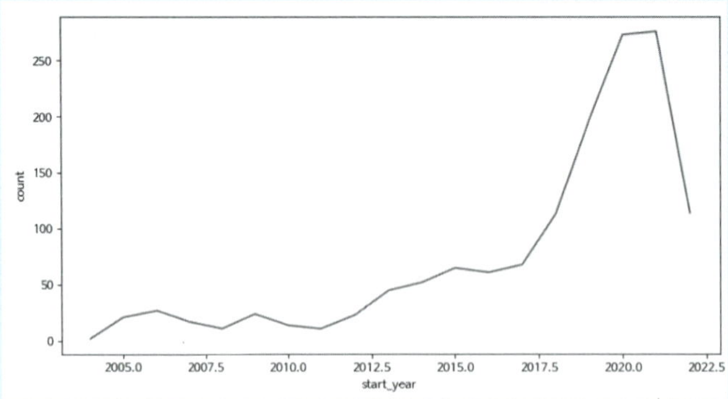

6장

머신러닝

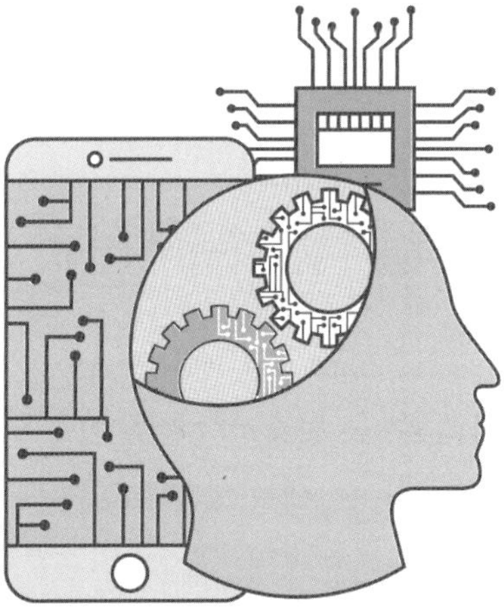

6장_ 머신러닝

머신러닝에 대한 이해와 실제 적용방법에 대해 알아보고 사이킷런(Scikit-Learn) 라이브러리를 활용하여 데이터 전처리, 지도학습 및 비지도학습을 다루는 방법에 대해 알아본다.

6.1 머신러닝의 이해

인공지능(Artificial Intelligence: AI)이란 인공과 지능의 합성어로, '시스템으로 구현된 지능'을 의미하거나, 인간의 지각능력, 학습능력, 추론능력, 자연어 처리능력 등을 컴퓨터가 실행할 수 있도록 프로그램으로 구현한 기술, 즉 소프트웨어를 말한다. 간단히 말하면 인간의 지능을 가진 것처럼 행동하는 기계 또는 프로그램을 의미한다. 장치가 프로그램을 통해서 판단하고 의사가 있는 것처럼 행동한다면 이를 인공지능이라고 볼 수 있다.

아래 벤다이어그램과 같이 인공지능은 머신러닝(Machine Learning)과 딥러닝(Deep Learning) 기술을 포함하고 있다. 머신러닝은 인공지능에서 "스스로 학습하여 성능이 개선되는 기법들"을 위주로 발전한 세부 학문이고, 딥러닝은 머신러닝에서 "인간의 뇌와 비슷한 신경망" 구조를 본떠서 발전한 세부 학문이다.

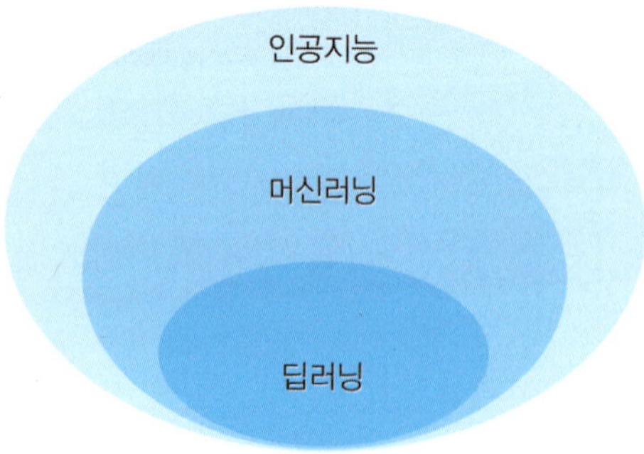

아래 그림은 머신러닝과 딥러닝의 차이를 보여준다. 머신러닝의 경우 입력(input)에 대해 사람이 직접 피처(feature, 특징) 추출을 생성하는 피처 엔지니어링 과정을 거쳐야 한다. 하지만 딥러닝의 경우 이러한 과정 없이 다양한 레이어를 사용하여 분류나 예측을 한다.

▼ 머신러닝과 딥러닝

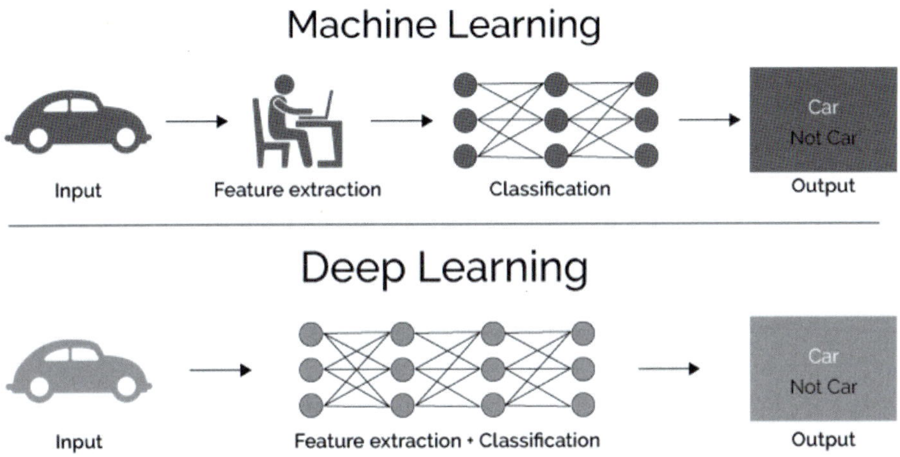

출처: https://morioh.com/p/ed56b4fdbf1c

머신러닝은 인공지능의 한 분야로, 학습 기반의 인공지능에 속한다. 아서 사무엘(Arthur Samuel)은 "명시적인 프로그래밍 없이 컴퓨터가 학습하는 능력을 갖추게 하는 연구 분야이다"라고 정의했다. 아래 그림과 같이 전통적인 프로그램은 사람이 주어진 문제를 풀기 위해 알고리즘이나 모델을 설계·구현해서, X를 입력(input)해주면 미리 설계해놓은 알고리즘에 따라 결과(Y)를 출력(output)한다. 그러나 머신러닝 프로그램은 입력 X와 출력 Y를 알려주면 알고리즘을 스스로 찾아 모델을 생성한다. 이후 새로운 데이터를 입력하면 생성된 모델에 적용하여 출력을 예측할 수 있다.

▼ 전통적인 프로그래밍과 머신러닝의 차이

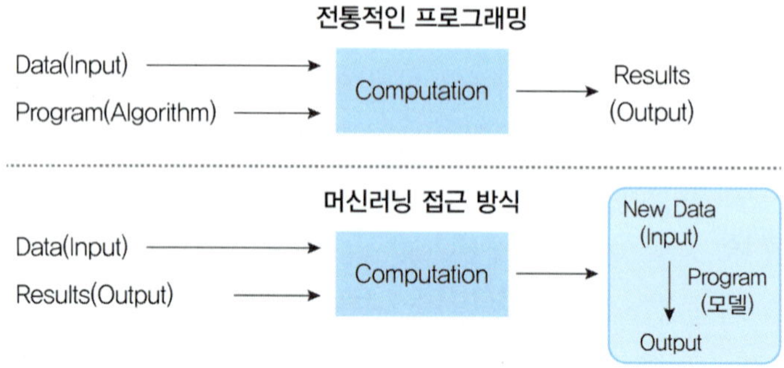

머신러닝은 학습의 기준을 어떤 것으로 할지에 따라 지도학습, 비지도학습, 강화학습으로 분류할 수 있다. 머신러닝은 결국 특징을 잘 암기하는 것이다. 결국 특징을 잘 암기하는 것은 일반화를 잘 시켜야 한다는 것을 의미한다. 모델이 처음 보는 데이터에 대해서 정확하게 예측할 수 있게 학습하는 것, 결국 일반화를 잘할 수 있다면 좋은 모델이라고 말할 수 있다. 따라서 머신러닝을 이용해 결과적으로 해결하고자 하는 목표는 일반화이다.

▼ 머신러닝시스템의 분류

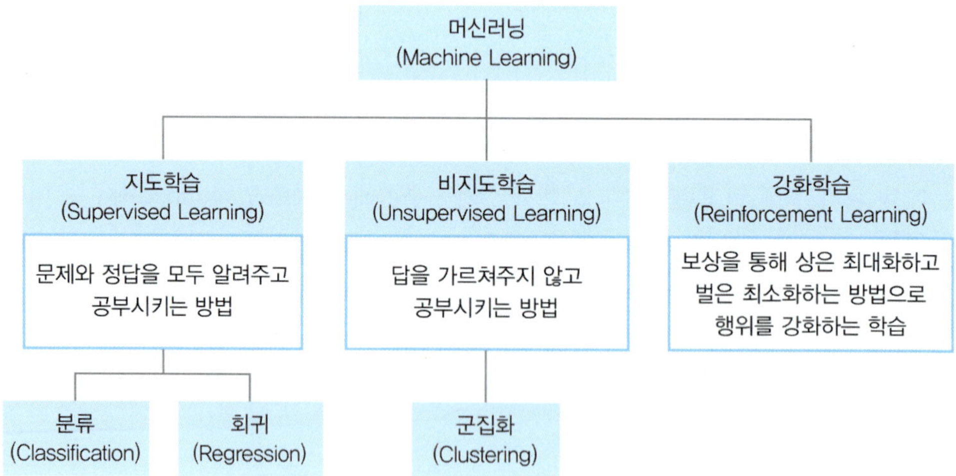

지도학습은 정답이 포함되어 있는 훈련 데이터로 학습하는 방법이다. 정답이 있는 데이터세트를 학습해 정답을 맞출 수 있는 알고리즘을 기계 스스로가 만들어내게 하는 것이다. 현재 연구되고 있는 대부분이 지도학습에 기초한다. 지도학습은 주어진 입력으로부터 출력값을 예측하고자 할 때 사용한다. 입력과 정답 데이터를 사용해 모델을 학습시킨 후 새로운 입력 데이터에 대해 정확한 출력을 예측하도록 하는 것이 목표이다. 지도학습 알고리즘은 크게 분류(Classification)와 회귀(Regression)로 구분한다. 분류는 입력 데이터를 미리 정의된 여러 개의 클래스 중 하나로 예측하는 것이며, 클래스 개수가 2개인 이진 분류(Binary Classification)와 3개 이상의 다중 분류(Multi-classification)로 나눌 수 있다. 회귀는 연속적인 숫자를 예측하는 것으로 수확량, 주식, 기온 등 연속성을 갖는 데이터를 예측할 때 사용한다. 대표적인 알고리즘(모델)은 선형회귀(Linear Regression), 로지스틱 회귀(Logistic Regression), 서포트 벡터 머신(Support Vector Machine: SVM), K-최근접 이웃(K-Ncarest Neighohors: KNN), 의사결정나무(Decision Tree), 인공신경망(Neural Network)이 있다.

▼ **분류모델 예시**

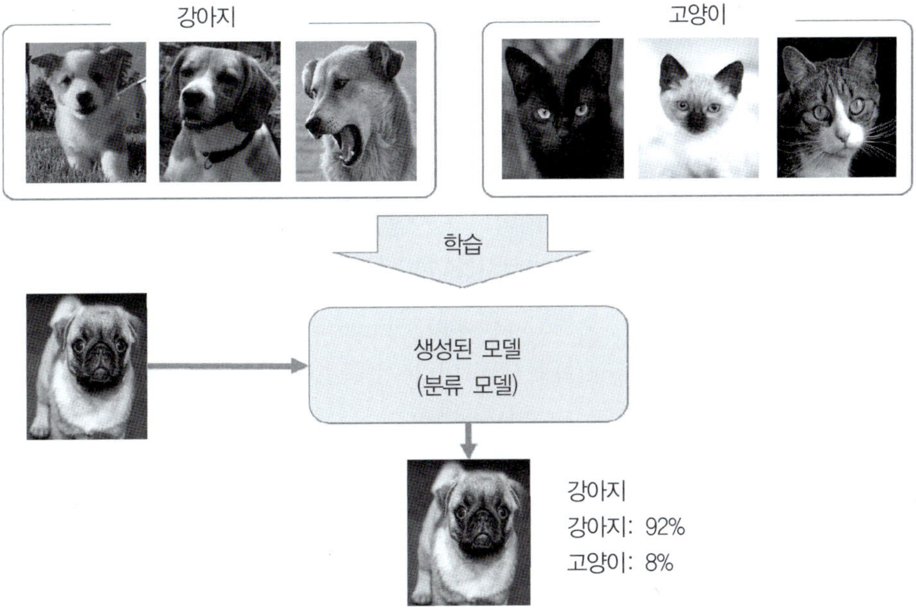

지도학습은 $Y=f(X)$에 대하여 입력변수(X)와 출력변수(Y)의 관계에 대하여 모델링하는 것을 말한다. 즉 Y에 대하여 예측 또는 분류하는 문제이다. 회귀(Regression)는 입력변수 X에 대하여 연속형 출력변수 Y를 예측하는 것이고, 분류(Classification)는 입력변수 X에 대하여 이산형 출력변수 Y를 예측하는 것이다. 분류와 회귀는 예측하고자 하는 대상이 범주형(Categorical) 데이터인지, 수치형(numerical) 데이터인지에 따라 달라진다.

- **분류**: Feature X에 대해서 범주형 Y를 출력하여 Class(Y)를 예측
- **회귀**: Feature X에 대해서 수치형 Y를 출력하여 Class(Y)를 예측

구분	범주형	수치형
지도학습 정답 있음	분류(Classification)	회귀(Regression)
비지도 학습 정답 없음	군집화(Clustering)	차원 축소(Dimension Reduction)

비지도학습에는 훈련 데이터에 정답이 없다. 예를 들어, 여러 종류의 장난감이 거실에 흩어져 있을 때 정리기준을 주지 않은 상태에서 아이들에게 정리하라고 명령했을 경우 아이에 따라 색깔별, 재질별, 모양별로 다양하게 군집이 일어난다. 이는 아이 스스로 학습해서 패턴(결과)을 도출한 것이다. 이를 비지도학습이라고 한다. 따라서 비지도학습은 원하는 출력 없이 입력 데이터를 사용, 입력 데이터의 구조나 패턴을 찾는 것이 목표이다. 미리 정해진 결과가 없고, 방대한 양의 데이터에서 유용한 통찰력을 얻을 수 있다. 대표적인 알고리즘은 군집(Clustering), 차원 축소(Dimension Reduction), 연관규칙학습(Association Rule Learning) 등이 있다. 클러스터링은 공간상에서 서로 가깝고 유사한 데이터를 클러스터로 그룹화하는 것이고, 차원 축소는 고차원의 데이터에 대해서 너무 많은 정보를 잃지 않으면서 데이터를 축소시키는 방법이다. 연관규칙은 데이터에서 특성 간의 연관성이 있는 흥미로운 규칙을 찾는 방법이다.

▼ 군집모델 예시

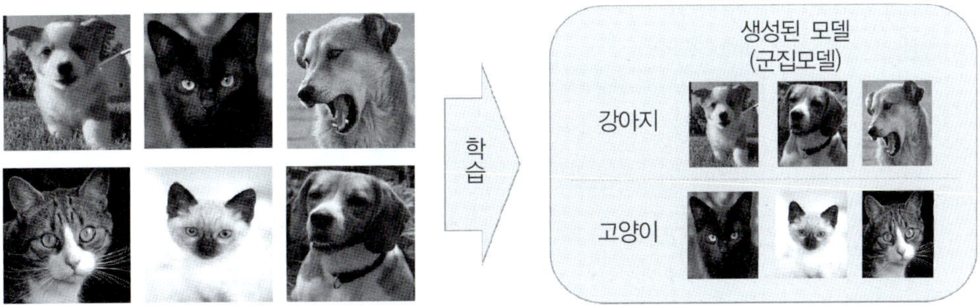

강화학습은 지도학습, 비지도학습과 다른 방식으로 학습이 진행된다. 강화학습에 이용하는 학습시스템은 에이전트(Agent)라고 부른다. 에이전트는 현재 상황에서 주변 환경을 관찰하여 행동(Action)을 취하고 보상과 패널티를 받는다. 여러 에피소드를 반복하면서 더 큰 누적 보상을 얻기 위한 최상의 정책(Policy)을 스스로 찾아나간다. 강화학습 역시 훈련 데이터에는 정답이 존재하지 않는다.

그렇다면 "머신러닝으로 무엇을 할 것인가?" 그 대답은 예측이다. 예측을 한다는 것은 입력값(X)으로 결과(Y)를 예측하고 싶다는 뜻이다. Y를 예측하기 위해 필요한 X를 피처라 한다. 아래 그림은 특징(Feature)과 대상(Target)을 표시한 데이터프레임이다. 꽃잎과 꽃받침의 길이 정보(X)로 품종(Y)을 예측할 경우, X에 해당하는 값은 [꽃받침의 길이(Sepal length), 꽃받침의 너비(Sepal width), 꽃잎의 길이(Petal length), 꽃잎의 너비(Petal width)]가 된다. 머신러닝을 본격적으로 하기 전에 먼저 용어에 대해 살펴보자. 행과 열로 이루어진 테이블 형태의 데이터세트를 '데이터프레임' 또는 '데이터 행렬'이라 한다. 행렬을 이루고 있는 열을 '컬럼'이라 하고, 컬럼 중 머신러닝의 입력으로 사용되는 X값에 해당하는 컬럼은 'features', 'X', '속성', '독립변수', 'attributes', 'input', '설명변수' 등 다양한 이름으로 부른다. 예측하고 싶은 값, 즉 출력값(Y)은 '종속변수', 'target', 'labels', '반응변수', 'output' 등으로 지칭한다. 관련된 컬럼들의 모음을 '행(row)'이라 하고 '관측된 값', 'samples', 'instance', 'observations'라 한다.

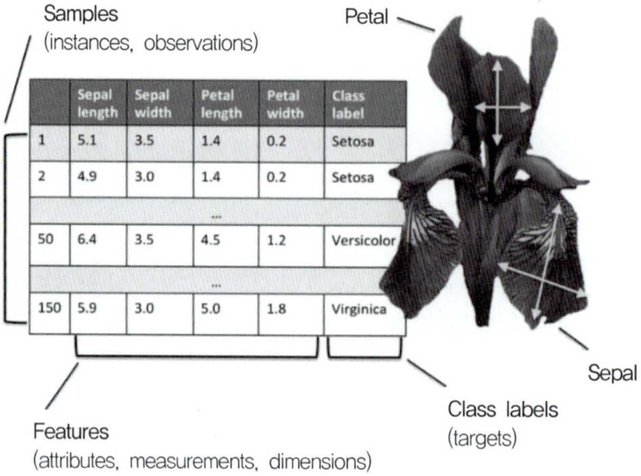

출처: https://eminebozkus.medium.com/exploring-the-iris-flower-dataset-4e000bcc266c

6.2 사이킷런과 머신러닝

머신러닝 전체 과정은 아래 그림과 같다.

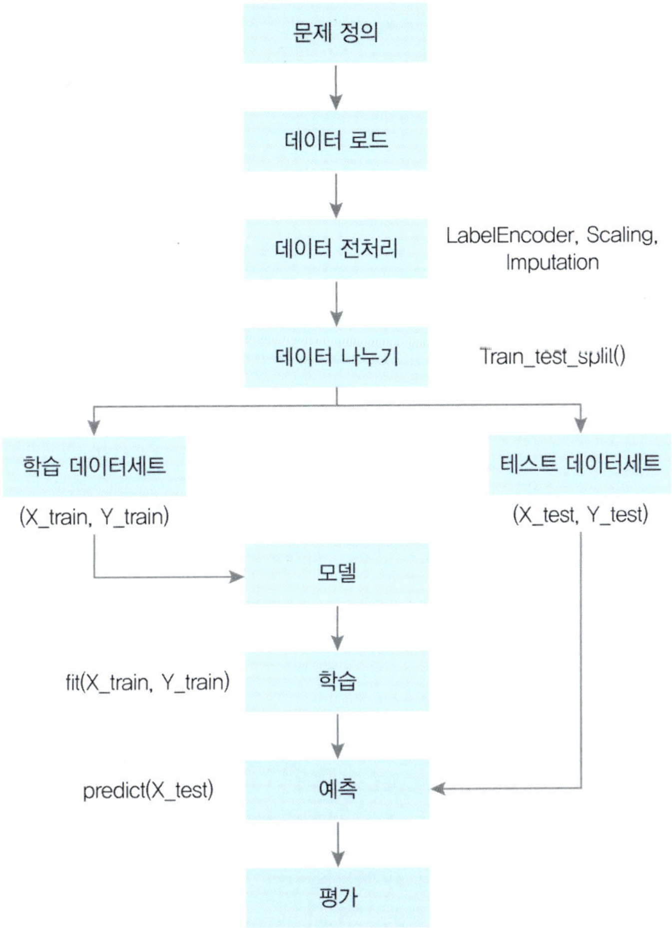

항목	설명
feature_names	학습(훈련), 예측에 사용할 단어 사전
label_name	정답값
X_train	학습(훈련)에 사용할 데이터세트(예: 시험의 기출문제)
X_test	예측에 사용할 데이터세트(예: 실전 시험문제)
y_train	학습(훈련)에 사용할 정답값(예: 기출문제의 정답)
model	학습, 예측에 사용할 머신러닝 알고리즘
model.fit(X_train, y_train)	학습(훈련), 기출문제와 정답을 가지고 학습(훈련)하는 과정과 유사
model.predict(X_test)	예측, 실제 시험을 보는 과정과 유사 → 문제를 풀어서 정답을 구함
score	시험을 봤다면 몇 문제를 맞고 틀렸는지 채점
metric	점수를 채점하는 공식(예: 학교에서 중간고사를 봤다면 전체 평균을 계산해줌)

■ 사이킷런과 머신러닝 개념 소개

머신러닝(Machine Learning)은 학습 데이터를 통해 지속적으로 컴퓨터를 학습시켜 적절한 답을 찾아내는 기술이다. 사이킷런(Scikit-Learn)은 머신러닝을 위한 파이썬 패키지이며 샘플 데이터세트(Sample Dataset), 데이터 전처리(Data Preprocessing) 기능, 지도학습(Supervised Learning), 비지도학습(Unsupervised Learning), 모델 평가기능 등을 담고 있다. 사이킷런의 특징은 다양한 머신러닝 알고리즘을 하나의 패키지 안에서 모두 제공해준다는 점이다. 다음은 사이킷런의 주요 모듈에 대한 설명이다.

모듈	설명
sklearn.datasets	내장된 예제 데이터세트
sklearn.preprocessing	변환, 정규화, 스케일링 등의 다양한 데이터 전처리 기능을 제공
sklearn.feature_selection	특징(feature)을 선택할 수 있는 기능 제공
sklearn.feature_extraction	특징(feature) 추출에 사용
sklearn.decomposition	PCA, NMF, Truncated SVD 등의 차원 축소 관련 알고리즘 지원
sklearn.model_selection	교차 검증을 위해 데이터를 학습/테스트용으로 분리, 최적 파라미터를 추출하는 API 제공

sklearn.metrics	분류, 회귀, 클러스터링, Pairwise에 대한 다양한 성능 측정방법 제공(Accuracy, Precision, Recall, ROC 등)
sklearn.pipeline	특징 처리 등의 변환과 머신러닝 알고리즘 학습, 예측 등을 묶어서 실행할 수 있는 유틸리티 제공
sklearn.linear_model	선형회귀, 릿지(Ridge), 라쏘(Lasso), 로지스틱 회귀 등 회귀 관련 알고리즘과 확률적 경사 하강(Stochastic Gradient Descent: SGD)
sklearn.svm	서포트 벡터 머신 알고리즘 제공
sklearn.neighbors	최근접 이웃 알고리즘 제공(KNN 등)
sklearn.naive_bayes	나이브 베이즈 알고리즘 제공(가우시안 NB, 다항분포 NB 등)
sklearn.tree	의사결정나무 알고리즘 제공
sklearn.ensemble	앙상블 알고리즘 제공(Random Forest, AdaBoost, GradientBoost 등)
sklearn.cluster	비지도 클러스터링 알고리즘 제공(K-means, 계층형 클러스터링, DBSCAN 등)

다음은 사이킷런 패키지에서 제공하는 머신러닝 관련 알고리즘이다.

지도학습(Supervised Learning)	비지도학습(Unsupervised Learning)
• Linear Models • Linear and Quadratic Discriminant Analysis • Kernel ridge regression • Support Vector Machines • Stochastic Gradient Descent • Nearest Neighbors • Gaussian Processes • Cross decomposition • Naive Bayes • Decision Trees • Ensemble methods • Multiclass and multioutput algorithms • Feature selection • Semi-supervised learning • Isotonic regression • Probability calibration • Neural network models(supervised)	• Gaussian mixture models • Manifold learning • Clustering • Biclustering • Decomposing signals in components(matrix factorization problems) • Covariance estimation • Novelty and Outlier Detection • Density Estimation • Neural network models(unsupervised)

API 사용방법은 아래 절차를 따른다.

① 사이킷런으로부터 적절한 estimator 클래스를 임포트해서 모델의 클래스 선택

② 클래스를 원하는 값으로 인스턴스화해서 모델의 하이퍼파라미터 선택

③ 데이터를 특징(feature) 배열과 대상(target) 벡터로 배치

④ 모델 인스턴스의 fit() 메서드를 호출해 모델을 데이터에 적합시킴

⑤ 모델을 새 데이터에 대해서 적용

- 지도학습: 대체로 predict() 메서드를 사용해 알려지지 않은 데이터에 대한 레이블 예측
- 비지도학습: 대체로 transform()이나 predict() 메서드를 사용해 데이터의 속성을 변환하거나 추론

■ 사이킷런 샘플 데이터 소개

실습에 사용할 데이터세트는 사이킷런에서 제공하는 데이터세트를 사용한다. 사이킷런의 서브 패키지 sklearn.datasets는 실습을 위한 샘플용 데이터세트를 제공하고 있다. 샘플용 데이터세트는 기본적으로 사이킷런 패키지 안에 내장되어 있는 형태(load 명령으로 import), 인터넷에서 다운로드하여 사용하는 형태(fetch 명령으로 import), 그리고 새로운 데이터세트를 생성시켜 사용하는 형태(make 명령으로 생성)로 접근할 수 있다. 내장된 데이터는 datasets_load_로 시작하는 API이며, 온라인 데이터세트는 fetch_로 시작하는 예제 데이터세트이다.

▼ 내장된 분류 또는 회귀용 데이터세트

API	설명	모델
datasets.load_boston()	미국 보스턴의 집에 대한 특징과 가격 데이터	회귀
datasets.load_iris()	붓꽃에 대한 특징을 가진 데이터	분류
datasets.load_diabetes()	당뇨 데이터	회귀
datasets.load_wine()	와인에 대한 특징을 가진 데이터	분류

▼ 온라인 데이터세트

API	설명
fetch_california_housing()	캘리포니아 주택가격 데이터
fetch_covtype()	회귀분석용 토지조사 데이터
fetch_20newsgroups()	뉴스그룹 텍스트 데이터
fetch_olivetti_faces()	얼굴 이미지 데이터
fetch_rcv1()	로이터 뉴스 말뭉치 데이터

▼ 분류와 클러스터링을 위한 표본 데이터 생성

API	설명
make_regression()	회귀(regression)용 데이터 생성
make_classification()	분류(classification)용 데이터 생성
make_blobs()	군집(clustering)용 데이터 생성

사이킷런의 샘플 데이터세트 객체는 일반적으로 딕셔너리 형태로 구성되어 있으며 아래와 같은 속성으로 구성되어 있다.

속성	설명
data	독립변수의 ndarray 배열 형태
target	종속변수의 ndarray 배열 형태
feature_names	독립변수 이름의 리스트 형태
target_names	종속변수 이름의 리스트 형태
DESCR	데이터세트에 대한 설명과 각 특징 설명

■ 사이킷런 샘플 데이터세트 예시

1990년 캘리포니아 인구조사 데이터인 캘리포니아 주택가격 데이터세트이다. 학습을 통해 주택가격을 예측해보자.

▼ 캘리포니아 주택가격 데이터

속성	설명
MedInc	블록의 중간 소득
HouseAge	블록의 중간 주택 연도
AveRooms	평균 방 수
AveBedms	평균 침실 수
Population	블록 내 거주 중인 인구 수
AveOccup	평균 주택 점유율
Latitude	주택 블록 위도
Longitude	주택 블록 경도

필요한 패키지와 모듈을 불러온다. sklearn.datasets 패키지로부터 fetch_california_housing을 import한다. 데이터 분석을 위해 판다스를 pd라는 별칭으로 불러온다.

```
from sklearn.datasets import fetch_california_housing
import pandas as pd
```

import한 데이터를 불러와 house라는 변수에 할당한다.

코드

```
house=fetch_california_housing()
house
```

결과

```
{'DESCR': '.. _california_housing_dataset:\n\nCalifornia Housing dataset\n--------
 'data': array([[   8.3252    ,   41.        ,    6.98412698, ...,    2.55555556,
           37.88      , -122.23      ],
        [   8.3014    ,   21.        ,    6.23813708, ...,    2.10984183,
           37.86      , -122.22      ],
        [   7.2574    ,   52.        ,    8.28813559, ...,    2.80225989,
           37.85      , -122.24      ],
        ...,
        [   1.7       ,   17.        ,    5.20554273, ...,    2.3256351 ,
           39.43      , -121.22      ],
        [   1.8672    ,   18.        ,    5.32951289, ...,    2.12320917,
           39.43      , -121.32      ],
        [   2.3886    ,   16.        ,    5.25471698, ...,    2.61698113,
           39.37      , -121.24      ]]),
 'feature_names': ['MedInc',
  'HouseAge',
  'AveRooms',
  'AveBedrms',
  'Population',
  'AveOccup',
  'Latitude',
  'Longitude'],
 'frame': None,
 'target': array([4.526, 3.585, 3.521, ..., 0.923, 0.847, 0.894]),
 'target_names': ['MedHouseVal']}
```

불러온 데이터세트는 딕셔너리 형태이며 딕셔너리의 keys를 확인해보면 6개의 key로 구성되어 있는 것을 확인할 수 있다.

코드

```
house.keys()
```

결과

```
dict_keys(['data', 'target', 'frame', 'target_names', 'feature_names', 'DESCR'])
```

x=pd.DataFrame(house.data, columns=house.feature_names)는 독립변수 데이터들을 판다스 데이터프레임으로 만들어 x라는 이름의 변수에 할당한다. house.data는 독립변수 데이터가 ndarray 형태로 저장되어 있다. 열이름은 독립변수의 이름 리스트를 가져와 사용한다.

코드

```
x=pd.DataFrame(house.data, columns=house.feature_names)
x.head()
```

결과

	MedInc	HouseAge	AveRooms	AveBedrms	Population	AveOccup	Latitude	Longitude
0	8.3252	41.0	6.984127	1.023810	322.0	2.555556	37.88	-122.23
1	8.3014	21.0	6.238137	0.971880	2401.0	2.109842	37.86	-122.22
2	7.2574	52.0	8.288136	1.073446	496.0	2.802260	37.85	-122.24
3	5.6431	52.0	5.817352	1.073059	558.0	2.547945	37.85	-122.25
4	3.8462	52.0	6.281853	1.081081	565.0	2.181467	37.85	-122.25

y=pd.DataFrame(house.target, columns=house.target_names)는 종속변수 데이터들을 판다스 데이터프레임으로 만들어 y라는 이름의 변수에 할당한다. 열이름은 종속변수의 이름 리스트를 가져와 사용한다.

코드

```
y=pd.DataFrame(house.target, columns=house.target_names)
y.head()
```

결과

	MedHouseVal
0	4.526
1	3.585
2	3.521
3	3.413
4	3.422

data=pd.concat([x,y],axis=1)는 만들어놓은 판단스 데이터프레임 x와 y를 병합하고 data라는 이름의 변수에 할당한다. concat()은 두 개의 데이터프레임을 이어 붙여준다. 아래 그림과 같이 행으로 붙일지, 열로 붙일지를 axis를 이용해 결정해주면 된다. 여기에서는 열로 추가되어야 하므로 axis=1을 해주면 된다.

▼ concat() 이어 붙이기

data.head()는 생성된 데이터프레임의 상위 5개의 데이터세트를 확인한다.

코드

```
data=pd.concat([x,y],axis=1)
data.head()
```

결과

	MedInc	HouseAge	AveRooms	AveBedrms	Population	AveOccup	Latitude	Longitude	MedHouseVal
0	8.3252	41.0	6.984127	1.023810	322.0	2.555556	37.88	-122.23	4.526
1	8.3014	21.0	6.238137	0.971880	2401.0	2.109842	37.86	-122.22	3.585
2	7.2574	52.0	8.288136	1.073446	496.0	2.802260	37.85	-122.24	3.521
3	5.6431	52.0	5.817352	1.073059	558.0	2.547945	37.85	-122.25	3.413
4	3.8462	52.0	6.281853	1.081081	565.0	2.181467	37.85	-122.25	3.422

data.describe()를 통해 데이터세트의 통계 요약정보를 확인할 수 있다.

코드

```
data.describe()
```

결과

	MedInc	HouseAge	AveRooms	AveBedrms	Population	AveOccup	Latitude	Longitude	MedHouseVal
count	20640.000000	20640.000000	20640.000000	20640.000000	20640.000000	20640.000000	20640.000000	20640.000000	20640.000000
mean	3.870671	28.639486	5.429000	1.096675	1425.476744	3.070655	35.631861	-119.569704	2.068558
std	1.899822	12.585558	2.474173	0.473911	1132.462122	10.386050	2.135952	2.003532	1.153956
min	0.499900	1.000000	0.846154	0.333333	3.000000	0.692308	32.540000	-124.350000	0.149990
25%	2.563400	18.000000	4.440716	1.006079	787.000000	2.429741	33.930000	-121.800000	1.196000
50%	3.534800	29.000000	5.229129	1.048780	1166.000000	2.818116	34.260000	-118.490000	1.797000
75%	4.743250	37.000000	6.052381	1.099526	1725.000000	3.282261	37.710000	-118.010000	2.647250
max	15.000100	52.000000	141.909091	34.066667	35682.000000	1243.333333	41.950000	-114.310000	5.000010

6.3 지도학습

6.3.1 분류

분류는 예측하는 값, 즉 종속변수(y)가 카테고리형일 경우에 사용한다.

iris 데이터세트를 이용하여 분류의 간단한 예를 살펴보자. iris는 꽃받침의 길이와 너비, 꽃잎의 길이와 세트를 너비를 속성(features)으로 가지고, Species를 출력값(target)으로 가지는 데이터세트이다. Species는 Setosa, Versicolor, Virginica 세 종류로 분류된다.

사이킷런의 샘플 데이트세트 객체는 일반적으로 딕셔너리 형태로 구성되어 있으며 아래와 같은 속성으로 구성되어 있다.

속성	설명
data	독립변수의 ndarray 배열 형태
target	종속변수의 ndarray 배열 형태
feature_names	독립변수 이름의 리스트 형태
target_names	종속변수 이름의 리스트 형태
DESCR	데이터세트에 대한 설명과 각 특징 설명

(1) KNN(K-Nearest Neighbor, K-최근접 이웃)

■ 문제 정의

사이킷런에서 제공하는 iris 데이터세트를 이용하여 붓꽃의 품종을 예측해본다.

■ 필요한 라이브러리 불러오기

필요한 모듈을 import한다.

코드

```
import numpy as np
import pandas as pd
import matplotlib.pyplot as plt
```

■ 데이터 불러오기

sklearn.datasets 패키지로부터 load_iris를 import한다. 제공하는 데이터세트를 불러와 data_iris라는 변수에 할당한다.

코드

```
from sklearn.datasets import load_iris
data_iris=load_iris()
```

■ 데이터 살펴보기

불러온 데이터세트는 딕셔너리 형태이며, 딕셔너리의 keys를 확인해보면 6개의 key로 구성되어 있는 것을 확인할 수 있다.

코드

```
data_iris.keys()
```

결과

```
dict_keys(['data', 'target', 'frame', 'target_names', 'DESCR',
  'feature_names', 'filename', 'data_module'])
```

DESCR을 통해 데이터세트에 대한 설명과 각 속성에 대한 설명을 볼 수 있다.

코드	`print(data_iris['DESCR'])`

결과

```
.. _iris_dataset:

Iris plants dataset
--------------------

|
**Data Set Characteristics:**

    :Number of Instances: 150 (50 in each of three classes)
    :Number of Attributes: 4 numeric, predictive attributes and the class
    :Attribute Information:
        - sepal length in cm
        - sepal width in cm
        - petal length in cm
        - petal width in cm
        - class:
                - Iris-Setosa
                - Iris-Versicolour
                - Iris-Virginica

    :Summary Statistics:

    ============== ==== ==== ======= ===== ====================
                    Min  Max   Mean    SD   Class Correlation
    ============== ==== ==== ======= ===== ====================
    sepal length:   4.3  7.9   5.84   0.83    0.7826
    sepal width:    2.0  4.4   3.05   0.43   -0.4194
    petal length:   1.0  6.9   3.76   1.76    0.9490  (high!)
    petal width:    0.1  2.5   1.20   0.76    0.9565  (high!)
    ============== ==== ==== ======= ===== ====================
```

데이터를 분석하기 전에 데이터 속성에 대해 반드시 살펴보아야 한다.

▼ iris 데이터

속성	설명
sepal length	꽃받침의 길이(cm)
sepal width	꽃받침의 너비(cm)

속성	설명
petal length	꽃잎의 길이(cm)
petal width	꽃잎의 너비(cm)
class	붓꽃 품종

df_iris=pd.DataFrame(data_iris['data'], columns=data_iris['feature_names'])는 독립 변수 데이터들을 판다스 데이터프레임으로 만들어 df_iris라는 이름의 변수에 할당한다. data_iris['data']는 ndarray 형태로 저장되어 있다. 열이름은 data_iris['feature_names']를 사용하여 데이터프레임을 생성한다.

코드

```
df_iris=pd.DataFrame(data_iris['data'],columns=data_iris['feature_names'])
df_iris
```

결과

	sepal length (cm)	sepal width (cm)	petal length (cm)	petal width (cm)
0	5.1	3.5	1.4	0.2
1	4.9	3.0	1.4	0.2
2	4.7	3.2	1.3	0.2
3	4.6	3.1	1.5	0.2
4	5.0	3.6	1.4	0.2
...	...	...	...	...
145	6.7	3.0	5.2	2.3
146	6.3	2.5	5.0	1.9
147	6.5	3.0	5.2	2.0
148	6.2	3.4	5.4	2.3
149	5.9	3.0	5.1	1.8

150 rows × 4 columns

꽃받침의 길이와 너비를 이용하여 산점도 그래프로 품종 구분이 가능한지를 확인해보자. x값으로 꽃받침의 길이, y값으로 꽃받침의 너비, 색깔은 품종에 따라 세 가지 색으로 구분하여 산점도로 확인해보자.

코드

```
colors = ['r','g','b']
for idx, row in df_iris[['sepal length (cm)','sepal width (cm)']].iterrows():
    c = data_iris['target'][idx]
    plt.scatter(row['sepal length (cm)'],
                row['sepal width (cm)'],
                color=colors[c], alpha=0.5)
plt.xlabel('sepal length (cm)')
plt.ylabel('sepal width (cm)')
plt.grid(True)
plt.show()
```

결과

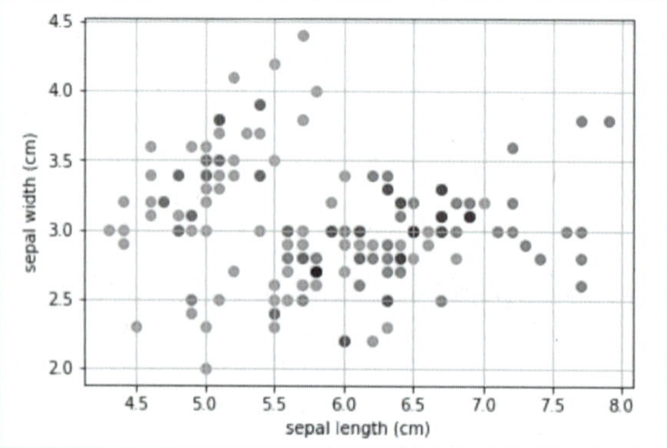

시각화 결과 꽃받침의 너비와 길이로는 하나의 품종만 확실히 구분되는 것을 확인할 수 있다.

다음은 꽃잎의 너비와 길이로 시각화를 해보자.

코드

```
for idx, row in df_iris[['petal length (cm)','petal width (cm)']].iterrows():
    c = data_iris['target'][idx]
    plt.scatter(row['petal length (cm)'],
                row['petal width (cm)'],
                color=colors[c], alpha=0.5 )
plt.xlabel('petal length (cm)')
plt.ylabel('petal width (cm)')
plt.grid(True)
plt.show()
```

결과

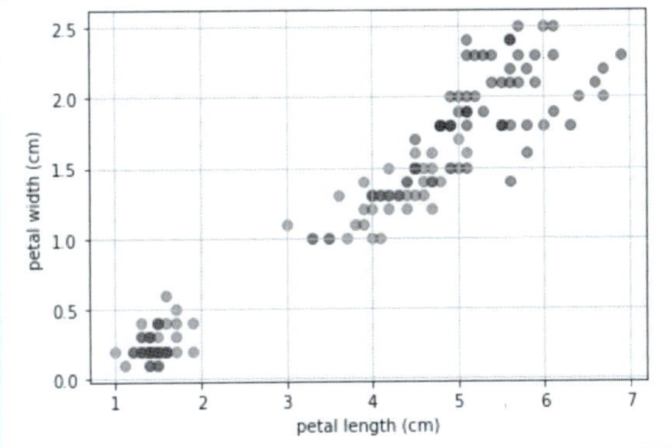

시각화 결과 꽃받침의 길이와 너비를 이용할 때보다 좀 더 품종이 잘 구분되어 보인다.

■ 데이터 전처리 및 피처 엔지니어링(Feature Engineering)

데이터 전처리란 결측값이나 이상치가 있을 경우에 대한 데이터 처리 부분이다. 값이 없는 데이터의 경우, 판다스 데이터프레임에서는 NAN으로 표기하게 된다. 먼저 결측치 데이터가 얼마나 존재하는지 확인해보자. isnull()은 Null인 값을 참(true)으로 리턴한다. 이어서 sum()을 하게 되면 true(1) 값이 모두 더해져 각 피처마다 몇 개의 결측치가 존재하는지 알 수 있다. 실행 결과 결측값이 존재하지 않으므로 결측값에 대한 전처리 부분은 생략이 가능하다.

코드

```
df_iris.isnull().sum()
```

결과

```
sepal length (cm)    0
sepal width (cm)     0
petal length (cm)    0
petal width (cm)     0
dtype: int64
```

여러 개의 피처를 조합하거나 기존의 피처에서 새로운 정보를 추출해 새로운 피처를 만드는 것을 Feature Engineering이라고 한다. 꽃받침의 길이와 꽃잎의 길이 비율

'sepal/petal length(ratio)', 꽃받침의 너비와 꽃잎의 너비 비율 'sepal/petal width(ratio)' 라는 새로운 피처를 생성해보자.

코드

```
df_iris['sepal/petal length(ratio)'] = df_iris['sepal length (cm)'] /
  df_iris['petal length (cm)']
df_iris['sepal/petal width(ratio)'] = df_iris['sepal width (cm)'] /
  df_iris['petal width (cm)']
```

스케일링(scaling)이란 데이터 전처리 과정 중 하나이다. 데이터의 값이 너무 크거나 작은 경우 모델 알고리즘 학습과정에서 0으로 수렴되거나 발산해 버릴 수 있다. 이를 방지하거나 예측값이 범위를 벗어나는 입력 데이터에 대해 더 큰 영향을 받는 것을 방지하기 위해 사용한다. 예를 들어, 신장과 몸무게가 입력 데이터로 주어지고, 100m 달리기의 속도를 예측할 경우 신장과 몸무게의 단위가 다르기 때문에 더 큰 값을 가지는 신장값이 예측값에 더 큰 영향을 미치는 것을 방지하기 위해 신장과 몸무게의 단위(Unit)를 맞춰주는 작업이다. 이를 스케일링(scaling)이라 한다. 변수들의 단위가 서로 다를 경우 스케일링으로 해결할 수 있다. 모델링 작업에 들어가기 전에 변수들 간의 단위가 다를 경우에는 보통 표준화를 진행한다.

Scaler의 종류는 StandardScaler, RobustScaler, MinMaxScaler, Normalizer 네 가지 종류가 있다. 표준화 중에서도 모집단이 '정규분포'를 따르는 경우, 평균이 0, 표준편차가 1인 표준정규분포로 표준화를 많이 한다. MinMaxScaler는 스케일을 조정하는 정규화 함수로 모든 데이터가 0과 1 사이의 값을 갖도록 해주는 함수이다. 따라서 최댓값은 1, 최솟값은 0으로 데이터 범위를 조정해준다. 먼저 필요한 라이브러리인 MinMax Scaler를 import해주고, 정규화를 하는 함수에 정규화를 할 데이터(df_iris)를 입력해주면 정규화된 데이터를 데이터프레임으로 df_iris 변수를 업데이트해준다. 실행 결과 데이터가 모두 0~1 사이의 값으로 변경된 것을 확인할 수 있다.

코드

```
from sklearn.preprocessing import MinMaxScaler
mms = MinMaxScaler()
df_iris = mms.fit_transform(df_iris)
df_iris = pd.DataFrame(df_iris,
          columns=data_iris['feature_names']+
          ['sepal/petal length(ratio)','sepal/petal width(ratio)'])
df_iris
```

결과

	sepal length (cm)	sepal width (cm)	petal length (cm)	petal width (cm)	sepal/petal length(ratio)	sepal/petal width(ratio)
0	0.222222	0.625000	0.067797	0.041667	0.685337	0.410578
1	0.166667	0.416667	0.067797	0.041667	0.647577	0.347874
2	0.111111	0.500000	0.050847	0.041667	0.678075	0.372955
3	0.083333	0.458333	0.084746	0.041667	0.533040	0.360414
4	0.194444	0.666667	0.067797	0.041667	0.666457	0.423119
...	...	...	...	...	...	...
145	0.666667	0.416667	0.711864	0.916667	0.063029	0.004362
146	0.555556	0.208333	0.677966	0.750000	0.055507	0.004649
147	0.611111	0.416667	0.711864	0.791667	0.052863	0.009269
148	0.527778	0.583333	0.745763	0.916667	0.025942	0.008724
149	0.444444	0.416667	0.694915	0.708333	0.028246	0.013450

150 rows × 6 columns

정규화 과정을 마친 후 새롭게 생성된 피처를 이용한 시각화 결과가 품종이 잘 분류되는 것을 확인할 수 있다.

코드

```
colors = ['r','g','b']
for idx, row in df_iris[['sepal/petal length(ratio)','sepal/petal
  width(ratio)']].iterrows():
  c = data_iris['target'][idx]
  plt.scatter(row['sepal/petal length(ratio)'], row['sepal/petal
  width(ratio)'],color=colors[c], alpha=0.5)
plt.xlabel('sepal/petal length(ratio)')
plt.ylabel('sepal/petal width(ratio)')
plt.grid(True)
plt.show()
```

결과

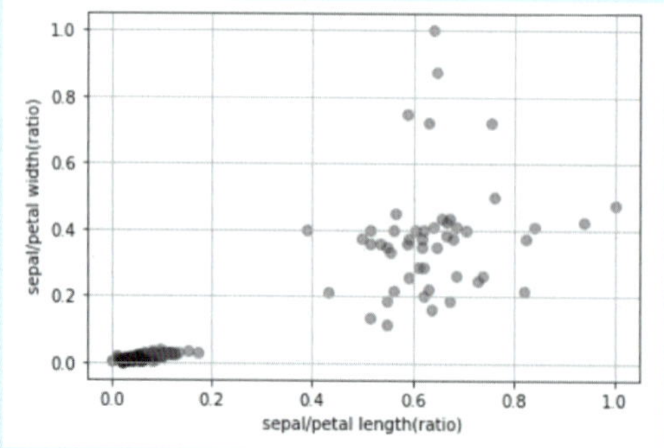

■ 모델링

이 책은 분류모델 중 KNN(K-Nearest Neighbor) 알고리즘을 선택하여 실습한다. K-최근접 이웃(KNN) 알고리즘은 새로운 데이터와 가장 가까운 이웃 데이터 K개를 선택한 뒤 K개 안에 가장 많은 개수를 가진 그룹으로 새로운 데이터를 분류하는 방식이다. 가장 가까운 이웃 데이터란 거리 기반 알고리즘을 활용하며, 이웃 데이터의 개수(K)는 홀수로 지정하여, 동점이 되어 분류할 수 없는 경우를 배제하기 위함이다.

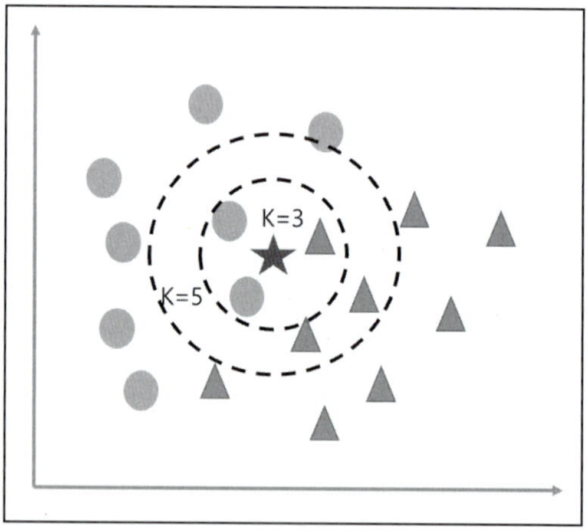

오른쪽 그림은 데이터의 특징에 따라 두 개의 그룹을 그래프로 표현한 것이라고 가정했을 경우, 새로운 데이터(★)의 특징에 해당하는 좌표점을 표현한 것이다. 새로운 데이터(★)가 어떤 그룹에 속하는지를 KNN 알고리즘을 이용해 분류해보자. 먼저 이웃의 개수인 K를 3으로 지정했을 경우 새로운 데이터(★)와 다른 데이터들과의 거리를 계산하여 거리가 가까운 데이터 3개를 찾으면 원(●)인 데이터가 2개, 삼각형(▲) 데이터가 1개여서 새로운 데이터(★)는 원(●)으로 분류한다. 그러나 K를 5로 하면 원(●)이 2개, 삼각형(▲)이 3개로 삼각형(▲)

으로 분류한다. KNN의 특징은 훈련이 따로 필요 없다는 것이다. 훈련 데이터를 기반으로 모델을 만들고 테스트 데이터로 테스트를 하는 방식이다. 정확한 예측을 위해서 K의 선택이 중요하다. KNN에서는 데이터와 데이터 사이의 거리를 구해야 한다.

Tip 유클리디안 거리

좌표 평면 위의 두 점 $A(x_1, y_1), B(x_2, y_2)$ 사이의 유클리디안 거리점 A를 지나고 x축에 평행한 직선과 점 B를 지나고 y축에 평행한 직선의 교점을 C라고 하면 $\overline{AC} = |x_2 - x_2|, \overline{BC} = |y_2 - y_1|$이다. 이때 삼각형 ABC는 직각삼각형이므로 피타고라스 정리에 의하여 $\overline{AB}^2 = \overline{AC}^2 + \overline{BC}^2 = (x_2 - x_1)^2 + (y_2 - y_1)^2$이다.
즉 $d(A,B) = \sqrt{(x_2 - x_1)^2 + (y_2 - y_1)^2}$이다. 이와 같이 두 점 사이의 직선의 거리를 유클리디안 거리라고 한다.

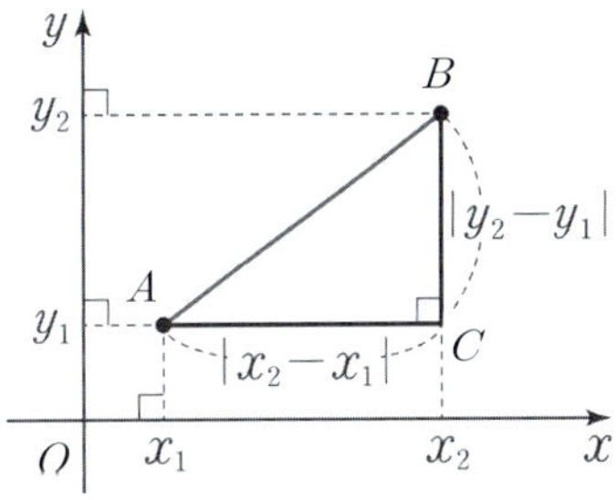

KNN 알고리즘을 이용하여 iris의 세 가지 품종을 분류하는 머신러닝 모델을 만들어보자. 먼저 준비된 데이터를 학습 데이터와 테스트 데이터로 나누어보자. 테스트 데이터를 20%로 설정하고, 정답 데이터(Y)로는 data_iris['target']을 사용하여 데이터를 분리한다. 교재와 같은 결과를 보고자 한다면 random_state 값(42)을 같게 설정하면 된다.

코드

```
from sklearn.model_selection import train_test_split
X_train, X_test, y_train, y_test = train_test_split(df_iris,
                                                    data_iris['target'],
                                                    test_size=0.2,
                                                    random_state=42)
```

결과

KNeighborsClassifier()을 호출하여 K-최근접 이웃 알고리즘 모델 객체를 생성하고, 그 이름을 model이라고 한다. K를 생략하면 기본값은 5가 된다. fit()을 호출하여 학습을 수행한다. X_train과 정답값 y_train을 훈련 데이터로 사용한다. 학습 데이터의 대한 모델의 점수는 96.6이다.

코드	`from sklearn.neighbors import KNeighborsClassifier`
	`model = KNeighborsClassifier()`
	`model.fit(X_train, y_train)`
	`model.score(X_train, y_train)`

결과	`0.9666666666666667`

■ 모델 평가

입력값으로 주어진 피처는 피처 엔지니어링 과정을 걸쳐 생성한 값이다. X_test를 입력으로 하여 예측한 결과와 정답(y_test)를 비교한 결과는 100%로 다른 데이터에서는 100%가 나오지 않을 수 있다.

코드	`model.score(X_test, y_test)`
결과	`1.0`

■ 결과 예측

예측을 위해 X_test 데이터를 생성한 모델 model의 predict() 메서드에 적용하여 결과를 예측한다.

코드	`model.predict(X_test)`
결과	`array([1, 0, 2, 1, 1, 0, 1, 2, 1, 1, 2, 0, 0, 0, 0, 1, 2, 1, 1, 2, 0, 2,` `       0, 2, 2, 2, 2, 2, 0, 0])`

같은 알고리즘으로 학습을 수행하더라도 학습 데이터의 구성, 규모, 머신러닝 모델을 구성하는 하이퍼 파라미터 등에 따라 모델의 성능 평가 결과는 달라질 수 있다. 머신러닝 모델은 데이터 분석, 정규화, 학습 수행 조건 변경 등 다양한 요소의 변경에 의해 모델의 성능이 달라질 수 있다. 이 과정 중 가장 높은 평가 점수를 받은 모델이 최종 모델이 되는 것이다.

(2) 의사결정나무(Decision Tree) 개요

의사결정나무는 스무고개와 같이 연속된 질문에 대한 선택을 이어나가다 더이상 질문을 이어나갈 수 없다면 답을 결정지을 수 있는 형태이다. 의사결정나무는 학습 데이터를 입력받아 각각의 샘플을 올바르게 분류해주는 트리를 찾아내는 것이다. 효율적인 트리를 만들기 위해서는 노드마다 가장 잘 분류할 수 있는 특징을 배치해야 한다. 독수리, 펭귄, 돌고래, 사자를 구분하는 의사결정나무를 생성한다고 가정하면 아래 그림과 같은 결정 트리를 그릴 수 있다.

▼ 네 개의 동물을 구분하는 의사결정나무

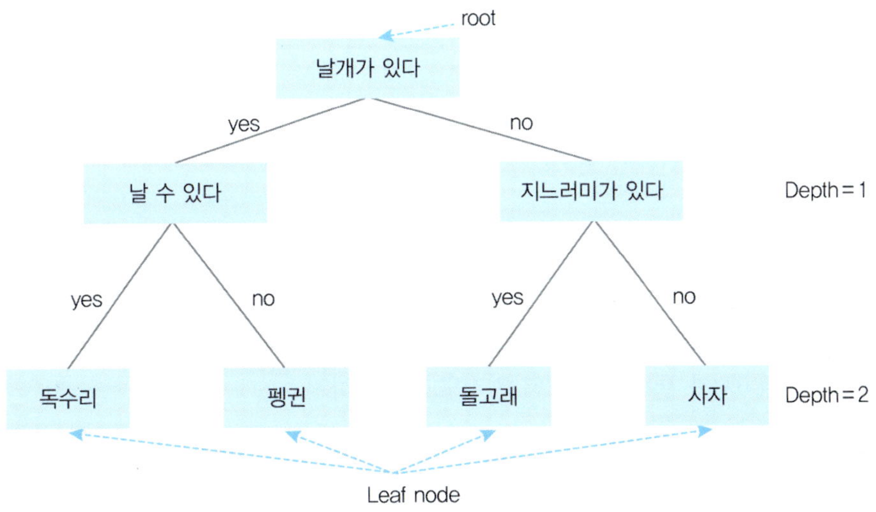

▼ Tree 관련 용어

- 루트 노드(Root Node): 제일 상위의 시작 노드
- 자식 노드(Child Node): 부모 노드로부터 분리된 두 개 이상의 노드
- 부모 노드(Parent Node): 자식 노드의 상위 노드
- 리프 노드(Leaf Node): 자식이 없는 마지막 노드
- 중간 노드(Internal Node): 부모와 자식 노드를 모두 가지는 노드
- 브랜치(Branch): 노드와 노드 사이를 연결하는 간선
- 깊이(Depth): 루트 노드 → 리프 노드까지 '중간 노드'의 개수

의사결정나무는 결과의 해석이 매우 쉽고 직관적이다. 데이터 전처리 등 사전 가공의 영향이 적다.

■ 의사결정나무 생성을 위한 라이브러리 불러오기

코드

```
# 의사결정나무 불러오기
from sklearn.tree import DecisionTreeClassifier

# iris 데이터 가져오기
from sklearn.datasets import load_iris
from sklearn.model_selection import train_test_split
```

■ 의사결정나무 생성 및 선언

코드

```
tree =  DecisionTreeClassifier(random_state=0)
```

■ 사이킷런 패키지를 통해서 데이터 가져오고 학습하기

코드

```
iris_data = load_iris()
iris_data
```

결과

```
{'DESCR': '.. _iris_dataset:\n\nIris pl
 'data': array([[5.1, 3.5, 1.4, 0.2],
        [4.9, 3. , 1.4, 0.2],
        [4.7, 3.2, 1.3, 0.2],
        [4.6, 3.1, 1.5, 0.2],
        [5. , 3.6, 1.4, 0.2],
        [5.4, 3.9, 1.7, 0.4],
```

사이킷런에서 불러온 데이터는 딕셔너리이다. 데이터에 대한 이해를 돕기 위해 기초적인 정보를 파악해보자.

■ **Feature(X) data 확인**

코드

```
print(iris_data.data)
```

결과

```
[[5.1 3.5 1.4 0.2]
 [4.9 3.  1.4 0.2]
 [4.7 3.2 1.3 0.2]
 [4.6 3.1 1.5 0.2]
 [5.  3.6 1.4 0.2]
 [5.4 3.9 1.7 0.4]
```

■ **Feature(X) names 확인하기**

코드

```
print(iris_data.feature_names)
```

결과

```
['sepal length (cm)', 'sepal width (cm)', 'petal length (cm)', 'petal width (cm)']
```

■ **Target(Y) data 확인하기**: 결과를 보니 셔플이 필요해 보인다.

코드

```
print(iris_data.target)
```

결과

```
[0 0 0 0 0 0 0 0 0 0 0 0 0 0 0 0 0 0 0 0 0 0 0 0 0 0 0 0 0 0 0 0 0 0 0 0 0
 0 0 0 0 0 0 0 0 0 0 0 0 0 1 1 1 1 1 1 1 1 1 1 1 1 1 1 1 1 1 1 1 1 1 1 1 1
 1 1 1 1 1 1 1 1 1 1 1 1 1 1 1 1 1 1 1 1 1 1 1 1 1 1 2 2 2 2 2 2 2 2 2 2 2
 2 2 2 2 2 2 2 2 2 2 2 2 2 2 2 2 2 2 2 2 2 2 2 2 2 2 2 2 2 2 2 2 2 2 2 2 2
 2 2]
```

■ Target(Y) names 확인하기

코드
```
print(iris_data.target_names)
```

결과
```
['setosa' 'versicolor' 'virginica']
```

■ 훈련 데이터와 테스트 데이터로 나누기(훈련 70%, 테스트 30%로 분리)

코드
```
X_train, X_test, y_train, y_test = train_test_split(iris_data.data,
  iris_data.target, test_size=0.3, random_state=11)
```

■ 모델 학습하기

코드
```
tree.fit(X_train , y_train)
```

결과
```
DecisionTreeClassifier(random_state=0)
```

■ Graphviz를 이용하여 결과 확인하기

Graphviz는 오픈소스로 그래프를 비주얼라이징 해주는 소프트웨어이다. gini는 불순도를 의미한다. 불순도는 각 클래스의 개수를 전체 개수로 나누어 제곱의 합을 1에서 뺀 값이다. Root node의 불순도(gini)는 아래와 같이 계산된다.

▼ 불순도

$$gini(0.666) = 1 - (\frac{36}{105})^2 - (\frac{36}{105})^2 - (\frac{33}{105})^2$$

현재 의사결정나무의 최대 깊이는 4이다. 리프노드를 보면 불순도가 모두 0으로 완벽히 분류된 것을 확인할 수 있다. 따라서 의사결정나무의 단점인 과적합(overfitting) 문제가 나타난다. 이러한 문제를 해결하기 위해서 모델을 개선할 필요가 있다.

코드

```
from sklearn.tree import export_graphviz

#graphviz 불러오기
import graphviz

# 편의를 위해 파일명을 'tree.dot'으로 통일
# 1) 사이킷런 패키지를 사용했을 경우
def save_graph_1(tree, file_name='tree.dot'):
    export_graphviz(tree, out_file= file_name,
  class_names=iris_data.target_names , \
    feature_names = iris_data.feature_names, impurity=True,
  filled=True)

# 2) 자신의 경로에서 직접 데이터를 가져왔을 경우
def save_graph_2(tree):
    export_graphviz(tree, out_file = "tree.dot", class_names =
  class_name,
    feature_names = iris_data.columns[:-1], impurity=True,
  filled=True)

# tree.dot을 다시 불러와서 읽기
def load_graph(path):
    with open(path) as f:
        dot_graph = f.read()
    return graphviz.Source(dot_graph)

# 어떤 방법을 썼는지에 따라서 다른 함수 실행시키기
def save_graph(tree):
    try:
        save_graph_1(tree)
        print("***** 사이킷런 데이터세트 활용 *****")
        print()

    except:
        save_graph_2(tree)
        print("***** Kaggle 데이터세트 직접 활용******")
        print()
```

```
# 정의한 함수를 실행시키고
save_graph(tree)

# 위의 함수 실행 결과로 저장된 'tree.dot' 파일을 불러온다.
load_graph('./tree.dot')
```

결과

********** 사이킷런 데이터셋 활용 **********

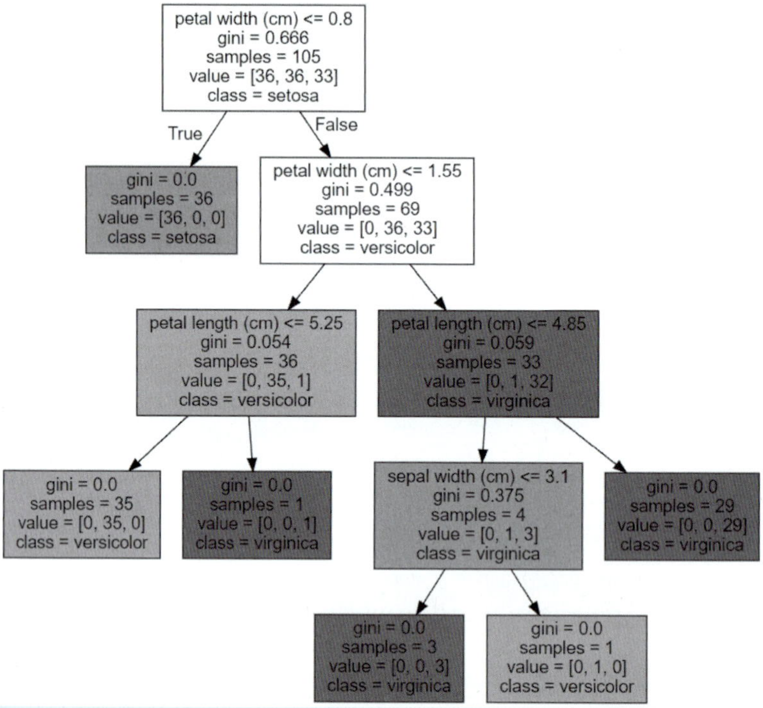

■ 모델 개선하기

의사결정나무에서 max_depth 값을 지정하여 과적합의 위험을 감소시킬 수 있다. 트리의 깊이가 깊을수록 분기가 많이 일어나고 과적합이 일어날 확률이 높다. 따라서 max_depth를 조정해가면서 최적의 깊이를 찾아야 한다.

코드

```
# 모델을 prun_tree라는 변수에 선언
prun_tree = DecisionTreeClassifier(max_depth=2)

# 모델 학습
prun_tree.fit(X_train,y_train)
```

결과

```
DecisionTreeClassifier(max_depth=2)
```

위에서 작성한 그래프를 시각화해주는 save_graph( )을 사용해서 max_depth를 조정 후의 결과를 비교해보자.

코드

```
save_graph_1(prun_tree, file_name='./tree.dot')
load_graph('./tree.dot')
```

결과

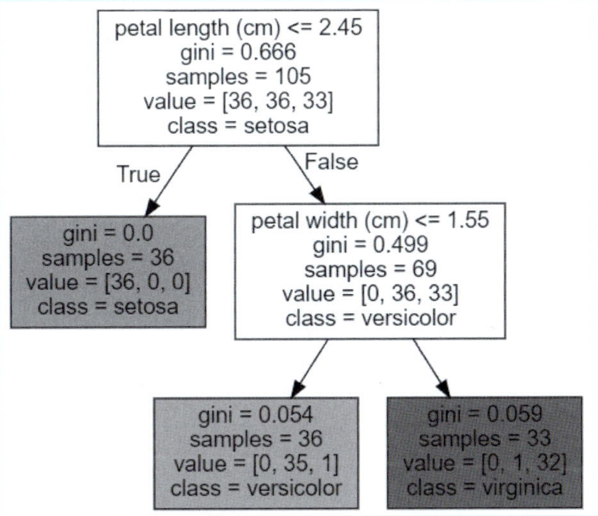

■ 분류 모형의 평가

정확도 외의 모델 평가방법은 아래와 같다.

- 정확도(Accuracy): 예측이 맞은 것의 비율(True를 True, False를 False라 맞춘 비율)
- 정밀도(Precision): True라고 예측한 것 중 실제 True의 비율
- 재현율(Recall): 실제 True 중 True라 예측한 것의 비율
- F1 Score: 정밀도와 재현율의 조화평균

▼ Confusion Matrix

구분		예측값	
		Positive	Negative
실제값	Positive	a	b
	Negative	c	d

평가방법	계산
정확도(Accuracy)	(a+d)/(a+b+c+d)
오분류율(Error rate)	(b+c)/(a+b+c+d)
민감도(Sensitivity) or 재현율(Recall)	a/(a+b)
특이도(Specificity)	d/(c+d)
정밀도(Precision)	a/(a+c)
F1값	2*((정밀도*재현율)/(정밀도+재현율))

학습된 의사결정나무 모델에 test_set에는 어떻게 반응하는지 확인해보자. confusion_matrix( )를 이용해 성능을 평가해보자.

코드

```
# Confusion Matrix 불러오기
from sklearn.metrics import confusion_matrix

# 가지치기 이전의 결과
print(confusion_matrix(y_test,tree.predict(X_test)))
print()

# 가지치기 이후의 결과
print(confusion_matrix(y_test,prun_tree.predict(X_test)))
print()
```

결과

```
# 가지치기 이전의 결과
[[14  0  0]
 [ 0 12  2]
 [ 0  2 15]]
# 가지치기 이후의 결과
[[14  0  0]
 [ 0 10  4]
 [ 0  2 15]]
```

Confusion Matrix는 행이 실제 Label이고 열이 예측한 값이다. 따라서 대각선에 수가 많을수록 성능이 좋은 것이다.

6.3.2 회귀(Regression)

지도학습의 대표적인 학습모델 중 하나로, 독립변수 'X'와 수치형 종속변수 'Y' 사이의 관계를 분석하는 것이다. 데이터들이 서로 연관성을 가지고 일정한 방향으로 증가 또는 감소하는 경향이 있을 때 그 경향에 따라서 값을 예측하는 것이 회귀이다.

(1) 사이킷런의 LinearRegression 모델

먼저 실습에 사용할 가상 데이터세트를 생성해보자. estimator API의 알고리즘은 파이썬 클래스에 의해 표현되어 있으며, 데이터세트는 표준 포맷(NumPy 배열, Pandas

DataFrame, Scipy 희소행렬)로 표현되어 있으며, 매개변수명은 표준 파이썬 문자열을 사용한다. np.random.rand()를 사용하여 난수를 50개 생성하여 x 데이터를 생성하고 x를 사용하여 y값을 생성하여 사용한다.

코드

```
import numpy as np
import matplotlib.pyplot as plt
x=5*np.random.rand(50)
y=3*x+np.random.rand(50)
plt.scatter(x,y)
```

결과

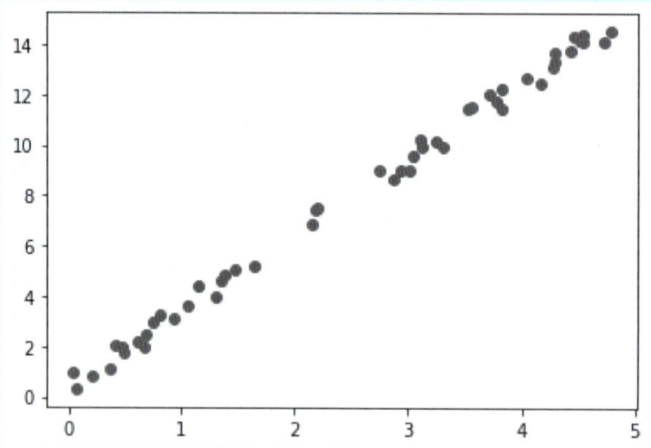

첫 번째 단계로 estimator 클래스를 임포트해서 모델의 클래스를 선택한다. 여기서는 단순 선형회귀를 사용할 예정으로 LinearRegression을 임포트한다.

코드

```
from sklearn.linear_model import LinearRegression
```

두 번째 단계로 클래스를 원하는 값(LinearRegression)으로 인스턴스화해서 모델의 하이퍼파라미터를 선택한다.

```
LinearRegression(copy_X=True, fit_intercept=True, n_jobs=None, normalize=False)
```

코드	model=LinearRegression(fit_intercept=True) model
결과	LinearRegression()

세 번째 단계로 데이터를 특징(feature) 배열과 대상(target) 벡터로 배치해야 한다. x는 한 개의 열을 가진 2차원 배열, y는 벡터의 형태를 취해야 한다. x.shape를 통해 차원을 확인해보면 1차원이다. reshpae()를 통해 2차원 배열로 차원을 변경해주어야 한다. X값을 확인해보면 2차원으로 차원이 변경된 것을 확인할 수 있다.

코드	x.shape
결과	(50,) <- 1차원 넘파이 배열
코드	X=x.reshape(-1,1) X.shape
결과	(50, 1) <- 2차원 배열
코드	X
결과	array([[1.065271], [0.03389182], [0.6058195], [0.40750373], [3.23743105], [3.00097436], [3.82096274], [3.76862837], [0.05913263], [4.77715448], [1.4843224], ...

네 번째 단계는 모델의 인스턴스(model)의 fit() 메서드를 호출해 모델을 데이터에 적합시킨다. model.coef_는 가중치(기울기)값이며, model.intercept_는 절편값으로 회

귀식은 $y_=3.01263577x+0.48617922735888985$이다.

코드	`model.fit(X,y)`
결과	`LinearRegression()`
코드	`model.coef_`
결과	`array([3.01263577])`
코드	`model.intercept_`
결과	`0.48617922735888985`

다섯 번째 단계로 새 데이터에 대해서 적용해보자. 새로운 데이터를 생성한 후 predit()를 사용해 모델을 적용시켜 값을 예측할 수 있다. 예측한 값과 실제 값을 그래프로 표현해보면 매우 잘 예측하고 있음을 확인할 수 있다. 산점도로 원래의 값을 표현하고, 선그래프로 새로운 값을 모델에 적용하여 얻은 값을 표현한 것이다.

코드

```
xfit=np.linspace(-1,11).reshape(-1,1)
yfit=model.predict(xfit)
```

코드

```
plt.scatter(x,y)
plt.plot(xfit, yfit,'--r')
```

결과

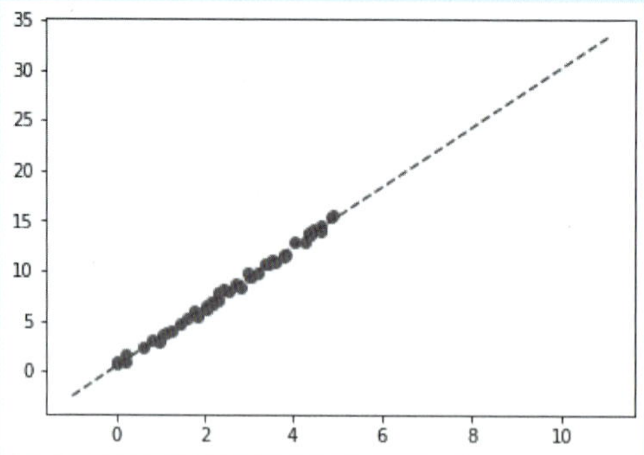

(2) LinearRegression 모델을 이용한 택시요금 예측

두 개의 택시회사의 km당 요금은 아래 표와 같다. 만약 20km를 이동한다면 어떤 회사의 택시를 이용하는 것이 좋을지 요금을 예측해보자.

▼ 택시회사의 km당 요금

회사	1	2	3	4
A회사	5000	7000	8400	10500
B회사	3100	5400	7900	10900

단순 선형회귀모델을 통해 택시요금을 예측해보자.

- A회사 모델: $f(x=\text{거리})=w_1x+b_1$
- B회사 모델: $f(x=\text{거리})=w_2x+b_2$

먼저 필요한 라이브러리를 불러오자.

코드

```
from sklearn.linear_model import LinearRegression
import numpy as np
```

Feature로 사용할 거리 x를 넘파이 배열로 생성해보자.

코드

```
x = np.array([[1],[2],[3], [4]])
x
```

결과

```
array([[1],
       [2],
       [3],
       [4]])
```

x의 형태를 확인해보자. 4행 1열의 2차원 배열이다.

코드	x.shape
결과	(4, 1)

A회사의 target(y)인 요금을 넘파이 배열에 저장해보자.

코드
```
y_a = np.array([5000, 7000, 8400, 10500])
y_a
```
결과
```
array([5000, 7000, 8400, 10500])
```

y_a의 형태도 확인해보자. 4개의 원소를 가진 1차원 배열이다.

코드	y.shape
결과	(4,)

A회사의 모델을 생성하고 학습시킨 후 학습된 모델에서 기울기와 절편값을 추출해보자.

LinearRegression()을 이용해 선형회귀모델을 생성하고, fit(x, y_a)를 주어 훈련시킨다. 모델에서 .coef_로 기울기값을 .intercept_로 절편값을 얻는다. 이렇게 생성된 A회사의 선형회귀모델은 기울기가 1790, 절편이 3250인 $\hat{y_a} = 1700x + 3250$이다.

코드
```
#직선의 방정식, 행렬 형태로 주어야 함.
model_a = LinearRegression()                #모델 생성
model_a.fit(x, y_a)                         #학습

w = model_a.coef_                           #기울기
b = model_a.intercept_                      #절편

print(w , b)                                #A회사의 model    요금 = 1700x + 3400
```
결과
```
[1790. ] 3250.0
```

B회사도 모델을 생성하고 학습시킨 후 학습된 모델에서 기울기와 절편값을 추출해 보면 아래와 같다. B회사의 선형회귀모델은 $\hat{y_b} = 2590x + 350$이다.

코드	y_b = np.array([3100, 5400, 7900, 10900]) model_b = LinearRegression() model_b.fit(x, y_b) #기울기와 y 절편 w2 = model_b.coef_ b2 = model_b.intercept_ print(w2 , b2) #B회사의 model 요금 = 2590x+350
결과	[2590.] 350.0000000000009

따라서 20km를 이동했을 때 각 회사별로 요금을 예측해보면 아래 결과와 같다. 따라서 가까운 거리는 B회사를, 먼 거리를 갈 때는 A회사 택시를 이용하는 것이 효과적이다.

코드 (A회사)	x_=np.array([20]) cost_a=w*x_+b cost_a
결과 (A회사)	array([39050.])

코드 (B회사)	cost_b=w1*x_+b1 cost_b
결과 (B회사)	array([52150.])

방정식을 이용해서 A회사와 B회사의 같은 비용구간을 계산해보면 아래와 같다. 약 3.8km에서 같은 비용이 발생한다.

$$1790x + 3250 = 2590x + 350$$
$$3250 - 350 = 2590x - 1790x$$
$$x = (3250 - 350)/(2590 - 1790)$$

코드

```
x=(3400-350)/(2590-1790)
x
```

결과

```
3.8125
```

실제 데이터로 산점도를 그려보자.

코드

```
import matplotlib.pyplot as plt
x=np.array([[1],[2],[3],[4]])
plt.plot(x,y_a, '*r')
plt.plot(x,y_b, '^g')
```

결과

```
[<matplotlib.lines.Line2D at 0x7f8f4c04c850>]
```

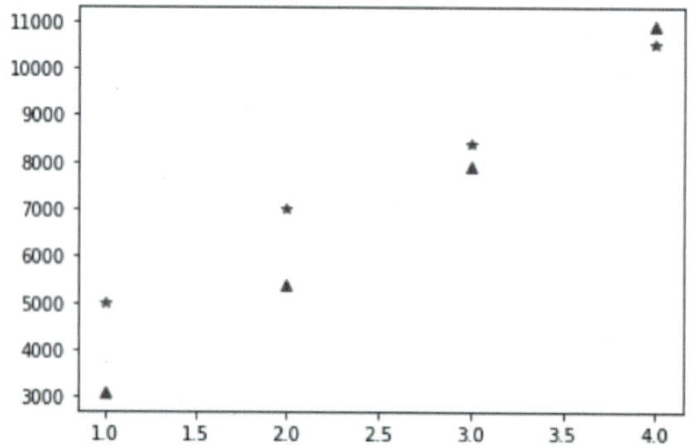

학습한 모델을 이용해 예측한 값과 실제 값을 함께 그래프로 그려보자.

코드

```
import matplotlib.pyplot as plt
x = np.array([1,2,3,4])
plt.plot(x, y_a, '*r')
plt.plot(x, y_b, '^g')
```

```
x = np.array([1,2,3,4,5,6,7,8,9,10,11,12,13])
y = w*x + b
print(y)
plt.plot(x, y, 'r')

y = w1*x + b1
print(y)
plt.plot(x, y, 'g')
```

결과

```
[ 5040.  6830.  8620. 10410. 12200. 13990. 15780. 17570. 19360. 21150.
 22940. 24730. 26520.]
[ 2940.  5530.  8120. 10710. 13300. 15890. 18480. 21070. 23660. 26250.
 28840. 31430. 34020.]
[<matplotlib.lines.Line2D at 0x7f8f4b7c8410>]
```

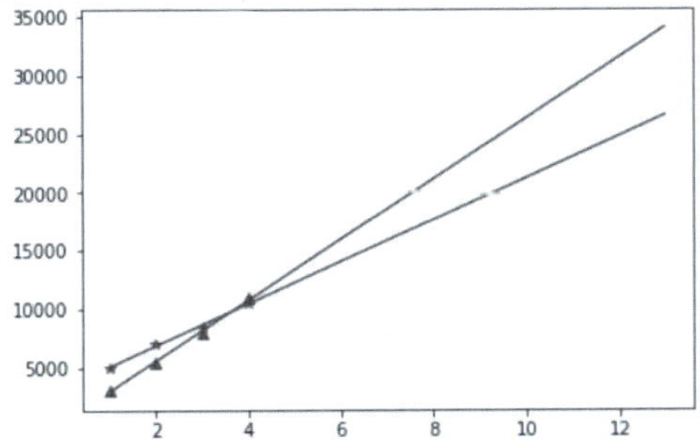

사이킷런의 predict() 함수를 이용해 예측해보자. 위의 회귀식을 이용한 결과와 사이킷런의 predict() 함수를 이용해서 예측한 결과값이 같다는 것을 확인할 수 있다. 짧은 거리를 갈 경우 B회사, 먼 거리를 갈 경우 A회사 택시를 이용하는 것이 유리하다.

■ A회사 예측

코드

```
x = np.array([1,2,3,4,5,6,7,8,9,10,11,12,13])
x=x.reshape(-1,1)
y_a=model_a.predict(x)
y_a
```

결과

```
array([ 5040.,  6830.,  8620., 10410., 12200., 13990., 15780., 17570.,
        19360., 21150., 22940., 24730., 26520.])
```

■ B회사 예측

코드	`x = np.array([1,2,3,4,5,6,7,8,9,10,11,12,13])`
	`x=x.reshape(-1,1)`
	`y_b=model_b.predict(x)`
	`y_b`

결과	`array([ 2940.,  5530.,  8120., 10710., 13300., 15890., 18480., 21070.,` `        23660., 26250., 28840., 31430., 34020.])`

6.4 비지도학습

6.4.1 군집

군집(Cluster)은 비슷한 특징을 가진 데이터들의 그룹을 의미한다. 군집분석은 정답을 모델 훈련 단계에 사용하지 않는 것이 지도학습의 분류(Classification)와 다른 점이다. 그러나 데이터의 특징에 따라 서로 다른 그룹으로 묶으므로 지도학습의 분류와 비슷한 결과를 얻을 수 있다. 군집이 필요한 영역은 생물학에서 종을 분류하거나 평소와 다른 오류, 위험, 고장, 범죄, 사고 등의 이상 탐지에 사용될 수 있다. 즉 분류기준이 없는 상태에서 데이터 속성을 고려해 스스로 N개의 소그룹으로 그룹핑(Clustering)하는 분석법이다. 유사성이 높은 대상 데이터를 묶고, 서로 다른 그룹에 속한 데이터 개체 간의 이질성을 계산하는 과정을 거친다. 군집분석은 목표 그룹이 정해져 있지 않기 때문에 군집분석의 방법에 따라 결과가 차이가 날 수 있다. 따라서 평가의 기준을 정하는 것이 중요한 과제 가운데 하나이다.

▼ 군집분석 예

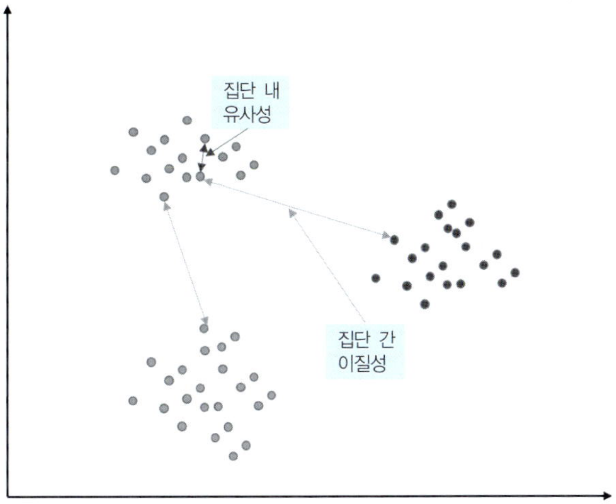

본 교재에서는 군집분석방법 중 가장 널리 사용되는 K-means 알고리즘을 사용한다. 비슷한 특성을 가진 데이터를 군집으로 만드는 방법은 유사도를 이용하여 그룹을 나누는 것이다. 유사도를 측정하는 방법 중 데이터 사이의 거리를 측정하는 방법이 가장 단순하고 쉽다. 데이터 간의 거리를 기반으로 유사도(similarity)를 측정하여 거리가 가까우면 같은 그룹, 거리가 멀면 다른 그룹으로 정하면 된다. 거리가 가까울수록 유사성이 크고, 거리가 멀수록 유사성이 적다.

▼ 군집의 방법

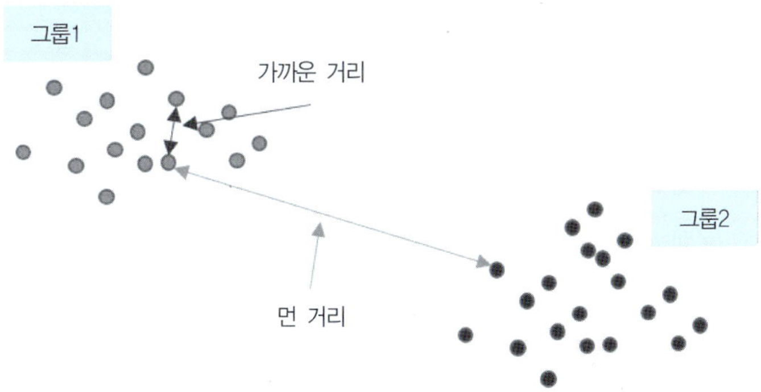

(1) 클러스터링의 평가방법

군집의 목적은 클래스의 구분이 없는 데이터를 그룹으로 묶어 클래스를 부여하는 것이다. 지도학습에서는 클래스 개수가 정해져 있지만 비지도학습에서는 몇 개의 그룹으로 설정할 것인지가 중요한 문제이다. 클러스터를 몇 개로 나누어야 효율적인지를 평가하는 방법으로 오차제곱합(Sum of Squared Error: SSE)을 이용한다. SSE는 모든 데이터들의 거리를 구한 후 오차를 계산한다. 아래 그림에서 SSE_1의 그룹의 중심은 C_1이고 x_i는 데이터이다. 그룹1의 데이터는 총 4개의 데이터가 있고 x_1에서 x_4까지의 거리 제곱을 구하여 전부 더한다. SSE_2 역시 같은 방법으로 모든 데이터 간의 거리의 제곱의 합을 구한 후 각 그룹의 SSE_i를 모두 더한 값이 오차제곱합(SSE)이 된다.

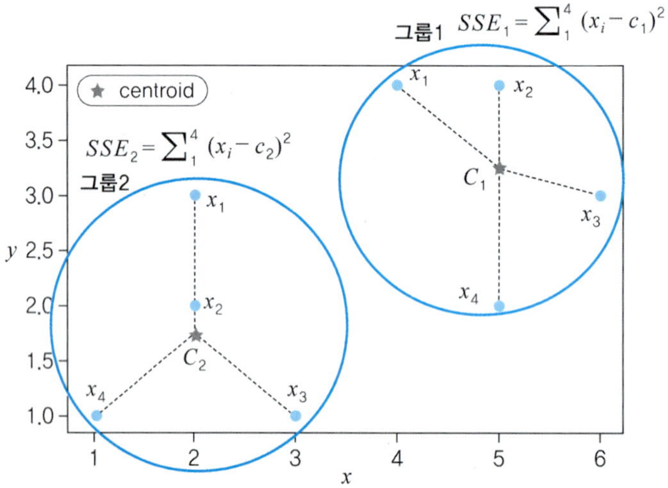

K값의 변화에 따라 SSE를 계산하면 SSE 값이 급격히 줄어드는 부분이 발견된다. 이를 엘보 포인트(elbow point)라고 하며, 이때의 K값이 최적의 클러스터링의 개수가 된다. 아래 그림은 X축은 k로 클러스터의 개수이며, y축은 클러스터의 수에 따른 SSE를 나타낸다. 위의 그래프의 최적의 클러스터의 개수는 2임을 알 수 있다.

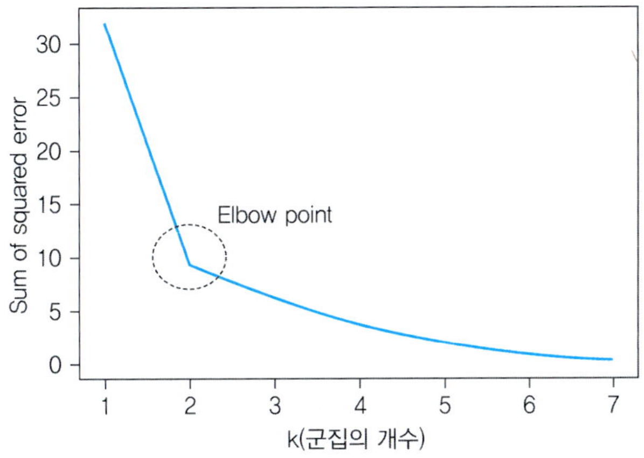

(2) K-means(K-평균) 알고리즘

K-means는 군집분석에서 가장 많이 사용하는 알고리즘이다. k는 데이터에서 클러스터의 수를 의미하고, means는 중심(centroid)과 같은 클러스터의 데이터와의 거리의 평균을 의미한다. K-means 알고리즘은 아래 순서도와 같이 4단계로 나눈다.

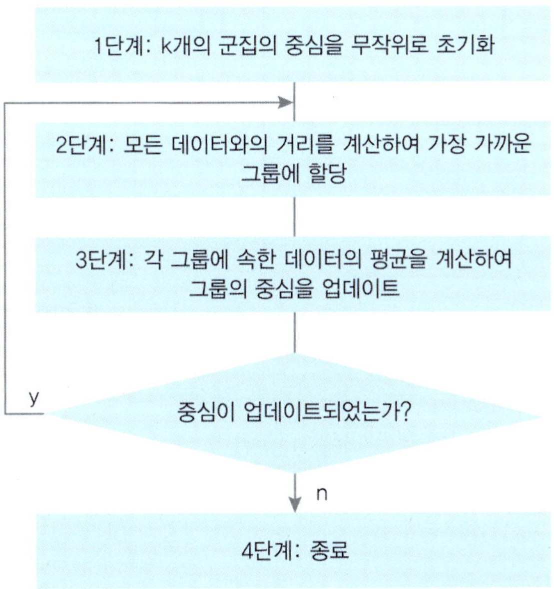

1단계에서는 두 중심의 좌표를 무작위로 초기화한다. 데이터는 총 8개이고, (x, y)는 아래 표와 같으며, 초기 상태의 그래프이다.

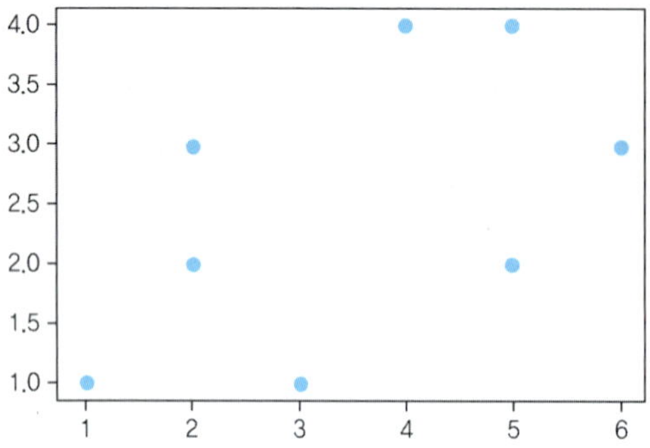

no	x	y
1	1	1
2	2	2
3	2	3
4	3	1
5	4	4
6	5	2
7	5	4
8	6	3

두 개의 클러스터를 랜덤하게 C_1, C_2 중심 좌표로 표현하여 그래프로 나타내면 다음과 같다.

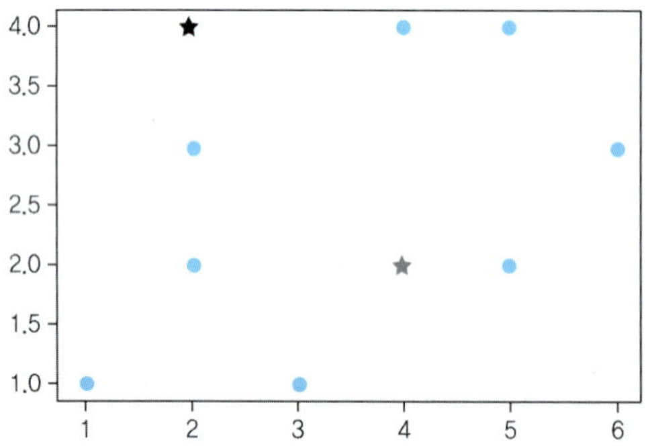

클러스터 중심	x	y
C_1(black)	2	4
C_2(gray)	4	2

2단계, 현재의 중심 좌표를 기준으로 거리를 계산하고, 가까운 거리로 클러스터링한다. 이때 거리계산은 유클리디안 거리를 이용한다.

유클리디안 거리 계산 예시: $d(X_1, C_1) = \sqrt{(2-1)^2 + (4-1)^2} = \sqrt{10} \fallingdotseq 3.2$

데이터(x,y)	$d(X,C_1)$	$d(X,C_2)$	클러스터링
$X_0(1,1)$	3.2	3.2	C_1
$X_1(2,2)$	2.0	2.0	C_1
$X_2(2,3)$	1.0	2.2	C_1
$X_3(3,1)$	3.2	1.4	C_2
$X_4(4,4)$	2.0	2.0	C_1
$X_5(5,2)$	3.6	1.0	C_2
$X_6(5,4)$	3.0	2.2	C_2
$X_7(6,3)$	4.1	2.2	C_2

3단계, C_1에 속한 데이터의 평균과 C_2에 속한 데이터의 평균을 계산하여 각 그룹의 중심(centroid)을 업데이트한다.

$$C_1 = \left(\frac{1+2+2+4}{4}, \frac{1+2+3+4}{4}\right) \fallingdotseq (2.25, 2.5)$$

$$C_2 = \left(\frac{3+5+5+6}{4}, \frac{1+2+4+3}{4}\right) \fallingdotseq (4.75, 2.5)$$

중심을 업데이트하고 다시 유클리디안 거리를 구해서 클러스터링 결과를 갱신한다. $X_3 \rightarrow C_1$, $X_4 \rightarrow C_2$로 결과가 갱신되었다.

데이터(x,y)	$d(X,C_1)$	$d(X,C_2)$	클러스터링
$X_0(1,1)$	2.0	4.0	C_1
$X_1(2,2)$	0.6	2.8	C_1
$X_2(2,3)$	0.6	2.8	C_1
$X_3(3,1)$	1.7	2.3	C_1
$X_4(4,4)$	2.3	1.7	C_2
$X_5(5,2)$	2.8	0.6	C_2
$X_6(5,4)$	3.1	1.5	C_2
$X_7(6,3)$	3.8	1.3	C_2

C_1에 속한 데이터의 평균과 C_2에 속한 데이터의 평균을 다시 계산하여 각 그룹의 중심(centroid)을 업데이트한다. 이때 중심이 변경되었다.

$$C_1 = \left(\frac{1+2+2+3}{4}, \frac{1+2+3+1}{4}\right) \fallingdotseq (2, 1.75)$$

$$C_2 = \left(\frac{4+5+5+6}{4}, \frac{4+2+4+3}{4}\right) \fallingdotseq (5, 3.25)$$

다시 계산된 중심(centroid)과의 거리를 계산 후 클러스터링을 갱신하면 아래 표와 같다.

데이터(x,y)	$d(X,C_1)$	$d(X,C_2)$	클러스터링
$X_0(1,1)$	1.3	4.6	C_1
$X_1(2,2)$	0.3	3.3	C_1
$X_2(2,3)$	1.3	3.0	C_1
$X_3(3,1)$	1.3	3.0	C_1
$X_4(4,4)$	3.0	1.3	C_2
$X_5(5,2)$	3.0	1.3	C_2
$X_6(5,4)$	3.8	0.8	C_2
$X_7(6,3)$	4.2	1.0	C_2

4단계, 그룹을 할당한 후 유클리디안 거리로 클러스터링을 했을 경우 변동사항이 생기지 않았다. C_1에 속한 데이터의 평균과 C_2에 속한 데이터의 평균을 다시 계산하였지만 중심이 변경되지 않았으므로 종료한다. 따라서 최종 클러스터링의 결과는 다음 그래프와 같다.

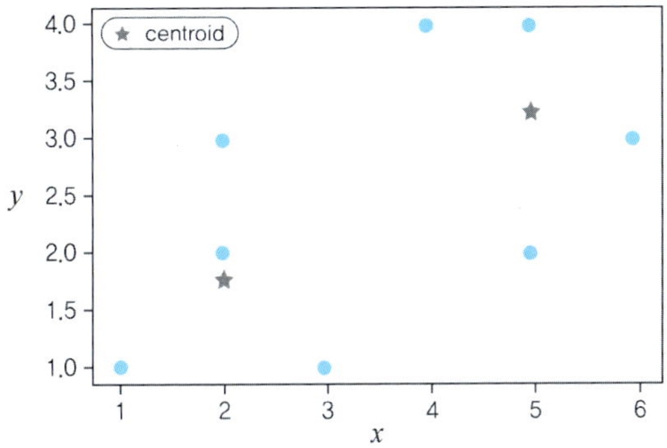

6.4.2 군집 실습

(1) 문제 정의

K-means Clustering에 대해 살펴보자.

■ 데이터(make_blobs)

sklearn.datasets에서 제공하고, 모든 방향으로 같은 성질을 가지는 가우시안 정규분포를 이용해 가상 데이터를 생성한다. 일반적으로 클러스터링용 가상 데이터를 생성하는 데 사용한다.

▼ make_blobs 함수의 인수

- n_samples, n_features, centers, cluster_std, center_box
- n_samples: 표본 데이터 수, 기본값 100
- n_features: 독립변수 수, 기본값 20
- centers: 클러스터 수 혹은 중심, 기본값 3
- cluster_std: 클러스터 표준편차, 기본값 1.0
- center_box: 클러스터 바운딩 박스(bounding box), 기본값 (−10.0, 10.0))

▼ make_blobs 함수의 반환값

- X: [n_samples, n_features] 크기의 배열
- y: [n_samples] 크기의 배열

make_blobs() 함수를 이용해 클러스터링 가상 데이터를 생성해보자. 데이터의 수는 150개, feature의 개수는 2, 중심 수는 3개, 클러스터 표준편차는 0.5, 교재와 같은 결과를 보려면 random_state 값을 같이 하면 된다. 생성된 x, y 데이터의 모양을 출력해 보면 x는 150×2로 2차원 배열(numpy. ndarray)이고, y는 150개의 요소를 가진 1차원 배열(numpy. ndarray)이다.

코드

```
from sklearn.datasets import make_blobs

x,y=make_blobs(n_samples=150, n_features=2, centers=3,
               cluster_std=0.5, shuffle=True, random_state=0)
print(f"x.shape:{x.shape}, y.shape:{y.shape}")
```

결과

```
x.shape:(150, 2), y.shape:(150,)
```

(2) 초기 데이터 시각화

생성된 초기 데이터를 시각화해보자. 군집분석을 하기에 아주 좋은 가상 데이터가 생성된 것을 확인할 수 있다. 하지만 클래스가 구분되어 있지 않다. 따라서 비지도학습에서는 몇 개의 군집으로 설정할 것인지는 중요한 문제이다.

코드

```
import matplotlib.pyplot as plt
plt.scatter(x[:,0], x[:,1], marker='o', s=30)
plt.grid()
plt.show()
```

결과

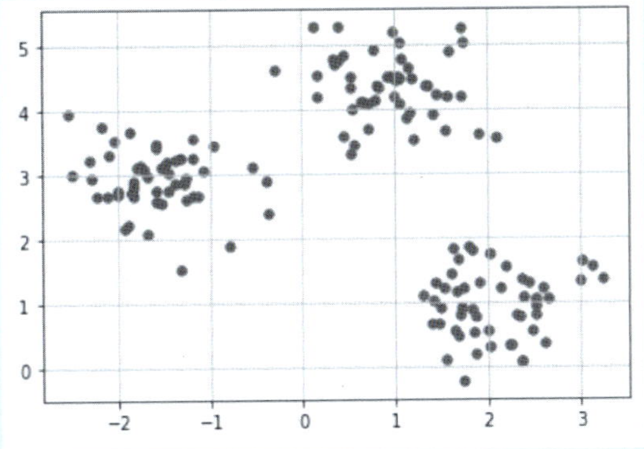

(3) K-means Clustering

군집분석을 위한 라이브러리를 불러온 후 초기 클러스터 중심을 임의로 할당한다.

코드

```
from sklearn.cluster import KMeans
#초기 클러스터 중심: 랜덤 할당
init_centroid="random"
```

클러스터(Cluster) 개수를 3으로 임의로 설정하고, 랜덤하게 설정한 초기 클러스터 중심으로 모델을 학습하고, 예측값을 pred에 저장한다. 교재와 같은 결과를 보고 싶을 경우 random_state 값을 같게 설정하면 된다.

코드

```
kmodel=KMeans(n_clusters=3, init=init_centroid, random_state=0)
pred=kmodel.fit_predict(x)
```

학습된 결과를 시각화해보자. 할당된 클러스터의 값에 따라 노란색, 초록색, 파란색으로 예측된 값을 산점도를 표현하고, 중심값을 빨간색 별(★)로 시각화해보자.

코드

```
plt.scatter(x[pred==0,0],x[pred==0,1],marker='o',s=50, c='yellow',
  label='cluster1')
plt.scatter(x[pred==1,0],x[pred==1,1],marker='s',s=50, c='green',
  label='cluster2')
plt.scatter(x[pred==2,0],x[pred==2,1],marker='v',s=50, c='blue',
  label='cluster3')
plt.scatter(kmodel.cluster_centers_[:,0],kmodel.cluster_centers_[:,1]
  ,
          marker='*',s=80, c='red', label='center')
plt.legend()
plt.grid()
plt.show()
```

결과

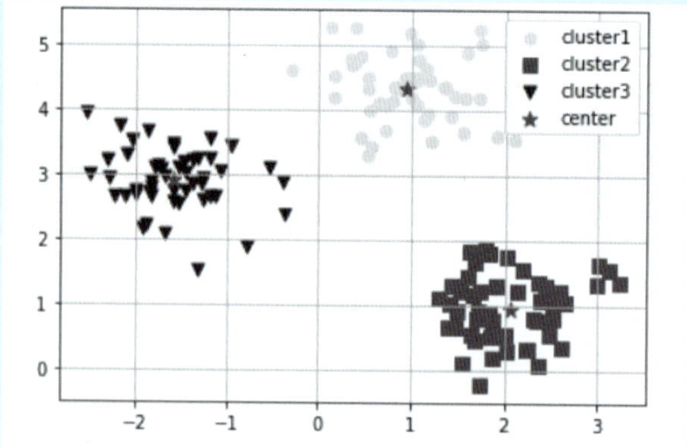

(4) n-Clusters를 알기 위한 방법

클러스터를 몇 개로 나누어야 효율적인지를 평가하는 방법은 오차제곱합(SSE)을 이용한다. SSE는 모든 데이터들의 거리를 구한 후 오차를 계산한다. 이를 기반으로 엘보 플롯을 그려보자. 클러스터 수의 범위는 1~11까지의 범위를 가지고 반복 실행한다. intertia_ 속성을 구하고 sse 리스트에 추가한다. 이를 토대로 엘보 그래프를 그려보자. 실행 결과를 살펴보면 Cluster 수가 3일 때 엘보 포인트가 나타나는 것을 볼 수 있다.

따라서 클러스터를 3으로 설정하는 것이 효율적임을 시각화를 통해 알 수 있다. 엘보 기법은 클러스터 내 오차제곱합이 최소가 되도록 클러스터의 중심을 결정해나가는 방법이다. 클러스터의 개수가 3일 때 팔꿈치 부분이므로 최적의 클러스터 개수는 3으로 결정된다. 최소 오차제곱의 합은 62.84이다.

코드

```
def elbow(x):
    sse=[]
    for i in range(1,11):
        km=KMeans(n_clusters=i, init='k-means++',random_state=0)
        km.fit(x)
        sse.append(km.inertia_)
    print(sse[3])
    plt.plot(range(1,11), sse, marker="o")
    plt.axvline(x=3, color="r")
    plt.axhline(y=sse[3],color='r')
    plt.xlabel("Number of Cluster")
    plt.ylabel("sse")
    plt.show()
elbow(x)
```

결과

62.8406176854222

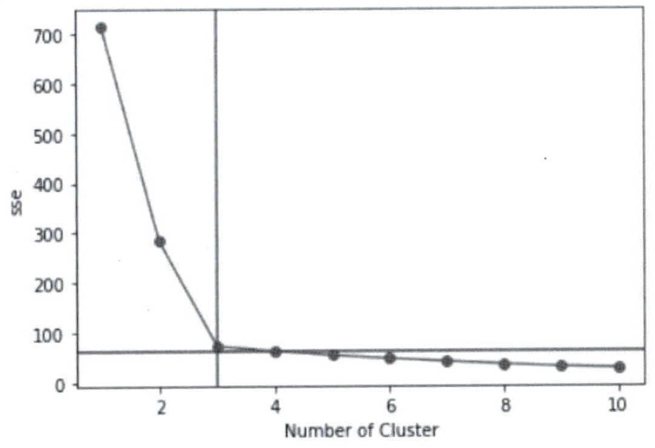

/ 단원정리 문제 /

01 빈칸을 채우시오.

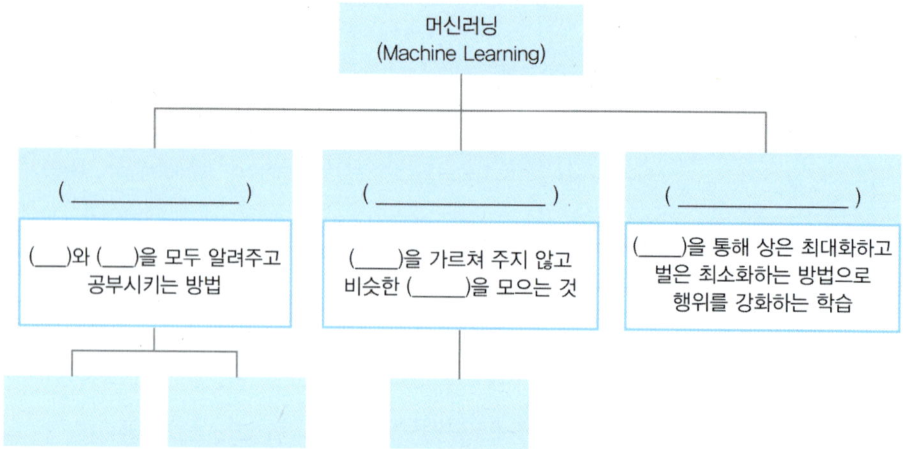

02 지도학습의 종류에 대한 부분이다. 빈칸을 채우시오.

지도학습

(a) Classification

Feature(x) ...... (c) ...... Target(y) (d) ......

Temperature (°C)	Humidity (%)	Weather Category
25.0	60	Sunny
30.0	50	Sunny
18.0	75	Rainy
35.0	55	Sunny
37.0	60	Sunny
27.0	70	Rainy
40.0	80	Sunny
43.0	85	Sunny
32.0	90	Rainy
48.0	95	Sunny

(b) Regression

Humidity (%)	Temperature (°C)
60	25.0
50	30.0
75	18.0
55	35.0
60	37.0
70	27.0
80	40.0
85	43.0
90	32.0
95	48.0

Feature(x) ...... (e) ...... Target(y) (f) ......

03 이진 분류 모델의 성능을 평가하기 위한 Confusion Matrix 결과이다. Confusion Matrix를 기반으로 모델의 전체 정확도를 계산하시오. (n=165)

	예상(예)	예상(아니오)
실제(예)	50	10
실제(아니오)	5	100

04 머신러닝의 특징으로 옳지 않은 것은?

① 지도학습의 예는 분류와 회귀가 있다.
② 비지도학습의 예는 클러스터링과 차원 축소 등이 있다.
③ 지도학습은 모델의 성능을 평가하는 데 어려움이 있다.
④ 과소적합 개선을 위해 학습에 사용되는 특징(feature)의 개수를 늘려야 한다.
⑤ 과대 적합은 테스트 데이터를 사용할 경우 정확도가 낮은 것을 의미한다.

05 KNN 알고리즘이 사용되지 않는 것은?

① 색깔 분류 ② 흑백 사진 복원
③ 고객 분류 ④ 기온 예측
⑤ 날씨(맑음, 흐림, 비) 예측

06 KNN 알고리즘의 순서를 바르게 나열한 것은?

㉮ k개의 이웃 찾기 ㉯ 거리 계산하기
㉰ 새로운 데이터 입력 ㉱ 이웃 데이터에 기반한 데이터 분류

① ㉰, ㉯, ㉮, ㉱ ② ㉰, ㉮, ㉯, ㉱
③ ㉰, ㉮, ㉱, ㉯ ④ ㉱, ㉮, ㉯, ㉰

07 비지도학습에 대한 설명으로 옳은 것은?

① K-means 클러스터링의 k는 일반적으로 홀수로 정한다.

② K-means 클러스터링의 최초 중심 설정방법 중 가장 우수한 방법은 무작위로 설정하는 방법이다.

③ K-means 클러스터링 과정 중 클러스터의 중심은 이동한다.

④ 계층적 군집화는 사전에 클러스터 수를 지정한다.

⑤ 계층적 군집화 진행 중 클러스터를 자르는 모듈은 crop이다.

08 다음 중 비지도학습 알고리즘은?

① 선형회귀

② 나이브 베이즈

③ KNN

④ K-means

09 선형 회귀분석에 대한 설명으로 옳지 않은 것은?

① 여러 독립변수가 종속변수 한 개에 영향을 미치는 것을 분석하는 것은 다중 회귀분석이다.

② 주어진 데이터로부터 오차의 합이 최소가 되는 함수를 구하는 것이 목표이다.

③ 데이터 값으로부터 함수 직선까지 거리를 제곱한 값을 평균 제곱오차라고 한다.

④ 평균 제곱오차를 최소화하는 함수를 목적함수라고 한다.

10 KNN 알고리즘에서 주변을 판단하는 K의 값이 홀수인 이유를 설명하시오.

[스스로 해결하기]
주어진 데이터는 안동에 있는 고등학교 2학년 학생들의 키와 신발사이즈이다. 이 데이터를 활용하여 다음과 같은 가설이 맞는지 적절한 모델을 선택하여 검증하시오.
※ 데이터 다운로드: https://url.kr/gq17fz

번호	성별	키(cm)	신발사이즈(mm)
1	남	162	280
2	여	167	255
3	여	150	230
4	남	173	260
5	남	173	275
6	여	150	220
7	남	183	280
8	남	175	265
9	남	180	275
10	여	168	245
11	여	167	250

- 가설1: 키가 크면 신발사이즈도 클 것이다.
- 가설2: 키와 신발사이즈로 성별을 구분할 수 있다.

가설1	
결과	

가설2	
결과	

찾아보기

[저자약력]

이정아

주요 약력

현) 대구가톨릭대학교 SW중심대학사업단 교수
현) 중소기업기술정보진흥원 평가위원
전) 영남이공대학교 컴퓨터정보과 교수
전) 일본 산업종합연구소(AIST) 기술연구원

주요 저서

나만의 앱 만들기 앱인벤터 & 아두이노/도서출판 청람/2022/공저
컴퓨터활용/이한미디어/2018/공저
데이터베이스 기초 액세스 2016/이한미디어/2017/공저
프레젠테이션 기법 파워포인트 2016/이한미디어/2017/공저

정은미

주요 약력

현) 국립안동대학교 SW융합교육원 교수
전) 부산대학교 정보컴퓨터공학과 강의전담교수
전) 경북대학교, 부산대학교, 안동대학교 강사
전) 안동제일컴퓨터학원 원장
전) 안동멀티컴퓨터학원 원장

손현숙

주요 약력

현) 대구가톨릭대학교 SW중심대학사업단 교수
전) 대구교육대학교 컴퓨터교육과 강사

주요 저서

나만의 앱 만들기 앱인벤터 & 아두이노/도서출판 청람/2022/공저

강원태

주요 약력

현) 대구가톨릭대학교 컴퓨터소프트웨어학부 강사
현) 안동대학교 교양교육원 강사
현) 한국지능정보사회진흥원 평가위원
전) 계명대학교, 경운대학교, 대구대학교 강사

데이터 분석 맛보기 Data Analysis Basics

2023년 12월 8일 1판 1쇄 인쇄
2023년 12월 13일 1판 1쇄 발행

저 자 | 이정아 · 정은미 · 손현숙 · 강원태
발 행 인 | 이수영
발 행 처 | 도서출판 청람
서울시 마포구 독막로 288(대흥동, 세양상가 109호)
전 화 | 02) 3272-2601~2
팩 스 | 02) 3272-2603
이 메 일 | crbooks@daum.net
홈페이지 | http://www.crbooks.co.kr
등 록 | 2000년 8월 26일 제6-0509호

ISBN 978-89-5972-325-6 93000 [정가 26,000원]